轻与重
FESTINA LENTE

姜丹丹 主编

认识你自己

[法] 吕西安·热法尼翁 著　陈元瑷 张书华 译

Lucien Jerphagnon
Connais-toi toi-même…
Et fais ce que tu aimes

华东师范大学出版社 | 上海

华东师范大学出版社六点分社　策划

主 编 的 话

1

时下距京师同文馆设立推动西学东渐之兴起已有一百五十载。百余年来,尤其是近三十年,西学移译林林总总,汗牛充栋,累积了一代又一代中国学人从西方寻找出路的理想,以至当下中国人提出问题、关注问题、思考问题的进路和理路深受各种各样的西学所规定,而由此引发的新问题也往往被归咎于西方的影响。处在21世纪中西文化交流的新情境里,如何在译介西学时作出新的选择,又如何以新的思想姿态回应,成为我们必须重新思考的一个严峻问题。

2

　　自晚清以来，中国一代又一代知识分子一直面临着现代性的冲击所带来的种种尖锐的提问：传统是否构成现代化进程的障碍？在中西古今的碰撞与磨合中，重构中华文化的身份与主体性如何得以实现？"五四"新文化运动带来的"中西、古今"的对立倾向能否彻底扭转？在历经沧桑之后，当下的中国经济崛起，如何重新激发中华文化生生不息的活力？在对现代性的批判与反思中，当代西方文明形态的理想模式一再经历祛魅，西方对中国的意义已然发生结构性的改变。但问题是：以何种态度应答这一改变？

　　中华文化的复兴，召唤对新时代所提出的精神挑战的深刻自觉，与此同时，也需要在更广阔、更细致的层面上展开文化的互动，在更深入、更充盈的跨文化思考中重建经典，既包括对古典的历史文化资源的梳理与考察，也包含对已成为古典的"现代经典"的体认与奠定。

面对种种历史危机与社会转型，欧洲学人选择一次又一次地重新解读欧洲的经典，既谦卑地尊重历史文化的真理内涵，又有抱负地重新连结文明的精神巨链，从当代问题出发，进行批判性重建。这种重新出发和叩问的勇气，值得借鉴。

3

一只螃蟹，一只蝴蝶，铸型了古罗马皇帝奥古斯都的一枚金币图案，象征一个明君应具备的双重品质，演绎了奥古斯都的座右铭："FESTINA LENTE"（慢慢地，快进）。我们化用为"轻与重"文丛的图标，旨在传递这种悠远的隐喻：轻与重，或曰：快与慢。

轻，则快，隐喻思想灵动自由；重，则慢，象征诗意栖息大地。蝴蝶之轻灵，宛如对思想芬芳的追逐，朝圣"空气的神灵"；螃蟹之沉稳，恰似对文化土壤的立足，依托"土地的重量"。

在文艺复兴时期的人文主义那里，这种悖论演绎出一种智慧：审慎的精神与平衡的探求。思想的表达和传播，快者，易乱；慢者，易坠。故既要审慎，又求平衡。在此，可这样领会：该快时当快，坚守一种持续不断的开拓与创造；该慢时宜慢，保有一份不可或缺的耐心沉潜与深耕。用不逃避重负的态度面向传统耕耘与劳作，期待思想的轻盈转化与超越。

4

"轻与重"文丛，特别注重选择在欧洲（德法尤甚）与主流思想形态相平行的一种称作 essai（随笔）的文本。Essai 的词源有"平衡"（exagium）的涵义，也与考量、检验（examen）的精细联结在一起，且隐含"尝试"的意味。

这种文本孕育出的思想表达形态，承袭了从蒙田、帕斯卡尔到卢梭、尼采的传统，在 20 世纪，经过从本雅明到阿多诺，从柏格森到萨特、罗兰·巴特、福柯等诸位思想大师的传承，发展为一种富有活力的知性实践，形成一种求索和传达真理的风格。Essai，远不只是一种书写的风格，也成为一种思考与存在的方式。既体现思索个体的主体性与节奏，又承载历史文化的积淀与转化，融思辨与感触、考证与诠释为一炉。

选择这样的文本，意在不渲染一种思潮、不言说一套学说或理论，而是传达西方学人如何在错综复杂的问题场域提问和解析，进而透彻理解西方学人对自身历史文化的自觉，对自身文明既自信又质疑、既肯定又批判的根本所在，而这恰恰是汉语学界还需要深思的。

提供这样的思想文化资源，旨在分享西方学者深入认知与解读欧洲经典的各种方式与问题意识，引领中国读者进一步思索传统与现代、古典文化与当代处境的复杂关系，进而为汉语学界重返中国经典研究、回应西方的经典重建做好更坚实的准备，为文化之间的平等对话创造可能性的条件。

是为序。

姜丹丹（Dandan Jiang）

何乏笔（Fabian Heubel）

2012 年 7 月

Ad augusta per angusta

道危狭而至庄严

——维克多·雨果,《埃尔那尼》(*Hernani*)

目录

1

代序
吕西安·热法尼翁，热忱的探寻

一

旅行者一次次地造访罗马，以至于他最终留在了罗马。罗马与之缓步前行。罗马？我想说的是公元前 1 世纪希腊思想的衰落，以及它对基督教现代冒险的开放态度，近 20 个世纪以来，希腊思想一直欢迎并庇护着基督教。从柏拉图的学园到教宗们的梵蒂冈，罗马将所有时代和西方的所有传统交织在一起，在那里，母狼回应着雄鹰；角斗士与光荣的殉道者共同沐浴鲜血，注定要戴上永恒的冠冕；苏厄托尼乌斯（Gaius Suetonius Tranquillus，约

69—122 年)①笔下的美斯撒利娜（Valeria Messalina，约17／20—48 年)②与米开朗基罗的《圣母怜子》相映成趣。在凶杀与祷告、阴谋与大公会议共同造成的气氛中，罗马长久以来是地中海的——因此也是世界的——首都，它被认为比其他任何城市都更好地承担起了治理寰宇的使命：艺术，法律，军事。尽管一度被野蛮人击败，但是毕竟，罗马先后两次征服了世界——先是由凯撒，然后是耶稣——雅典却未能在古代落下帷幕之后继续存在。此外，这两个城市之间的细微差别正是流徙与隐蔽的差别：人们为了逃离或避难在这两个城市之间作出选择；其中的一个属于过去；而另一个，却是自我孕育的永恒现在的一部分。在数个世纪间，尽管威尼斯和它的商人曾吸引着中世纪的亚洲，佛罗伦萨和它的银行家们把 15 世纪的欧洲团结在一起，更不用说 18 世纪的巴黎、19 世纪的伦敦、20 世纪的纽约，但罗马始终是天主教的中心。然而，在天主教——其对耶路撒冷遗产的重新发明并不比它对

---

① 罗马帝国时期史家，其最重要的现存作品是《罗马十二帝王传》(De Vita Caesarum)。（本书凡译者未标明"原书注"的均为译注，下同。）

② 罗马皇帝克劳迪一世的第三任妻子。

加图和西塞罗的利用少——的背后,总是有另外一段乐章若隐若现,这是一段在数个世纪间反复奏响、由若干段音程构成的乐章。我们确实有必要——哪怕是在想象中——去到环绕着罗马斗兽场的碎石路上行走一次,也确实有必要顺着无法计算年龄的道路漫步,直到恍若仙境的广场,在那里,泉水和大理石雕像交相辉映:让我们瞻仰那些使得这座城市胜过博物馆的事物,欣赏这座无论在时间还是空间的规模上都最伟大的城市,它是一个需要被跨越的门槛,这扇门的钥匙既不在凯撒们手里,也不在圣彼得手上,而是属于那些尽兴欢愉的人。目光所及,皆是体育场、温泉、别墅,象牙色的教堂,黄色、赭石色或者茶粉色的墙面,一群群椋鸟刺破云层,飞向天际;更重要的是,在这里,过去、现在和未来,这三者是平等的,奇迹正在于这些与宫殿和住宅相错的废墟让记忆和预言在同一片喧哗之中得以延续。

但是,究竟是何种记忆,又是怎样的预言?在罗马,有皇帝从事哲学:马可·奥勒留和他的《沉思录》;亦有主教俨然皇帝:圣奥古斯丁和他的《上帝之城》。这实在是双重的奇迹。人们可以在这座城市中最震撼人心的一座大教堂里发现这些奇迹,其构造在吕西安·热法尼翁的著作与思想中得以反映——你看到耸立着的拉特朗的圣克勒门圣殿了吗?然而,如果不是因为只有在门打开之后才能见到的数层深邃结构,人们可能会认为这栋气势恢宏的建筑没有什么与众不同之处。罗马共和国时期一座庙宇平地而起,2 世纪时,另一座叠在了它的上面:这座寺庙供奉着密特拉(Mithra)①,关于祂,人们只知道当罗马人祈祷的时候,祂是基督的一个东方对手。一幅壁画描绘了这位年轻的神献祭公牛的场景,这一幕因出现在地下数米处而更显可怖。当你重新回到地面,教堂看起来会很明亮,这是从事壁画创作的马索利诺(Masolino)的功劳——他是马萨乔(Masaccio)的一位朋友,二人同为布兰卡契(Brancacci)小堂壁画的作者。让我们不要那么快就谈论这种诸说混合(Syncrétisme)的现象,也不要急于打乱次序。因为这座大教堂足以说明这样一个事实:尽管信仰发生了变化,信仰仍是信仰;至于它选择用另一种它认为更伟大的教义来反对一种教义,这无疑是

———————

① 一个古老的印度-伊朗神祇。

4

随着问题自身的展开而发生的一些关乎罗马、关乎未来、关乎永恒的问题。然而，此时首要的是去了解是什么样的不安宁引发了这样的变化，以及，去创造一个空间来汇集那种支配我们的教义。同样，吕西安·热法尼翁也是双重的：他兼涉古今；他遍览百家而不捐弃沉思。无论他写的是什么，他都懂得兼顾讽刺与崇拜[①]、罗马长袍和主教冠。他是一个本可以生活于 2 世纪或 3 世纪之人的绝佳例子，他可以在与哲学家们一起发出惊叹的同时好奇地倾听基督徒的宣言。他并非不希望挑起论战，只是这样一种对话有其代价。如前所述，人们能够想象他本可以是一位关心日常事物的高级教士，或者一位思考事物发展过程、思考其虚妄与许诺的政治家。

二

　　这是一位神圣的思想家——我们可以立即肯定他也是一位神圣事物的思想家——同时是一位受过让·奥赫

---

　　① 这里说的可能是调和希腊哲学（苏格拉底方法以讽刺闻名）和基督宗教信仰（对神的爱与笃信）。

希巴勒(Jean Orcibal)学派训练的历史学家,这位出色的历史学家还是一位哲学家。他是哪一派的呢?他是柏格森(Bergson)的直系弟子,因为他是柏格森的弟子弗拉基米尔·扬科列维奇(Vladimir Jankélavitch)——后者推崇埃里克·萨蒂(Erik Satie)以及圣方济各·沙雷氏(Saint François de Sales)——的得意门生。伯格森重于笑,扬科列维奇重于讽刺,这两种方式提防形式的呆板,且能同虚伪保持适当的距离;这二人都像智慧的诗人那样思考,无论他们本人多么严肃,他们都更喜欢曲线而不是直线。同他们一样,吕西安·热法尼翁的思维以这样一种方式运动:随着对本质之物(l'essentiel)的发现而自我发明。这种思维的运动随着他内心最深处的追求而不断扩大;因而这种自由的音调,其发明是连续的,其线路(ligne)是曲折的,其间的智慧是高傲的。哪怕他经常试图从不同的角度突出同一事物,这一事物总会呈现出变了样的、不同的、独特的形象。这一无限的思维运动在承认了某种探寻的正当性的同时也体现了其深度,这种探寻如同赫拉克利特的神那样,只在隐藏时出现。这样一种悖论是布莱兹·帕斯卡尔(Blaise Pascal)——吕西安·热法尼翁

6

早期为之投入过大量研究——在神秘主义领域也曾充分使用的。"假如你不曾发见我,就不会去寻找我……"①

事实上,吕西安·热法尼翁之所以是一位如此重要的思想家,是因为他从来都没有停止过对某个统一体的核心进行双重思考,正如他所选择的主题——罗马。作为哲学家和历史学家,他在表象之下不断发掘。作为现实主义者和神秘主义者,他知道如何笑得恰到好处而真正地心醉神迷——只要我们严肃起来,古希腊语学者会在此处认出两个拉丁词"*en theos*"②——为神所摄、神灵附体。那些令人钦佩的观点标志了一种罕见的思想,表明他是一位难得的朋友,继蒙田和孟德斯鸠之后,吕西安·热法尼翁是第三位来自波尔多、致力于研究罗马的学者;不过,我们须把这些观点与尼采和海德格尔在类似模式下的天才之举联系起来。事实上,尼采之所以在思想领域如此重要,是因为他是第一个押注让前苏格拉底时代彻底回归希腊的人。至于海德格尔,自 1927 年《存在与时间》开始,他接过尼

---

① 出自帕斯卡尔《思想录》553。

② 来自希腊语,字面意思是"在神的里面"。因此,倘若我们说一个人欣喜若狂或心醉神迷,这意味着此人在那一刻感到神在他的里面。

采、然后是荷尔德林的话头，解释说，本质之物（l'essentiel）并非在于旅程结束时就可以收集到的智慧之光（la lumière），而在于起点：我们必须超越柏拉图主义的传统。真理并不在于传统之中，而在于使传统成为可能的东西——不在光晕（halo），而在光源（foyer）。因此，无休无止而又极具启发性的论战就出现了。

当然，作为一位真正的大师，吕西安·热法尼翁尽力让自己在一切问题上自由无碍，他既非海德格尔的弟子，也非任何学派的门徒，但是，他称得上深谙如何扭转对事物的看法，从而找到必要的方法来讨论以往的难题。阅读吕西安·热法尼翁的研究时，我们能够猜到，引起他兴趣的从来都不是某种思想或者某个历史事实如何流传下来，他的兴趣在于了解它之前的事物如何使它成为可能，或者说，那些不太可能的事物如何促成了意料之外的事物。没有什么比从较轻微者的角度出发更具革命性的了；没有什么比不给人以教条之印象更深刻的了——使用法语写作而引用皮埃尔·达克（Pierre Dac）①将是一种不可原谅的

---

① 安德烈·伊萨克（André Isaac, 1893—1975），法国滑稽演员，皮埃尔·达克是其更广为人知的名字。

8

粗陋。正如海德格尔告诉我们，为了理解最早以希腊文写成的福音书，相比阅读托马斯·阿奎那，最好是阅读亚里士多德，吕西安·热法尼翁提醒说，为了深入理解圣奥古斯丁，相比詹森(Cornelius Jansen，1585—1638 年)①，西塞罗是更好的选择。没有哪种做法比这更无忌惮、更叛逆了，但这是真理提出的要求；不过，这并不是说我们应该颠倒顺序；重要的显然是从根源上去把握它们，以便更好地接近它们。

罗马是合二而一(deux en un)的，我们需理解其分裂的对立两面：每一形象只在反照中得到反映，彼此丰富、彼此延伸、彼此纠正。与吕西安·热法尼翁一起踏上旅途，就是否定学术意义上的古代，就是理解下面这件事：研究之下复活的不是学问，而是生活本身，或者如他所言，复活的是"时代精神"(l'air du temps)：有血有肉，有情绪，有冲突，有笑有泪——这样一种不安宁是我们每个人都可能产生的，然而，它却有着迥异的音调——既不太相似，又没有差得太远，这正是它的魅力：这是一种同我们谈论历史的声音，却

---

① 荷兰神学家。

仿佛谈论的是现在;是一种同我们谈论思想的声音,就好像没有什么比这更为了然,没有什么比这是更自然、更自发的了。如果这有原因的话,是什么呢?那便是古代从来都不是过去,吕西安·热法尼翁告诉我们:古代同未来一样,是不死的。

三

在吕西安·热法尼翁研究的那些遥远时代的人物中,有两个人物尤为突出,那就是普罗提诺和奥古斯丁。他们彼此对立,如同双面神雅努斯。但与其说他们彼此对立,不如说他们相互补充。一方面,普罗提诺是一位老式哲学家,却热衷于神秘主义,他来自狼之城艾斯尤特①,说到这座城市,我们不得不提一句在那里受到尊敬的神乌普奥特(Oupouaoût)②;另一方面,圣奥古斯丁则是一位对哲学和神学满怀热情的基督教修辞学家。普罗

———————

① 上埃及的一个重要城市,位于尼罗河的西岸,现为阿拉伯埃及共和国的省会。
② 乌普奥特是埃及神话中的战神,其名字的意思是"开路者",形象为狼或狼头人身。

提诺来自上埃及,圣奥古斯丁来自阿尔及利亚和突尼斯的边界;他们走在了古罗马文明(la romanité)的最前面。他们之间相隔一个世纪,一个不同寻常的世纪! 这个世纪目睹了罗马帝国的崩溃。普罗提诺于 270 年去世,而直到 354 年,圣奥古斯丁才刚刚出生。410 年,罗马被入侵。430 年 8 月 28 日,当圣奥古斯丁死于被围困的希波时,他深信自己将在汪达尔人之前得到上帝的启示。人们当然可以列出普罗提诺和奥古斯丁之间的对立。根据波菲利(Porphyre,约 234—305 年)①的说法,普罗提诺以身体为耻——正如吕西安·热法尼翁所解释的那样,这个说法是为了与耶稣的狂热信徒进行论战,他们是一群敢于宣称耶稣为上帝所造之人的人;至于奥古斯丁,他是这个主题在西方的发明者,他在《忏悔录》中使用了第一人称“我”,作为一种创举,将罪过与赞颂(louange)公之于众。对于普罗提诺来说,“太一”(l'Un)超越了“存在”(l'Être)及其现象,更不用说——如路易-费迪南·塞利纳(Louis-Ferdinand Céline,1894—1961 年)②说的那

① 普罗提诺的学生。
② 法国作家。

样——它们的"一点儿沙子就能抹去的兴衰变迁"了。然而,在圣奥古斯丁看来,太一与存在合为一体,由 *cor in-quietum*,即"被剥夺了安宁的心"——亦即灵魂寻求救赎的燥热不安——所揭示。普罗提诺一直都希望"孤身遁向那独一者"①,正如他在《九章集》结尾所写的那样;而圣奥古斯丁则凭借理性(raison),即"信仰的智慧(intelligence)",来战斗、书写、布道。如果说普罗提诺是神秘主义的一座高峰,那么,圣奥古斯丁就是另一座,但我们这样说的依据是一组相反的字母组合,这一对组合的功绩在于提出了"神—人"的问题。这两个人受到了同一种文化的滋养,他们一前一后都生活在古代晚期,这一历史时期在他们的著作中往往因奥古斯丁的援引而得以留存。假使可以说,普罗提诺从伟大的希腊人那里汲取力量,那么,奥古斯丁则从未来的见证人——诺拉的泡利努斯(Paulinus Nolanus,约 354—431 年)②、阿维拉的德肋撒

① 原书法语作"fuir seul vers le Seul"。这句话是普罗提诺《九章集》的最后一句话,通常译为"从孤独走向孤独"。他在《九章集》1.6.7.8 和 5.7.34.7 谈论与至善相遇时有类似的表达。

② 古罗马诗人,曾担任执政官和罗马总督。后来,他放弃了自己的职业生涯,受洗成为基督徒。

(Teresia Abulensis, 1515—1582 年)①、卢梭、夏多布里昂或者普鲁斯特——那里汲取他的,既然他是整个西方的"恩典圣师"(docteur de la grâce)。普罗提诺宣告了一个世界的结束,而圣奥古斯丁则拉开了另一个世界的序幕。

尽管如此,吕西安·热法尼翁在两者身上花费了同样多的时间——这也许是他"神秘的不可知论"的双重性质的影响。但是,为什么选择普罗提诺? 波菲利在谈到自己的导师时说,普罗提诺对一个"超越于智慧(l'intel-ligence)及可理知者(l'intelligible)之上"的绝对存在者有一种憧憬,这就是后来扬科列维奇所谓的"全然的他者"(le tout-autre)或"绝对②绝对的绝对存在者"(l'absolu absolument absolu)。普罗提诺的世界就像两极之间绷着一条圆弧,用以象征存在。一端是光明,普罗提诺称之为"太一";另一端是黑暗,连接着虚无。普罗提诺的全部目

---

① 西班牙语"Teresa de Ávila",旧译"圣女德肋撒",16 世纪西班牙天主教神秘主义者、加尔默罗会修女、反宗教改革作家,同时为天主教会圣人,通过默祷过沉思生活的神学家。在她死后 40 年,教宗额我略十五世于 1622 年册封其为圣人,1970 年,教宗保禄六世敕封其为教会圣师。

② 这一个"绝对"为副词,修饰紧随其后的那个形容词"绝对"。

标,他的整个的哲学——与其说它是一种意志(volonté),不如说是一种关切——在于向人们揭示,那种黑暗其实并非如此,并且,如果我们懂得如何识破它的缺乏(absence),这一本质上深不见底的黑暗就会变得清晰起来。黑暗是对光明的剥夺,然而,它没有任何价值①,甚至不能称之为是任何一种真实(réalité)。普罗提诺的禁欲主义是一种超越于所有思想之上的理论——用希腊语来说,这是一种看待事物的方式,这种方式同它所观察的事物一起,齐心谋求它们的存在之源。因此,普罗提诺将超越与反思这两种做法进行了对比,前者是所有现代事业的特点,而后者可被认作一种皈依。通过这种由己向己的回转运动,存在得以回归自身,这回转是一种重置思维(les lignes)的冲动,揭示它们并使它们面对理念,乃至超越理念。吕西安·热法尼翁认可这种直观(intuition),认可这样一种眼光与世界的统一、世界与自己的统一,认可万物各居其位;这样一种在普罗提诺以其禁欲主义牵制着的感情之流——这意味着一种超乎感官之上且把持得

---

① "Elle n'est quoi que ce soit qui aurait une quelconque valeur",可直译为"不是任何会有任何价值的东西"。

住其心醉神迷的绝对存在——中的对太一的双重揭示和本质（essences）间的相互移转，也正是本书作者吕西安·热法尼翁看待事物的方式。

尽管如此，如果说吕西安·热法尼翁欲使某个思想家复活，那会是圣奥古斯丁，他们有着如此多的共同之处：通过信仰寻求理性，通过理性寻求信仰。圣奥古斯丁是一位主教和哲学家；而吕西安·热法尼翁则是哲学家和历史学家。两人都以他们未曾料想的方式寻找和发现了对方，并成为了一个有着诸多可能性的问题。圣奥古斯丁从古代保留了他所能保留的东西，就像吕西安·热法尼翁所致力的那样，而他把圣奥古斯丁也纳入了自己的选择。这出于两个原因：毫无疑问，首先是工作的乐趣使然，但也是由于某一终结（fin）的确定性——一个被祝福的时代和一个或多或少宽仁的时代的终结。当罗马帝国崩溃的时候，宣告上帝的威严（grandeur）是需要勇气的，而在今天，抵御这样一种帝国的终结之感也是需要勇气的，这一帝国的终结——如果不是以引经据典的结束为标志的话——是以古典研究（les études classiques）的结束为标志的。圣奥古斯丁和吕西安·热法尼翁相会在卡瓦菲斯(Constantin Cavafy，1863—1933 年)[1]的诗歌《等待野蛮人》的焦虑不安中：

——我们在这广场上等待着什么呢？

——野蛮人，就在今天，他们马上会到来。

今天同以往一样，野蛮人在前，但这并不妨碍我们思及，就内心而言，我们自己就是野蛮人。然而，倘若我们身在夜晚，吕西安·热法尼翁会邀请我们向后看，把目光投向一个受教于三千年思想之美的人。也许是在罗马的一处露台上，欣赏尤利乌斯·凯撒、维吉尔、普罗提诺和圣奥古斯丁在他们的时代凝视过的同一片天空，我们知道任何夕阳都无法与这一片天空媲美，惟其炽烈，在其渐次衰退的光芒中，希望展开了。

斯特凡·巴赫萨克

2011 年 7 月

----

① 希腊诗人，长居亚历山大里亚，其大部分重要诗歌是在 40 岁以后完成的。

前言
从事哲学的风险

不合时宜的智慧

Intempestiva sapientia

——塔西佗,《历史》,3.81

任何社会都不会希望自己的思维方式及日常生活被打乱,担心这种变化对政治、宗教或二者可能产生的影响。理想就好像是,一言以蔽之,个体意识与集体意识的完全重合,这一重合即使不是被现行权力的价值论塑造的,至少也合它的意。总之,我们应该恭敬地思考。这正

是马塞尔·埃梅(Marcel Aymé,1902—1967 年)①所谓的
"思想的安逸"(le confort intellectuel),也是今天被置于
"政治正确"这一概念下的东西。从这个角度看,哲学诞
生于惊奇,这一自柏拉图和亚里士多德以来没有人对此
提出过异议的事实,本身也必然导致那些生发这种惊奇
的人思维方式的突变。于是,这一预料之外的事件所产
生的有关世界的新看法或多或少将对之前被认为是理所
当然的旧观念带来冲击。因此,如果这一启示的受益人
敢于传播它,甚至倡导将其作为看待世界和人类的正确
方式,那么他就会置身风险之中。顶风行船或逆流而上
总是困难的,往往危险重重。

　　当罗马的领土扩张使两种文化相遇的时候,情况当然
就是这样的。这两种文化各自的特征已在保罗·韦纳
(Paul Veyne)的一部作品中得到说明,它们数百年来的关
系促成了一个"希腊—罗马帝国"②的建立。这样两种集
体意识间有着怎样精彩的对峙啊! 一边是罗马人,他们确

---

　　① 法国小说家、儿童文学作家、剧作家,曾在巴黎做过记者。
　　② 原书注:保罗·韦纳(P. Veyne),《希腊—罗马帝国》(*L'Empire gréco-romain*),瑟伊(Seuil)出版社,2005 年。

信,如维吉尔所歌唱的那样,自己是受神的委托来统治世界的;一边是希腊人,他们意识到自己属于这样一个独一无二的民族,这个民族的文明程度是不证自明的。这是两种优越感间的对峙,每一方都懂得最大限度地利用这一对峙。在希腊方面,普鲁塔克、爱比克泰德以及埃利欧斯·阿瑞斯忒伊得斯(Aelius Aristide,117—181 年)①清楚地看到了政治稳定的好处。在罗马方面,如同贺拉斯所说,被征服者逐步征服征服者,正是希腊化的罗马促成了西方的希腊化。在罗马统治的地方,雅典将大放异彩。

天生有很强适应性的罗马人很快就认识到,希腊化并不是丧失自我,而是成为自己。希腊的建筑艺术、装饰艺术,然后是演说的艺术,逐渐使人敬服,遭到的抵抗越来越少。在玛尔提阿利斯(Marcus Valerius Martialis,约40—104 年)②和尤维纳利斯(Decimus Iunius Iuvenalis)③生活的那个时尚罗马,人们谈论任何事时都喜欢引用希

———————————

① 古希腊演说家和作家,曾长达数十年疾病缠身,并通过与医神阿斯克勒皮欧斯的神圣交流(解释和服从他在圣所做的梦)寻求缓解,后来,他将这段经历记录在《神圣的言辞》(*Hieroi Logoi*)中。
② 古罗马诗人。
③ 1 世纪末 2 世纪初古罗马诗人,作品常讽刺罗马社会的腐化和人类的愚蠢。

腊语,这引起了两位诗人的嘲弄和讽刺。然而,在数个世纪的进程中,哲学所经历的情况却有所不同,读者可以从我将要提到的几个例子中看出这一点。

我们从奥路斯·革利乌斯(Aulus Gellius,约 130—180 年)①那里得知,公元前 173 年,"元老院表决通过了一项有关哲学家和修辞学家的法令",法令决定"裁判官(préteur)庞珀尼乌斯(Marcus Pomponius Matho,约公元前 275—前 204 年)在他认为符合公共利益且在其职权范围内确保罗马境内不存在这两类人"。革利乌斯接着告诉我们,12 年之后,罗马颁布了一项新的法令,这一次只针对修辞学家,因为法令是这样说的:"这些新奇事物与祖先的传统习俗格格不入,令人不悦。"革利乌斯说,这一切发生"在那些过于粗野的时代,彼时希腊文化尚未完善"(《阿提卡之夜》,15.11)。哲学家和修辞学家,这两种职业被划上等号充分说明了问题,善于思想者和善于言辞者同时受到波及。换句话说,通过对两者的混淆,被禁止的即使不是关于思想,至少也是关于意见——要知道

---

① 古罗马语法学家、编纂家,《阿提卡之夜》的作者。

4

罗马人对思辨不很热心——的辩论。事实上,所有这些都有可能破坏一个以严格遵循"祖先的习俗"(*mos maiorum*)为基础的社会的稳定性,换句话说,这种社会建立在价值观的无限延续之上,其祖先的思维和生活方式正是由这一价值观决定下来的。

西塞罗、普鲁塔克、革利乌斯以及玛克若比乌斯(Ambrosius Theodosius Macrobius,约 385 / 390—430 年)[①]提到了第二个事件,而他们的记忆绝对经得起时间的考验。公元前 156 至前 155 年,三个希腊人肩负使命抵达罗马:他们必须捍卫雅典的利益,雅典被指控掠夺欧若珀斯(Orôpos)[②]城邦而被处以罚金。值得注意的是,雅典人将这项重任交给了哲学家:廊下派的巴比伦的第欧根尼,逍遥学派的克瑞托拉欧斯,还有新学园派导师卡尔内阿得斯。这三个知识人在罗马举办的演讲大受年轻人的欢迎。卡尔内阿得斯的演说尤其成功:他谈论正义,在一夜之间用同样的才华横溢论证了正义的利与弊。

在老加图的影响仍然占上风的时候,人们发自内心

---

① 古罗马哲学家和语法学家。
② 位于希腊东阿提卡。

地依附于作为所有教育之基的"祖先的习俗",因而这桩公务不会被拖太久。老加图会从元老院批准雅典的请求,从而缩短这群可恶的人在罗马逗留的时间,不惜任何代价来阻止他们传播那些具有颠覆性的学说。

然而,随着罗马开始接受希腊的文化,尽管存有一定程度的怀疑,人们对哲学的兴趣与日俱增。在共和国时期,仅有两个人物最富盛名:熟悉所有知识的西塞罗,以及伊壁鸠鲁学派的卢克莱修。直到由凯撒们统治的时代到来之后,哲学才会产生更为重要的影响。

人们厌倦了持续百年的内战,古老的共和国众多行政官的权力被交到一人手里,这种大权在握的人在历史上将被称为凯撒-奥古斯都,以第一任在位者命名。在政治运动的影响下,哲学会经历不同的命运,这取决于当时的形势和在位者。因此,用罗纳德·赛姆(Ronald Syme)爵士的话说,"罗马革命"①并没有让统治阶级感到高兴,因为他们认为自己被剥夺了以往享有的自由裁量权。这一权力的没收被权贵们视为对自由本身的攻击,他们援

_____

① 原书注:罗纳德·赛姆(R. Syme),《罗马革命》(*La Révolution romaine*),洛·斯图维哈斯(R. Stuvéras)译,伽利玛(Gallimard)出版社,1978 年。

6

引犬儒学派和廊下派的论点,以此为反对新政权提供哲学依据。在这种情况下,皇帝和哲学家之间难免存在许多私人误解,有人甚至因此丧命,如尼禄统治下的特拉色阿·派图斯和韦斯巴芗统治下的赫珥维迪乌斯·璞瑞斯库斯,犬儒学派和廊下派也曾奋起反抗弗拉维王朝的皇帝。他们的反抗以93年图密善颁布诏令将哲学家逐出罗马和意大利而告终。根据革利乌斯的说法,正是在这种背景下,爱比克泰德永久地隐退到了尼科珀利斯。塔西佗表示:"不仅仅作者遭到了猛烈的反对,他们的作品也是如此,三执政(triumvirs)奉命将那些最杰出思想者的作品在广场上烧毁。"(《阿格瑞科拉厄传》,第2节)塔西佗提到,通过情报机构收集的消息,图密善对长期以来对哲学家相当不利的形势善加利用:太多可疑的人声称自己是哲学家,这引来了不止一位作家的嘲讽。

尽管经历了被尤维纳利斯称为"秃顶尼禄"(《讽刺诗集》,4.38)的统治时期,哲学在罗马世界仍继续蓬勃发展,尤其廊下派备受皇帝们的青睐。厄克法恩托斯(Ecphante)①、

① 生活于公元前4世纪的毕达哥拉斯主义者,有关他的生平细节鲜为人知。

第欧根尼和斯忒尼达斯关于王权的新毕达哥拉斯主义论调也风行了数个世纪,他们将在位的皇帝视同希腊时代设想的理想君主:其权力授自天神而得哲人保驾护航。[①]

罗马帝国在君士坦丁及其继任者的统治下终于改信了基督教。正像安妮-玛丽·马岚戈瑞(Anne-Marie Malingrey)[②]以极其谨慎的方式说明的那样,这一新的宗教被看作一种哲学,也就是我们今天所说的世界观。但是,如该撒利亚的优西比乌斯、奥古斯丁和其他许多人所做的那样,其他学说既属异教,基督教便会逐渐被认为是唯一的真理而被强加于人。正是从这个角度来看,我们必须重视这项研究中的最后两个插曲。

希帕媞阿(Hypatia)在 5 世纪的亚历山大里亚从事教师的职业,她是数学家忒欧恩(Théon,约公元前 335—前 405 年)[③]的女儿。这是一位在道德上无可指摘的年

---

① 原书注:吕西安·若尔凡诺(Voir L. Jerphagnon),《神圣的凯撒,罗马帝国的意识形态及权力》(Les Divins Césars. Idéologie et pouvoir dans la Rome impériale),达郎迪耶(Tallandier)出版社,第 2 版。

② 原书注:安妮玛丽·马岚戈瑞(A.-M. Malingrey),《哲学》(Philosophia),克林西克(Klincksieck)出版社,1961 年。

③ 古希腊学者、数学家,编辑和整理了欧几里得的《几何原本》,并为欧几里得和托勒密的作品撰写了评论。

轻女学者,她遵循新柏拉图主义的传统,传授柏拉图的学说,同时也教授亚里士多德以及廊下派的理论。她的课堂上挤满了亚历山大里亚的知识分子。昔兰尼的叙内西欧斯就是在她那里接受了哲学教育,成为基督徒后,他始终对她心怀尊重与感激。但是到了 415 年 3 月,一对仇家——他们中的一个是行政长官俄瑞斯忒斯,此人是希帕媞阿忠实的门生,另一人是宗主教基里尔(Cyrillus,376—444 年)①——的追随者之间发生了一系列骚乱,就在这之后,一支由僧侣组成的暗杀小队在这位年轻女学者的归程上拦截了她的马车。这些肇事者把女哲学家拖进一处教堂,剥光了她身上的衣服,用碎石片将她击杀。然后,他们将尸体切成碎块,并在广场上焚烧。(索克剌忒斯,《教会史》7.15)

最后一个插曲:这次我们来到了 6 世纪查士丁尼统治时期。尽管帝国已日薄西山,却仍在为收复和统一数个世纪以来四分五裂的领土做最后的努力。这体现在所有方面:军事、治安、法律,当然还有宗教,在罗马的传统

----

① 或译"区利罗",天主教译为"圣济利禄",412 至 444 年间任职亚历山大里亚宗主教。

中,宗教统一是政治统一的保证。由于担心异教思想的威望带来的巨大危险,查士丁尼于529年下令关闭雅典学园,3年后,又没收了柏拉图学派的财产。查士丁尼的通谕如此写道:"那些害了希腊人的渎神疯病的人不得教授任何课程"①,而这显然是指哲学和法律。达玛斯奇欧斯(Damascios,约462—538年)②及其后的思想家并未皈依基督教,而是选择流亡波斯。

这份名单不可能是详尽的。这类事件的发生,与个体间的纠纷无关,而是如不止一次发生的那样,它是两个整体间的冲突。一方面,政治权力总是力图确保它所选择的价值观念、它的梦想和它的制衡作用在一般人的头脑中占据主导,使人们视之为理所当然。另一方面,那些分属各种思想流派的知识人证明了另一种世界观是可能的,并由此产生了不同的态度。哲学家孕育了一种不同的组织世界的方式,在他们看来,一切也都被认为是不言自明且永远如此。共和制的罗马、专制的罗马和东方的基督教帝

① 原书注:马拉勒斯(Malalas),《编年史》(*Chronographia*),丁多夫(Dindorf)出版社,第449—451页。

② 雅典学派的最后一位学者,是一位新柏拉图主义哲学家,在查士丁尼一世立法强制关闭柏拉图学园后离开了雅典。

国,这些如此不同的政权全都了解这一点。所有这些政权都评估了这种新的思维方式的影响范围和实际后果,每当它们构成威胁之际,便借助于法令来消除隐患。诞生自惊奇的哲学,其智慧能否令统治者感到安心呢?至少,用我在此篇序言中引用的塔西佗的话来说,哲学是不合时宜的。让我们回顾廊下派哲学家穆索尼乌斯(Musonius,约30—101年)①的冒险经历:他在政权的危机时刻混入士兵当中,为的是向士兵们进行道德说教,结果差点没能逃过此劫。由此可见,哲学若出现得不合时宜,那将是致命的。而事实上,哲学的经历难道不是一贯如此吗?对于这一点,苏格拉底比任何人都了解得深刻。

吕西安·热法尼翁

---

① 古罗马廊下派哲学家,尼禄统治时期在罗马教授哲学,65 年,离开罗马流亡,后又返回罗马。韦斯巴芗统治时期曾驱逐大量哲学家,穆索尼乌斯在短期内得以幸免,但最终仍被赶走。他是爱比克泰德的老师。

第1章　希腊之光

神话与理性，对抗还是二重奏?

将神话与理性对立为谬误与真理的观点如此普遍，以至于人们很容易就会认同它。如果我们仔细检查，就会发现这可能是一个世界观的问题。萨特说，人是这样一种存在，他的显现（l'apparition）让世界得以存在。我忍不住想补充一句：众神明的存在亦如此。

从荷马史诗、赫西俄德《神谱》、《圣经》等这些历史上最早的文字记载开始，神明们就已经存在。同样，无论在埃及、希腊还是罗马，我们都可以从雕刻或者绘画中认出袖们。神明的存在证明了从远古时代起，人类就已经意识到自己只不过是这世界的过客。一些人开始觉察到，如让·罗斯丹（Jean Rostand）所说，"人是一头知道自己必定会死的动物"。他的猿人祖先并没有提出比年代更早的梁龙或今天牧场上望着高速列车飞快驶过的奶牛更多的问题。所以，我们可以说智人在这一点上知道得太多，但依然还是不够。这就引出了一些问题，一些焦虑：这个世界从何而来，发生过什么？我们往何处去？是谁决定了昼夜、阴雨连绵还是阳光灿烂、出生还是死亡，以及——谁知道呢——来世？这一切都必须有意义。如泰亚尔·德·夏尔丹（Teilhard de Chardin）①所言，"洞穴里的亚当"永远无法找回他失落了的动物园（zoo）里的无忧无虑。

幸运的是，人类并不孤单。无论在哪里生活，人类从幼时起便知晓众神明创造万物的一千零一种方法，神明们从一些东西中创造出另一些，有时从无中生出有来；袖们

知道世界上所有的清晨怎样流逝。神明照管着一切。袖们享有世界上所有的时间：袖们是不朽的。然而，令人惊讶的是，神明们与凡人相似，不过，袖们是以超自然的方式经历着与人类相同的冒险。袖们往往不是很随和的，所以最好不要惹恼袖们。尽管人类无法生活得十分理想，但世界至少没有漏洞百出，而焦虑总为一线希望所照亮。悖论的是，随着因果概念向世界的扩展，正是神话为智人提供了最初的理性形式。但人们对这幅天堂和地狱的图景奉献了多少信仰呢？只有考虑到公元前 7 世纪发生的转变，才能准确地回答这个问题，至少，我们要坚持古代希腊罗马看待世界的方式。事实上，我们与其去考虑他们神秘的第一因，不如关注"事物的本质（nature）"。

通过观测星星，像阿基米德那样沉思画在沙上的图形，像泰勒斯那样观察金字塔的投影，像毕达哥拉斯那样将数字与图形联系在一起，人们看到的世界便成了另一副模样。物理学诞生了，智人也诞生了，但这次是真的"智"人。人类发现，没有必要到神明那里为神明所提供的东西——空气，土，水，火，……——寻找解释：这实在是一件神明所赐的礼物；……至于神明本身，人类对袖们的想法

3

就不那么单纯了。科洛佛恩的色诺法内斯(Xénophane de Colophon,约公元前 570—前 475 年)①充分表明了这一点:"埃塞俄比亚人认为神是黑皮肤、扁平鼻,色雷斯人眼里的神则是蓝绿眼睛、红头发。"他还说,如果有牛、马、狮子神,我们也会清楚地知道祂们的样子。尽管如此,色诺法内斯仍然相信世界起源之处有着一位神明。据他说,实际上,"神明并不是从一开始就将一切都揭示给凡人的,而是在漫长的探索中,随着时间的推移,人类自己发现了最好的事物"。物理学终将通往哲学。

世界观随时代的变迁而更迭,而神话常驻。在世纪的交替中,自然与超自然、神话与理性和平共处、彼此照亮。真理的两个层面被认为是兼容的:任何人都不会想到要把几何规则和神话传说对立起来。建造寺庙需要数学,而寺庙的落成典礼则需要祈祷。因此,人类长期按照神话—宗教和哲学这两个不同的维度生活,无论每个人的喜好如何,两者中的任何一方都没有企图取代另一方。

---

① 或译"色诺芬尼",古希腊哲学家、神学家、诗人,一生四处周游,游遍了整个希腊世界,批判和讽刺了许多人的观点,包括荷马和赫西俄德。

关于这一点，可以从三个不同的角度来观察：神的概念在多神教中并不像在一神教中那样具有超越性；不存在任何强加给信徒的教条主义的规则；一切都基于祖先的传统，人们遵守这些传统，却不一定能很好地理解。人们几乎从不按照字面意思去理解传说，而是借助热吉恩的忒阿革内斯（Théagène de Rhégium）①于公元前 5 世纪开创的寓意法来破译这些神话传说的象征意义，亚历山大里亚的菲洛（Philon d'Alexandrie，约公元前 20—公元 45 年）②将这种方法用于犹太教；亚历山大里亚的圣革利免、俄利根、安博罗修将其用于基督教。总之，人们可以合理地信神。因此，瓦罗（Marcus Terentius Varro，公元前 116—前 27 年）③在其著名的三元神学（théologie tripartite）中区分出了三个方面，每个方面符合特定的预期：神话的神学，即诗人的神学；民间神学，在一年之中适时地纪念那些官方认可的神明；最后是哲学家的神学，它

①　出生于热吉恩（今意大利的卡拉布里亚雷焦），因捍卫荷马神话免受理性主义攻击而闻名。

②　或译"斐洛"，希腊化时期的犹太哲学家，其作品具有护教性质，意在展示犹太信仰与希腊哲学之间的完美契合。

③　被认为是古罗马最伟大的学者，被彼特拉克誉为继维吉尔和西塞罗之后"罗马的第三大光明"。

探讨神的本质。这是一种先于文学的现象学。

这种情况将一直持续到一神论宗教取得支配地位,每一宗教都认为自己的信仰是唯一真实的。于是,宗教当局便试图使理性服从于神话,甚至将理性彻底推翻,无论有无民政当局的支持。宗教裁判所从此踏上迷途,造成了如伽利略事件、神创论的笃信者反对拉马克(Lamarck)和达尔文等等的荒唐事。正是为了应对这种信仰专制,文艺复兴时期拉伯雷和蒙田首先开始了反抗,尽管这种抗争时弱时强,反抗的意志却始终坚定。这一抗争在 17 世纪随梅洛-庞蒂所称"大理性主义"①而清晰起来,出现了笛卡尔、笛卡尔主义者和帕斯卡尔。到了 18 世纪,这场运动因百科全书派、伏尔泰、狄德罗的出现而更加激进,到了大革命时期,随着理性女神的上场,这场运动又似乎使自己变得有些滑稽可笑起来……驱逐神话,神话旋即又卷土重来。19 世纪,理性主义意识形态开始退化为宗派主义,梅洛-庞蒂称之为"小理性主义",与此同时,宗教原教旨主义迅速蔓延。这些纷争令人头疼,但也很有看头。

---

① Le grand rationalisme,与之相对的是后文的 le petit rationalisme。可参梅洛-庞蒂,《符号》。

正如保罗·韦纳正确地指出的那样，"真理是复数的"。也许最好的做法是尝试调和两种理想，即对知与望的渴求（l'appétit de savoir et le goût d'espérer）。[①] 理性将约束神话—宗教远离谵妄，神话—宗教则使人类免遭物化。但在说着这些话的时候，也许我自己已然坠入虚幻，换句话说，陷入了，呃，如今人们所谓的……迷思（mythe）？

柏拉图，作为哲人的一生

柏拉图式的爱、理念的世界、洞穴、理想国中的共妻制（这一点总会引起人们的关注）：这些或多或少是人们在日常谈话中所能引用柏拉图的全部内容。然而，这一切都不足以令人思及柏拉图是一位"入世"的（engagé）思想家，作为 2400 年来获得最广泛阅读和评论的哲学家之一，很少有人能想象他曾一度着迷政治，且其一生堪称一部真正的冒险小说。这

---

① 《哥林多前书》13：13 曰："如今常存的有信、有望、有爱这三样，其中最大的是爱。"英文：But now abideth faith, hope, love, these three; and the greatest of these is love；法文：Maintenant, trois choses sont toujours là：la foi, l'espérance et l'amour；这里取"望"字。

个年轻的阿瑞斯托克勒斯①将保留"柏拉图"——意为"宽阔"——这一别名,他于公元前 427 年出生在鼎盛时期的雅典,刚好是伟大的伯里克利(约公元前 492—前 429 年)去世的两年后,这位民主派领袖将这座城邦引向繁荣,在雅典卫城,崭新的帕特农神庙在灿烂的阳光下赞颂雅典娜的荣耀,作为雅典的守护神,她的威望令众多城邦匍匐其下。

柏拉图出身贵族。据说,从他父亲阿瑞斯托恩(Ariston)的血统算起,他应该是科德若斯(Codros)——传说中雅典的最后一位国王——的后裔。至于他的母亲佩瑞克媞欧内(Périctionè),则是民主政治的创始人梭伦(约公元前 640—前 558 年)的一位远亲,她的一个兄弟以及一个堂亲后来都声名鹊起:卡尔米德(Charmide)和克瑞提阿斯(Critias),他们是专制制度的支持者。柏拉图出生后不久,他的母亲即成为寡妇,并改嫁给柏拉图的一个舅舅②,一位伯里克利昔日的外交使节和顾问。因此,在这

---

① 柏拉图原名 Αριστοκλής。

② 仅看原文"l'un de ses oncles",不能确定是谁的叔叔,也不能确定是叔叔还是舅舅,但柏拉图在《卡尔米德》中告诉我们,佩瑞克媞欧内的第二任丈夫丕瑞拉姆佩斯(Πυριλάμπης)是卡尔米德的叔叔,而卡尔米德是柏拉图母亲的哥哥,也就是柏拉图的舅舅。

所讲究的宅邸中,青年时期的柏拉图被最为对立的政治圈子所围绕。在接受了其所置身的这个阶层的年轻人所需的完整的精英式教育后,这位雅典贵族后裔的前途一片光明。随着年龄的增长,他尝到了在国家中扮演重要角色的滋味。他在中年时回顾自己的成长岁月,如此写道:"过去,在我的年轻时代,我同许多年轻人一样:计划着一旦成了自己的主人,就立刻投身政治。"(《柏拉图书简》,7.324b)社会环境的变化——一场无休止的战争带来的变故和战败的后果——将彻底改写这位年轻人业已确定的命运进程。

斯巴达和雅典之间的冲突已酝酿了好些年。这两个势均力敌的城邦为了各自在希腊——这片土地上分散着大小不等的城邦——的霸权争执不休,其面积由小至大相当于今天法国的一个大镇和一个省。这些彼此敌对的城邦实行着不同的政治制度:在雅典是民主制,在斯巴达是寡头政治……因此,公元前431年(柏拉图尚未出生),继无休止的势力冲突所导致的事端之后,战争终于在斯巴达和雅典之间爆发。这两个国家各自成为自己联盟的领袖:民主阵营跟随雅典,斯巴达背后则是贵族寡头集团。既然每一城邦本身就分为彼此对立的不同派别，这场史称"伯罗奔尼撒战争"（公元前431—前404年）的长期冲突期间发生了怎样的争斗便是可想而知的了。

对于雅典来说，战争的结果十分不妙。在经历了大约27年之久的得胜和败退、围困、沉船、虚假的和平和真实的背叛之后，公元前404年，雅典不得不向斯巴达将军吕撒恩德若斯（Lysandre）投降：斯巴达赢得了战争的胜利。对柏拉图这位23岁的年轻男子来说，这简直是天大的好事！要知道，除了战争及其政治影响外，这个时期的柏拉图还不曾了解别的事情。早在公元前411年——那时他16岁——因频繁的挫败而极不稳定的民主雅典曾一度实行温和的寡头制（即"四百人会议"制），但是这种制度只持续了一年。失败的结果导致政权发生了新的更迭：得胜的斯巴达将寡头制强加给雅典，即所谓的"三十僭主"寡头制。

柏拉图并没有感到失望：他的背景没有让他倾向于民主。接下来，他的舅舅卡尔米德以及卡尔米德的同辈亲戚克瑞提阿斯加入了一个"强人"新团体，柏拉图寄希望于这些"强人"，以期在新的基础上复兴国家。然而，事实上,它所带来却是恐怖统治:政治清洗、排除异己、流放;不是建立正义,而是打击报复、清除宿怨。克瑞提阿斯在这种权力强有力的行使中崭露头角,因此,8 个月后,当三十僭主被特剌叙布洛斯(Thrasybule)废黜(公元前 403 年夏),民主得以恢复之时,柏拉图的家族因这一事件受到牵连,柏拉图本人也对此感到沮丧,且遭到怀疑。这可以解释这位年轻贵族传记中的某种模糊性:尽管特剌叙布洛斯颁布了赦令,柏拉图还是选择了在这一刻开始游历。

然而,在战争和动乱的背景下接受教育的这些年使他了解了政治的艰难。雅典人过着密集的知识生活;他们怀着极大的兴趣操纵语言、择取那些在恰当的时机切中肯綮的论点。这是因为,在直接民主的制度下,每个人都可以在集会上发表自己的见解,公开演讲是实现他们利益的最可靠途径。这项技术是那些所谓的诡辩家(即智术[*sophia*]的专家)的专长。柏拉图有充分的闲暇来倾听那些名家的高谈阔论,他后来对这些人的评价非常糟糕。①这是因

---

① 原书注:见本书第 26 页《是否应为智术师平反?》。

为他遇到了一位古怪的老者,有人将其视为一个卓越的人,而在另一些人的眼里,他却十分危险:一个名叫苏格拉底(公元前 470—前 399 年)的人,他将成为柏拉图的人生导师。

传统对苏格拉底的看法总的来说是宽宏的:他是一位饮下毒芹汁的智者,为哲学而献身。他同代人的意见就不那么一致了。我们对他的了解源于三个方面:色诺芬(约公元前 430—前 355 年),苏格拉底曾经的学生,后来成了一位军事将领和业余的历史学家;柏拉图,他自视为苏格拉底的精神继承人;以及阿里斯托芬(约公元前 446—前 386 年),他在自己的谐剧中恶作剧般地捉弄过苏格拉底。

把苏格拉底的这些形象凑在一起时,人们会感到困惑。这个其貌不扬的人把年轻人吸引到身边而不利用他们对自己的青睐。苏格拉底是丈夫,也是一位父亲,没有私产,曾在战场勇敢作战,每当参加宴会时,他的举止总是非常适度。他向雅典人宣扬公民的美德,本人却不参与公共生活——在当时,这样一种态度是不可原谅的。他声称德尔斐神谕赋予他使命去成为智者当中更有智慧的人。这本可以为他赢得尊重,事实上却使他陷入困境,为他带来了许多麻烦。

这一神圣的使命究竟是什么,苏格拉底又是如何履行的呢?苏格拉底终日向人们提问,寻求完美的定义:他询问将士何为勇气,询问著名的卜者何为虔诚,面对向雅典青年传授演说艺术的智术师,他询问美德是否可教……当然,没有人能够确切地回答他的问题。苏格拉底也同样不知道这些问题的答案,但是他却引以为豪,细微的差别在于:他知道自己并不知道,而其他人却大言不惭,并企图在政府中谋得一个职位。

我们可以看出苏格拉底那种故作天真的调查背后的动机:他不支持任何一方,并把两方都打发走。在他看来,无论民主派还是寡头派,两者都无法承担起管理国家的责任。两者都缺少一样东西,即知识(la science)。既然苏格拉底发觉专家们不具备定义各自专业的目标的能力,他便很乐意为他们把缺陷记录在案。那么,民众呢?苏格拉底对他们不抱幻想:在没有牧人的情况下,羊群难道能够自己领导自己吗?那么,谁来治理呢?"那个懂得怎么做的人。"(色诺芬,《回忆苏格拉底》,3.9—10)让我们记住这一点，否则我们将无法理解柏拉图的方案。

在战争失败的背景下，在三十僭主短暂的独裁和民主恢复——由于一个阴谋，民主制于公元前401年再度摇摇欲坠——之后，苏格拉底的反民主立场引起了新政权的注意。但这还不是全部。以撒多·费恩斯坦·史东(Isador Feinstein Stone)敏锐而生动地列数了人们对这位哲人的长期不满。苏格拉底被认为受贿于斯巴达和克里特岛，为其专制和军事所诱惑。他因在战争期间与一些人过从甚密而遭到指控：如克瑞提阿斯，三十僭主中之最忍心者；阿尔喀比亚德，一个花天酒地的冒险家，两人一度成了敌人……这一切令苏格拉底确信，在当时的政治状况下，没有人能在不脱离政治的情况下保证灵魂的健康。因此，他被指控"不信城邦神，引入新神，败坏青年"的罪名。不是说苏格拉底多年来以智慧之名教导年轻男子、嘲讽雅典名流吗？他鼓动风华正茂的青年反对民主，而许多中间阶级——更不消说底层人物了——正为民主的恢复而欢欣鼓舞。所以，他不得不接受法庭的审判。

假如苏格拉底积极配合，做出让步，结果可能会是另一种情形，但他不遗余力地惹恼了法官，他说："我相信自己即便不是雅典人中唯一一个,也是为数不多的那个实践政治学问的人。"(柏拉图,《苏格拉底的申辩》)为此他将自己的命运交给雅典公会堂(Prytanée)①,那是英雄和在职行政官的所在地,最后苏格拉底被判处死刑。这当然是一项不公正的审判:苏格拉底什么也没有做,或者更确切地说,他只是在一个视言论自由为绝对权利的政体中,说了一些什么! 在判决和行刑的间歇里,他有足够的机会可以逃跑,但是,出于对城邦法律和自己的人格所抱的忠贞,他选择了饮下毒药。如此,他令那个给他定罪的政体颇为难堪。苏格拉底用这种最高程度的公民责任感,以及面对死亡时镇定自若的勇气,证实了他终生捍卫的价值观。

柏拉图躲在暗中地出席了苏格拉底的审判,但他回避了判决的执行——他绝望地接受了这个结局。他哀悼的不仅是一个朋友、一位逝去的导师,还有他自己的生命、他的希望,他的幻想:雅典杀死了一个"最好、最明智

---

① 罗念生在阿里斯托芬的谐剧《阿卡奈人》(第 125 行)中将该词译为"主席厅",它是古希腊五百人议事会的所在地,也是奥林匹克运动会的获胜者与官员们会面的地方。

也最正义的"人——这是《斐多》的最后一句话——唯一能够超越党派间的对立而将政治建立在理性基础上的人。正如我们所见到的那样,柏拉图因家庭名誉所受的损害而选择流亡,他决定远行,以期获得更多的经验,研究其他民族的政体。

我们对柏拉图此后数年的生活经历不甚了然:这期间柏拉图所写的东西不曾引起人们的关注。因此,公元前399至前388年间,有一段11年之久的空白,这段空白借由传说得以填补,尽管这些传说并不可靠,而且大多是些抄袭之作。根据3世纪的一个资料汇编者第欧根尼·拉尔修的记载,有人曾经在雅典附近的美伽刺见到过柏拉图,跟随他的还有一些弟子;不久以后,他又出发去了昔兰尼(今利比亚境内),在一个叫忒欧多若斯(Théodoros,公元前465—前398年)[①]的人的指导下学习数学,接着又从昔兰尼进入意大利南部——那是毕达哥拉斯派特别钟爱的地方,对于这些哲学家来说,数字的科学可以为有关世界的最终解释提供依据。在那里,他遇

---

① 古希腊数学家,关于他的唯一现存的第一手资料是柏拉图的三部对话:《泰阿泰德》《智术师》和《治邦者》。

到了塔剌斯的阿尔曲塔斯（Archytas de Tarente，公元前
5—前4世纪），一位受人尊敬的数学家、哲学家和政治
家，他无疑影响了柏拉图对政治的思考。接下来，他是否
如第欧根尼·拉尔修断言的那样留在了埃及？尽管这不
是一件容易确认的事，不过，可以肯定的是，柏拉图在这
些年中已经着手第一批对话的写作，被理想化的苏格拉
底形象在其中昭然若揭。

公元前388年，在叙拉古僭主迪欧尼西欧斯一世的
邀请下，柏拉图抵达西西里岛。他曾尝试令这位君主接
受自己有关国家治理的哲学，其结果令他大失所望：老迪
欧尼西欧斯一声令下，将他驱逐出境。不过，柏拉图不算
白跑一趟，他与君主的连襟迪翁结为好友，后者很快成了
他的学生。返回雅典的路途可谓颠沛：柏拉图在埃吉纳
被俘，而后在西西里与雅典的战争中被当作奴隶贩卖，迪
欧尼西欧斯一世无疑脱不了干系。值得庆幸的是，在奴
隶市场上，一个昔兰尼人认出了这位哲学家，他买下柏拉
图并当场释放了他。公元前387年，柏拉图回到雅典。
凭借丰富的生活经历，他在城外购得一处地产，创办了自
己的学校——柏拉图学园。

学园的课程和运作在很大程度上得益于南意大利毕达哥拉斯学派兄弟会的影响。在柏拉图学园,人们研习数学和政治。柏拉图的第二批对话(《王制》,即《理想国》,亦包括在内)正是从这时开始写的。在年轻人的陪伴下,柏拉图达到了最佳状态:他们共同思索、讨论,交流每个人的直观与假设。学园的成功令人深受鼓舞:大批年轻人前来求学,不止一个城邦通过的宪法受到了学园所倡导的原则的启发。

柏拉图有机会在现实中检验其理论的正确性。尽管第一次西西里冒险已经过去了20年,迪翁仍然念念不忘柏拉图。公元前367年,他将柏拉图召回叙拉古,彼时老迪欧尼西欧斯刚刚去世,王位由他的儿子迪欧尼西欧斯二世继承。这是一个用学园的原则教育年轻君主的大好机会。然而,情况却很复杂:人们难免揣测,迪翁是否觊觎王位,或者,假如柏拉图终究觉得较之于迪欧尼西欧斯二世,迪翁具有更出色的才能,会否鼓励他推翻现有的统治……不管怎样,迪翁最终遭到流放,柏拉图则先是被软禁,然后被允许离开,并作出了重返叙拉古的承诺。就这样,柏拉图回到了雅典。正是在这期间,柏拉图进行了第三批对话的写作。

5 年后,即公元前 361 年,迪欧尼西欧斯二世将柏拉图秘密召回西西里岛。但是,柏拉图仍忠诚于迪翁的友谊,而迪欧尼西欧斯二世却拒绝赦免迪翁。面对软禁和死亡的威胁,多亏了塔剌斯的阿尔曲塔斯的大力干预,柏拉图才得以解脱。然而,这其实很难说得上是一种成功。4 年后,迪翁率领一小队人马在西西里岛成功登陆,但他的政策遭到了民众的强烈抵制,公元前 354 年,迪翁死于暗杀,而凶手⋯⋯恰是柏拉图的另一个学生卡珥利珀斯(Callipos①)。至于迪欧尼西欧斯二世,他将自己安顿在科林斯,伺机重登王座。柏拉图的实践早在这场最终的混乱之前就已经完成。返回雅典后,柏拉图坚持将探索局限于理论,从此永远不再向当权者提出任何建议,并写下了最后一批对话。80 岁的柏拉图于公元前 347 年去世时,卷帙浩繁的《法义》尚未完成:对政治的热情无疑支撑着他坚持到了生命的最后一息。

那么,柏拉图的思想究竟何为? 我们的确有必要好

---

① 雅典人,叙拉古僭主。

好谈论这一点,因为这位活了 80 多岁的哲学家其思想演变贯穿了他的一生。所有这一切都包含在大约 2400 页的作品中,研究者们有时发现很难就这些内容的含义达成一致。苏格拉底与对话者间常有迷人的对话,织络着几何、政治、物理、形而上学、辩证法和神话——这样一部作品,显然不鼓励任何对其作出总结的企图。

如果我们持守柏拉图的政治思想,就必须了解,在他看来,所有的恶都源自这样一个事实,即城邦的政府是由与利益相关的激情——富人爱掠夺的本能和大众的贪婪——随机产生的。至于决策前的审议则往往会陷入混乱,因为人们依据的不是一种无可争辩的科学,而是他们各自的意见。总之,治理城邦的不是理性,而是欲念(appétits),但由于最强者的理性总是最为可取,政治便成了一场你争我夺的大混战。如果由那些最优秀的人来行使政府的权力——这就是**贵族制**(aristocratie,希腊语"*aristos*",意为"最好的")的定义——自然对每个人都有裨益,但人之为人,权力总是很快被那些渴求荣誉的人所独揽,如此,贵族制便蜕化为**勋阀制**(timocratie,希腊语"*timè*",意为"敬意、荣誉")。

勋阀制又演变为**寡头制**,由少数富人一手遮天,呼风唤雨。他们的无所节制难免引起变革,以实行**民主制**(希腊语"*dèmos*",意为"民众")或曰由民众自己管理的政府。但是,民主就其易于落入**无政府状态**(anarchie)的本质而言,为**僭主政治**(tyrannie)提供了温床,随之而来的是不可避免的滥用职权、政治清洗和肉体消灭。由于这一切皆非公民所向往的,柏拉图意欲去除这些制度,以便从另一种视角重新思考政治,即理性至高无上的视角。

　　同那个时代所有受过良好教育的希腊人一样,柏拉图十分明白,任何个人都不可能是自给自足的,个人唯有在其同类所组成的关系中才能实现自己。城邦与个人休戚相关,所以考察国家就是观审个人。因此,公民地位的下降会加速城邦的解体,而城邦的衰弱亦将败坏最好的公民,这一点是十分显然的。为了扭转这一趋势,必须同时在城邦与个人两个层面进行反思和行动——这就是名作《王制》的旨趣。

　　根据一种三阶等级制,柏拉图认为城邦与个人之间存在着一种类比关系。从根本上说,人的灵魂由基本的冲动构成。这些冲动必按照次序形成于对价值的欲求,并由理性主导一切。灵魂马车的著名神话说明了这种分布,这是一辆由两匹马所拉的带翅膀的战车:黑色的马强壮有力,但任性顽劣、难于管束,白色的马则高贵温顺,整辆马车由一名驭夫引导(《斐德若》,246a 及以下)。同样的结构也存在于社会之中:身处底层的是生产者,他们以经济为业;中间是卫士,负责维护国家秩序和对外防御;位于顶层的是那些能够实现理性之理想的人,也就是哲人。政府应当属于哲人,因为——让我们记住苏格拉底的话——他们是唯一"懂得治理"的人。

因此,一个理想的城邦由美德统治:智慧、勇敢、节制、正义。卫士是制度的支柱,对于这支精英队伍的训练需极其谨慎。他们的灵魂必须非常坚定,能够抵御任何形式的诱惑:黄金和白银会滋生腐败,所以他们绝无私产。家庭关系会导致分裂,使人脆弱,故而他们既没有自己的妻子,也没有自己的孩子,但他们可以拥有由国家根据生育能力拨给他们的女性。这些高育种的儿童将会确保成为他们共同父亲的接班人。这一计划还需配合高强度的体育和运动,以及良好的艺术熏陶和扎实的理性思考的训练。诗歌是禁忌,因为诗人不能正确地谈论神明。

音乐是必要的,但须得是进行曲。

我们已经说明了卫士的情况,现在再来看看下一个等级:哲人-治邦者。在柏拉图看来,哲人知道什么是实在之物(le réel),而别人只能看到事物的表象。他能够触碰到那些因超逾感官之上而永恒不变的实在(réalité):数字、形状,总之是一些数学上的事实。在我所画的圆之外确实存在着那个圆,以其合乎理想的完美性引导着我的手。因此,柏拉图在学园的入口刻下了著名的铭文:"不懂几何者不得入内。"

数学是通往哲学的必经之路,但不可就此止步不前。在形象和数字之上,存在着形式(Formes),柏拉图也称之为理念(Idées)。它们是一些纯粹心智(purement intelligibles)、完美且永恒的实在,而感性世界只是其不完美的复制品。遍布于这些万物的范型之上闪耀着善(Bien)之至高理念(l'Idée suprême)的光芒,这就是绝对的"一"。我们应提防把"理念"看成一个与感性相隔的世界:柏拉图在一些作品中预先制止了我们的异见,尽管我们当前的研究不会涉及这一点。我们只需记住,哲人在柏拉图那里,是一群能够接触到诸如正义**本身**、德性**本身**、美本身之类的人。他在结束自己的工作时对那些光彩夺目之物做了沉思,渴望它们的来临给城邦带来最大的幸福。因此,哲人是一个"被照亮的"人,而不是在蒙昧状态下将就过活的普通人。唉呀! 他们联合起来反对那位试图让他们摆脱困境的人,最后将他置于死地——这说的不就是苏格拉底? 这就是柏拉图为何告诉我们"除非哲人成为城邦的君主或今日的君主从事哲学,否则城邦的祸患就不会终止"(《王制》,5.473c - d)的原因。

柏拉图相信过自己的理想城邦会成为现实吗? 这种提问也许是很不明智的;只要援引《王制》中的这段对话就足够了:"'我明白了',他说,'你谈论的那种国家,我们刚刚为它制定了方案,它只存在于我们的谈话里,因为我相信它不存在于世界上任何一个地方。''但是,'我回答说,'也许在天上有一个模型,供那些愿意思考它并根据它规范他们政府的人参考'."(《王制》,9.592a - b)这当然是一个乌托邦,一种对终将圆满的政治的乡愁在天上的投射。除此以外,受到三次西西里岛挫败的启发,柏拉图在生命的最后阶段,在《法义》中接续了《王制》的设想。不过,如果说《王制》有一种乌托邦式的温情与魅力,那么

《法义》的风格就是冷峻和严苛的,它流露出某种行政气息。例如,柏拉图写作此书时已是一位老者,他认为一位司教育的总管应当是这样的:"在提到的所有行政官员中,我们仍需关注由谁来监督整个教育的问题,无论是对女孩的教育,还是对男孩的。根据法律,这种监督仍当由一位卓越的行政官员来担任,他年龄上不超过50岁,是婚生子女的父亲,最好儿女双全,但如果无法达到这种标准,育有子女便可。"

柏拉图的政治作品,由于承载了大量的形而上学,将在数个世纪中持续诱惑那些厌倦了寻常政治之丑陋——或恐怖——的思辨的头脑。因此,柏拉图去世6个世纪后,当罗马帝国陷入严重的困境时,哲学家普罗提诺(205—270年),这位雅典学园主人的远门弟子,曾经设想将坎帕尼亚一座废弃的城市从废墟中复活。他希望在那里建立一座哲人城:它将被命名为"柏拉图式的城邦"(Platonopolis),人们将按照柏拉图的法律来生活。他请求皇帝伽珥利厄努斯(218—268年)批准这一规划,但最终遭到了拒绝。

关于这次冒险最耐人寻味的是,柏拉图在历史上更多不是作为政治理论家,而是作为哲学家,乃至最伟大的一位哲学家被记住的。苏格拉底的死亡曾为他带来沉重的打击,这既是他个人的悲哀,无疑也是一桩社会丑闻,这一切变故促使他远行去寻找理想的城邦,这座城邦将为人们谋得生活在理性之光下的喜悦。现在,我们已经了解在柏拉图身上发生了什么。他毕竟开辟了一条道路,为思考打开了新的空间。无论忠实还是背叛、顺从抑或批判,历代皆有他的门徒各自冒险,他们的旅途总是以柏拉图为起点。

是否应为智术师平反?

就说 40 年前吧,除了少数专家,有谁了解智术师呢?这个词没有什么好名声:它迷人眼目,说的是一群好吹毛求疵的知识人,他们的演说既动听,又似是而非,他们想用言辞收买你。总之,智术师的话在真理方面的价值相当于一张银行里的空头支票,因此这类人又好似满口格言警句的骗子。然而,这个词并不总是贬义的:在柏拉图以前,这个词的主要意思是知识的拥有者,而“哲人”一词反倒尚且语带贬义地指"渴望知道的人",因为"渴望知道"意味着无知。

但是,现在,我们对这些人是谁有了更清楚的了解:他们是一群来自希腊各地的知识人,公元前5世纪中期在雅典从事教育。其时的雅典,伯里克利风头正盛,斐伊迪阿斯(Phidias,约公元前480—前430年)①、索福克勒斯和欧里庇得斯、希罗多德和修昔底德、苏格拉底,群贤毕至,不久以后,柏拉图也将加入他们的行列;总之,这座城邦在短期内将处于权力和荣耀的巅峰,这些教师们率先产生了凭知识牟利的想法。于是,他们来到雅典,向那些风华正茂的年轻人兜售语言的艺术。

懂得面对公众进行演说不仅意味着能够流畅地表达自己,最重要的是吸引听众的注意力,并在必要时让论点像射出的箭头一样正中靶心。没有什么比"认准时机"(*Kairon gnôthi*)这句格言更具有希腊特色了!普罗塔戈拉、高尔吉亚、希琶阿斯、璞若迪科斯(Prodicos)、安提丰、忒剌叙玛科斯等人的教学所提供的这种新的、精致的商

---

① 古希腊雕塑家、画家和建筑师。

品在政治界引起了巨大的需求，并且引起了思维习惯的彻底改变，同时也引起了激烈的过敏反应，正如我们已经说过的那样，其影响延续至今。

事实上，这背负了坏名声的遗产可由其环境得到解释：智术师们的大部分作品随着时代的变迁而失传，如今人们只能通过他们当年的对手来了解他们。试想，一个极端右派的政治家的传记若由一个极端左派的政治家来撰写（或者反之），佐以各种语录，其结果要么发人深省，要么可资消遣，这取决于读者怎么看，但它几乎没有可能被认为是客观的。这在某种程度上就是发生在智术师身上的事情。阿里斯托芬在《云》中对他们进行了抨击。柏拉图在许多对话中将他们塑造为苏格拉底的对手，但色诺芬和亚里士多德对他们的评价则像福音书中对文士或法利赛人的评价一样，充满了同情。那么，我们应该相信他们吗？幸运的是，事情近来有了发展，人们开始修正对智术师的看法。

这种变化首先是由于少量遗存的文本和学说志（doxographie），也即历代关于这些智术师的记述，得到了更广泛的披露。为了参阅狄尔斯及克兰兹的权威著作

《前苏格拉底哲学残篇》[1]、马里奥·温特泰施泰纳的《智术师》[2]或其弗里曼的英译本[3]，读者必须同时通晓古代语言和现代语言。当然，由伊夫·巴梯斯替尼（Yves Battistini）1968 年 3 月刊发于"观念"文集（*Idées*，伽利玛出版社）的增订版《三种前苏格拉底哲学》（*Trois presocratique*），适合于所有读者。1969 年是决定性的一年，在当时的法国，读者们可以读到由让-保罗·杜蒙（Jean-Paul Dumont）组织编译的完美评注本。正是由于他的贡献，"七星丛书"才有可能拥有整套苏格拉底以前的哲学作品、残卷和可征的文献。整本书的编写、翻译和评论均显示出严谨的态度，以及充满趣味和幽默感的写作风格，使得这位学者声名大振。另一方面，人们能够很容易地了解这一雅典的哲学—文学冒险而不乏乐趣，这一巨大的

---

① 原书注：狄尔斯与克兰兹（H. Diels，W. Kranz），《前苏格拉底哲人残篇》（*Die Fragmente der Vorsokratiker*），柏林，1934—1937 年，有的再版版本未经修订。

② 原书注：马里奥·温特泰施泰纳（M. Untersteiner），《智术师、旁证与残篇》（*Sofisti，testimonianze e frammenti*），佛罗伦萨，1961—1967 年；马里奥的研究受到了克莱门德的《前苏格拉底哲人研究》（Clémence Ramnoux，*Études présocratiques*，Paris，Klincksieck，1970）的启发。

③ 原书注：弗里曼（K. Freeman），《关于前苏格拉底哲人的补充研究》（*Ancilla to the Pre-Socratic Philosophers*），牛津，1948 年。

反响归功于源自同一视角却怀有迥然有别之精神的两项研究。

在《智术师》(*Les Sophistes*，P. U. F.，5e éd.，2002，coll. Que sais-je ?)中，吉尔伯特·侯梅耶-德赫贝(Gilbert Romeyer-Dherbey)采用了一个精通希腊古典思想的哲学家的观点来看待智术师：这些从四面八方而来贩卖知识的商人并非像陨石一样坠落在雅典的广场上，在高度成熟的文明的滋养下，他们熟知荷马和赫西俄德——在当时，他们被称为"神学家"。他们曾在学校跟随大师学习，但没有效法照搬，而是就那些哲人们所揭示的关于事物的本质采取了自己的立场，诸如运动、存在与现象，以及那个令古人着迷的"一"与"多"的著名问题。

智术师对一切都有自己的看法，对所有的理论都持相反的观点；但我们不应将此看成是对唯恐天下不乱的简单喜好，或是知识人迷恋新奇事物的游戏行为：面对那些自命不凡(也许有些太自命不凡了)的思辨，他们决定采用一种"为有用的东西说话的人"的观点。他们认为被理解的和流传中的言辞才是真实的。阅读侯梅耶-德赫贝，我们即可得到验证，"古希腊文化并不是结构紧凑的

(compact)"，"某些文本得以留存，而另一些则消失了，这让我们的视野忽视某一方面而偏重另一方面"。智术师们被认为是夸夸其谈的人，就跟哲人一样，总之，我们已经习惯了这一点。

正是在这一点上，雅克利娜·德·罗米伊(Jacqueline de Romilly)是不可取代的。她通过社会现象(《雅典伯里克利时期的大智术师》[*Les Grands Sophistes dans l'Athènes de Périclès*，2e éd.，Le Grand Livre du mois，2000])为我们揭示了智术师与雅典公众间的对话。这一切发生于公元前450年(普罗塔戈拉抵达雅典的大致时间)和公元前399年(苏格拉底遭审判及被处刑的不祥之年)之间。这半个世纪使雅典从荣耀的巅峰滑向没落，而智术师的后世声誉也与之不无关系，这些知识人被认为是万恶之源。

在直接民主制下，说服是政治博弈中的基本原则，智术师声称他们所教授的正是成就事业所需的东西：以同等的机智来支持或反对某个论点，将自己的弱势转化为进攻的基础，通过倒转对手的优势来打垮他。换言之，智术师深谙通过使用辩证法和修辞学的全部技巧来说服和战胜对手。为此，他们教导一切知识，保证在发生纠纷时、在法庭或在公民大会和其他任何场合都能取胜。他们的成功立竿见影:"雅典毫不犹豫地投入这些大师的怀抱,以至于雅典的文学作品永远打上了他们的烙印。"

我们必须得说,他们是被时代精神带着走的,人们并不期望他们对一切都产生好奇:天文学、生理学、人种学、比较法律学。人们为技术的进步而欢欣鼓舞;由于发现了对那些迄今为止归因于神之任意性的现象的自然解释,且意识到法律和习俗并非在任何地方都相同,人们开始认为也许没有什么像他们想象的那样是神圣的或必然的。

从这时起,智术师的出现起到了催化作用:他们为那种对传统价值的潜在批判赋予了明确的哲学形式。对于这些被比作启蒙哲学家的"新哲人"来说,没有什么是先验地被接受下来的。由于除了在每个人可变的印象层面上,真理并不存在于其他任何地方,正如普罗塔戈拉那个著名的口号所肯定的那样:"人是万物的尺度",所以下面这些事不再明了:神明是否存在,以及,正义这一"希腊道德的黄金法则"是否仅仅只是一个约定俗成的惯例。智术师们清扫了迄今为止占据绝对性之位的一切(神话、传统、过去的真理大师揭示的所谓宇宙秘密），并从一种有利的偏见中受益：在哲人宣扬真理的地方，他们倡导效率，毫不掩饰对私欲的满足。

当大师们在内容和形式上保持适度的时候，他们的这些门徒，则如同人们能够料想的那样，越了界，而且常常过度得厉害。其大胆的说教进一步分裂了雅典人：有些人视之为一种解放而表示欢迎，并且从中发现了所谓"大混战"在哲学层面的原因，另一些人则认为它是公元前 5 世纪的最后 25 年中该城邦罹患大难的原因——连年的战争、阿提卡遭到入侵且很快被占领、瘟疫以及最后的内战。死亡不计其数，有权势者走向没落，低位者却走了好运，履登高位。神的正义开始受到质疑，人类力量的大能正在变得明显。在这种背景下，可想而知人们对这些破坏公民秩序、颠覆神圣城邦的外邦人的态度发生了怎样的转变。一些人，如阿里斯托芬，拒绝一切类型的"知识分子"（*intelligentisia*）；其他人则自谓尚能区分智术师与哲人，如色诺芬和柏拉图：一方掌握的是真理，另一方不讲道德的技巧（science sans conscience），这种技巧在价值的天宇中没有根基。

然而,智术师们并不以这种击落木偶的游戏为乐,他们深知没有人能在无政府状态下真正找到对己有益的东西。因此,他们开始在其他基础上重建他们曾如此轻率地毁掉了的东西。在人类经验的基础上,他们打算"定义一种只以人为中心的新道德",并且表明正义能够从共识、从社会契约中诞生。"法律不再有神明为之担保,而是为了人类的利益找到了新的担保人,正义就这样被重建了。"这种富有远见的人文主义并未流传后世,反而是关于智术师的某些传言产生了持久的影响。这在欧里庇得斯的剧作和修昔底德的作品中都有所反映。正如柏拉图的对话所表明的那样,哲人也不得不修改自己的提问法,以便为新的问题找到新的答案。"自智术师之后,哲学不再启示人,相反,它必须进行推理和证明。"这是一场变革。

这是历史上一宗引人入胜的平反案。倘使人们希望了解更多,或至少想要知道一些另外的事情,他们可以在芭芭拉·卡森[①]的"瑟里西会议文集"(les Actes du collo-

---

① 原书注:芭芭拉·卡森(B. Cassin),《言说的乐趣,比较智术研究》(*Le Plaisir de parler*,*Etudes de sophistique comparée*),巴黎,午夜(Minuit)出版社,1986年;《智术的处境》(*Positions de la sophistique*),巴黎,富杭(Vrin)出版社,1986年。

que de Cerisy)中发现一些有趣的论述。与会者们依照我们这个时代的精神努力从智术师的作品残篇中识别出语言隐而不露的哲学要素——一切哲学必事关重读。

普罗提诺和世界的形象

如今,我们不太倾向于因其在形而上学方面与柏拉图、亚里士多德甚至廊下派之间的距离而责难普罗提诺。当人们猜测他的思想可能受到所谓深邃而神秘的东方智慧的污染时,亚历山大里亚并不像人们以为的那么东方化。约瑟夫·莫罗在一部非凡的作品中①清楚地证实了这一点。按照他的看法,普罗提诺是古希腊文化的欧米伽点,他总结并实现了理知主义者本体论(ontologie intellectualiste)。根据莫罗的见解,"心醉神迷"(extase)一词是命名的无当,最好是用 *aplosis* 来命名,即"简化"——

①　原书注:约瑟夫·莫罗(J. Moreau),《普罗提诺或古代哲学的荣耀》(*Plotin ou la gloire de la philosophie antique*),富杭(Vrin)出版社,1970 年,另见同类研究,约瑟夫·莫罗,《普罗提诺与古希腊传统》(*Plotin et la tradition hellénique*),载《国际哲学杂志》(*Revue internationale de philosophie*),第 92 期,1970 年,第 171—180 页。

心醉神迷本身不过是"心智生活中一个超越性的插曲"（un épisode transcendant de la vie de l'intelligence），这是因为，"在普罗提诺那里，超越智力（intellect）的不是那个为其划定边界的无限（un infini），而是那个使其成立的绝对存在（un absolu）"。普罗提诺身上宗教性的和神秘主义的东西已然——尽管尚处在萌芽状态——以神话或诗的形式——出现在希腊的理知主义中。换句话说，普罗提诺学说中没有什么不是首先已在柏拉图和亚里士多德的学园以及廊下派那里存在过的。然而，我想在这个判断之上再补充一点：*nisi Plotinus ipse*［除了普罗提诺本人］。接下来，我将论证我所补充的这一点。

　　普罗提诺显然接纳了构成他那个时代之哲学基础的希腊概念，但他按照自己的目的对这些概念进行了改造。他对这些为人熟知的概念的加工朝着一个特定的方向发展。普罗提诺由这种柏拉图化的廊下派学说所形成的融合主义（syncrétisme）①出发，从中提取了超验意义上的不同要素，而这与三个本体（hypostase）②所应放置于中的每

---

① 又称"综摄"，意指调和或统合信念（如宗教）上的冲突。
② 或译"实体""原理"。

一知性本体的平面（plans onto-noétiques）相关。宇宙灵魂，即宇宙这个大生命体的组织原则，对于廊下派来说是纯粹内在的。在普罗提诺看来，这样一种机制具有真正的柏拉图式的超验维度。可以说，宇宙灵魂在其自身之顶点达到顶点，能够从"自然"（naturel）①中获得解放，仿佛它拒绝完全认同落在它身上的责任，拒绝毫不犹豫地与宇宙秩序的必然性妥协。宇宙灵魂也不像亚里士多德的形式那样与质料妥协。组织原则不宜被由它所组织的东西浸透，而应当流溢而出。普罗提诺的宇宙灵魂的这一洁身自好（quant-à-soi）是一个有条理的世界之存在所需的条件，它来自第三本体与第二本体，也来自其他与其起源努斯（Nous）所保持的沉思性的往来。在普罗提诺那里，努斯自身由璞绪刻②固定在其富有成效的沉思中，作为从亚里士多德和柏拉图那里汲取的两个概念的综合而出现。我们必须牢记一个"至高心智"（Intellect souverain）的概念，即思于思之思③（noéséos noésis），其活动以

---

① 指"本性"。

② 原书作*pschuké*，可能是"psyché"的误写，或译"普赛克"。希腊语"ψυχή"，本意为"呼吸""生命"，通常译为"灵魂"。

③ "νόησις νοήσεως"，该短语出自亚里士多德《形而上学》1074b35，吴寿彭先生译作"思想于思想的一种思想"。

柏拉图的心智世界(l'Univers intelligible,亦即感性世界在理念层面的范型与组织)为永恒不变的对象。我们还必须考虑一个"纯粹行动"(Acte pur)的概念,它支配了存在(l'Être)的整个体系。不过,在普罗提诺那里,这种超验心智失去了亚里士多德赋予它的绝对地位(如果我可以这样说的话),其原因在于,作为一个被沉思的沉思者(Pensant-Pensé),即使置换到理念的层面上,也包含主体和客体的二元性,也就是说,它是心智之存在(l'Être intelligible)①的同时,也是对这一存在进行沉思的那个至高心智。既然永远不可能只有心智本身,而没有与之对应的心智之物(Intelligible),那么努斯必起源于一个"最先者"(Premier),这个最先者因其超越于存在之上而超越于认识之上,它便是"一—善"(l'Un-Bien),是第一实体,是《王制》中的善同巴门尼德所假设的"一"的综合。由此,我们了解到普罗提诺采取了什么样的预防性措施,以确保那个最先者在任何情况下都不至于被与由它生成的诸存在者相提并论。在此有必要再度讨论适用于"一"

---

① 也就是随后所说的"心智之物",亦即可理智者。

的这种对一切的规定性的温和但顽强的拒绝,普罗提诺正是通过这一拒绝回到了巴门尼德那里,并以此为基础,尽可能地推进了《王制》第6卷"神意使然的卓越"①,根据这一表述,"善"乃是"超越于本质之上"的。但我们知道"善"不具形体、没有形象,它超越于认识之上,超越于心智和行动之上,乃至超越了自主性(autonomie)本身,总之,它"超越万物"(《九章集》,5.4.2)——这个说法被额我略·纳齐安(常见译名为"格里高利")采纳,并用之于形容基督教的上帝。我们同样知道,"否定之路"(*via negationis*)②之上是"超越之路"(*via eminentiae*)③,"一—善"不断被说成是超善的(hyper-bon)、超诗的(hyper-poétique)、超实体的(hyper-ontique),总之,超越一切。这有时近于摸索,但确是一种方法。如果碰巧抓住了一些什么,你首先要知道,它并非如你所想。它永非如此。至少,我们没有能力对此论

① 原文作"démonique hyperbole","démonique"一词疑脱漏了一个字母"a",当作"démoniaque"。

② 否定哲学,或称消极神学,是一种神学思想和宗教实践的形式,它试图通过否定来接近上帝,只谈论关于上帝这完美之善的不可能之物。

③ 托马斯·阿奎那在《神学大全》中引用伪丢尼修,表明我们无法得知上帝是什么,而只能知道他不是什么。因此,他将"类比法"作为"否定之路"和"实证之路"之间的第三条道路,即"超越之路"。

说什么,因为我们提出的名目最终只在与我们自身相关的情况下才有意义(《九章集》,5. 3. 13—14)。"当你论到或想到它的时候,务必把其他一切事物都清除干净;当你把万物都清除了,只余一言:它(Lui)。"(《九章集》,6. 8. 21)

正如我们看到的那样,在普罗提诺那里发生了一种转变,它使希腊理知主义的每一个概念都朝着尽可能高的超越性发展。如同个体灵魂的净化将在最高超越性的方向上完成,它的渐进的简化(simplification)将令它在霎时间夺回它与绝对的绝对者之间的永恒关系,正是绝对的绝对者构成了精神在其深处隐藏着的生命。我们知道,每一个体的灵魂将不得不——有义务——首先抛弃对感性诱惑的无有餍足。在艰难地挣脱,不是从感性——感性保有其地位岿然不动——而是从物质的蓄意的诱惑中挣脱,在摆脱了那些实际上只是责任(charge)之亏损的、经验知识之虚假增长的失败,在剥离了这些实际上是真正的损耗的虚假的增多之后,灵魂超越了它加给自己的限制。当灵魂与它参与其中的宇宙灵魂相一致时,它与心智世界一同揭示自己在何种程度上、以何种方式存在。这时,灵魂已经远远超越了它的第一套判断系统,这套系统让它如此密切地参与到它所处理的每一件事中。如今它不会再一叶障目①,它在努斯的层面上获得了与理念的联系。然而,仅仅说它做到了这一点是不够的:它恢复了自己作为一个理念的地位,由此进入了一种通澈剔透的交互之中,根据本质的相互内在性,灵魂令心智世界完全地将自己呈现给自己,同时,灵魂也让自己呈现给心智世界②,于是,当世界向它显现的那一刻,灵魂也同时袒露自己。它在最大程度上是其所能是,在最大程度上是其本质所是。灵魂陶醉于《会饮》所昭示的愿景中:"'正是在存在的这个时刻,'这位曼德提尼亚异乡女人说,'比起其他种种,当他沉思美本身的时候,才是一个人值得过的生活……'"(211d)《斐德若》中呈现给真福的灵魂的美景令它感到欢娱:"在周行期间,灵魂向下看到正义本身,看到知识,……"(247d-e)柏拉图的言辞实现了,柏拉图哲学的古老的法则完成了。从这时起,另一种秩序开启了——如果我们确实可以将其称作秩序的话——柏拉图在《王制》第6卷以及《巴门尼德》(141e-

---

① 直译:只见到一棵树而见不到森林。
② 即前文的"心智之存在","心智之物"。

142a)中可以说已经预言了这种秩序。这是指灵魂甚至需要放弃这种幸福的愿景，需要向着绝对做出超越——因为即使是其认识的最高部分也仍然包含了复多性（multiplicité）——灵魂将只是对本质的饶有兴味的沉思所意味着的那个自我对自我的存在。接下来的问题是，即便是最低限度的"多"也需要摈弃，"多"分化灵魂，因为灵魂与努斯结合在一起而自居为看者（voyant）。"当存在自思时，它必一分为二"（《九章集》，5.3.10），我们知道，努斯在本质上就意味着这种双重性，因此我们必须去争取绝对的统一。普罗提诺式的"心醉神迷"是一种最高程度的简化，使善的灵魂忘掉一切，从而在刹那间实现灵魂的中心与宇宙的中心的永恒一致，而这正是一切生成的开端。因此，"这三种实体不仅存在于自然之中，而且存在于我们每个人内心"（《九章集》，5.1.10），在那里它们能够——它们必须——超越于世俗活动［所带来的］耗散之外，并且无论它们被发现得有多迟，它们都已经在那里了。让·图胡亚尔（Jean Trouillard，1907—1984 年）[1]

---

① 法国神学和哲学教授、哲学史家、新柏拉图主义专家。

明确地表明，这三种实体皆是思维的层次，发现这些层次是我们每个人的使命，也是哲学的终极目的。

在此，我们所能做的是思考这种向着超越而做出的——如帕斯卡尔所说——无止境的无限移动（décalage infiniment infini），普罗提诺用这[向着超越的无尽移动]为他从古希腊文化中接受下来的那些范畴打下了烙印。他似乎希望我们的研究在任何时刻都不要止步不前，满足于对现有概念的理解：宇宙灵魂、形式、纯粹行动，实体（substances）⋯⋯他同样希望我们不要歪曲第俄提玛在《会饮》中谈到的生成，因为理念在成为客体之前是一个客体化的程序，是待被实现的价值和待被完成的使命。似乎对于普罗提诺来说，除了遵循哲学的路线，或者更确切地说，严格地遵循哲学的路线之外，还有更多的事情要做，这可能就是为什么——如皮埃尔·阿多精辟地指出的那样——"普罗提诺利用柏拉图就如同基督教神秘主义利用《雅歌》".[①] 普罗提诺意在引向他经验过的某一时刻，他对这一时刻的记忆在他身上始终鲜活——引向

---

① 原书注：皮埃尔·阿多（P. Hadot），《普罗提诺或单纯的目光》（*Plotin ou la simplicité du regard*），普隆（Plon）出版社，1963年。

与"最先者"的即时相切（tangence），这一相切正是一切生成的发源地，要维持这样一种相切是不可能的，人们只可尽力而为地等候它，而绝无可能造成它。

作为一个不知悔改的现象学家，我唯有自问：普罗提诺把他那个时代的哲学范畴逼向最高程度的超越性的意图何在。对此，我只能给出一个答案：对于普罗提诺来说，这是一个使用哲学语言——他发现这种语言的构成要素在实际使用中是现成的——来传达他从一个可靠的源头得来而最终无法传递的内容的问题。一方面，普罗提诺身上有着为我们所知的他继承下来的哲学遗产，这的确也是每个哲学家的命运：我们自身对某种哲学训练的依恋使得我们习惯于某些概念，这些传统概念浓缩了于我们而言有价值的智慧，并提供了我们不会轻易放弃的合乎逻辑的发展。普罗提诺把自己的思想寓于对柏拉图的阐释中并非没有道理，尤其在当时，人们总是公然称自己是某位古人的弟子、某位哲学家一切言说的评注人，在任何领域的独创性新近才成为一种受推崇的做法。而这些古老的思想是根据一个令人钦佩的理性（raison）得到系统化发展的：普罗提诺至少没有受到诱惑，用灵知派谵妄性的语言来表达他所经历到的事情,也没有选择神秘主义可疑的宗教狂热和痉挛发作(paroxysme),他只是将神秘主义的宗教仪式作为一种用以说明其他事物的方式而保留下来(《九章集》,6.9.10—11)这里所说的"其他事物"即指第二个元素,即普罗提诺亲身的经验,这是任何的哲学表达都无法还原的。这是一种他只能以心领神会的方式表达的经验:"见之者知我所言。"(《九章集》,6.9.11)这就是普罗提诺尝试在哲学理性(la raison philosophique)的线路中传达的东西。因此,有必要赋予当时使用的每一个思想范畴以亨利·杜美里(Henry Dumery)所说的"目的的提升",使它们再度向着第一哲学的绝对性移动。

这种经验究竟意味着什么呢?探寻者被迫对此进行推测,我也意识到自己正为了假设而背弃科学。然而,在我看来,即使不是通过体验本身,至少也有一种方法可以接近对这种体验发生于其中的形而上学氛围的理解,而且我认为我们应该从它的持续时间(durée)这一角度来考虑。我长久以来便有这样一种预感,而约瑟夫·莫罗对时间的宝贵研究证实了这种感觉。

首先，必须强调的是，在普罗提诺看来，世界上有一种不容置辩的存在，正如让·图伊亚尔所指出的那样："普罗提诺时而以一种真正的精神的狂热，带着一种信徒和艺术家的赞慕，来谈论那向我们的感官呈现自身的自然。他为自然辩护，反对灵知派的悲观主义(2.9)；时而又教导人们必须远离自然，就像远离一个危险和迷幻的场所，人们必须关闭自己的感官(1.6.8)。"①感性令人不安，永远不会教人无动于衷，对于感性，人的灵魂总是倾向于去贴合它蜿蜒地展开。让·图伊亚尔写道："感性是以一种鲜明的形式表现出来的局限性，它被赋予了某种英雄的魅力，兼具美感和悲剧性。我们将感性变成了一种人造天堂的手段，一种次等的心醉神迷……"但只要我们同时还了解，对于普罗提诺来说，这种感性的存在被认为是一种派生的存在，它的本原植根于一种超越了空间和时间的可理知者(l'intelligible)之中，那么，感性的这种模糊性就能得到更好的理解。故而，约瑟夫·莫罗指出，对于普罗提诺而言，"时间是永恒作为理知之条件在感性中的折射"，而这"两个"宇宙，即感性和

---

① 原书注：让·图伊亚尔(J. Trouillard)，《普罗提诺式的净化》(*La Purification plotinienne*)，大学出版社，1955 年，第 32—33、41 页。

理知,就像时间和永恒一样,是对立的。更好的说法是,"时间之于永恒,就像感性宇宙的**生成变化**(le devenir)之于理知的**存在**(l'être)"。因此,我们在我们的灵魂所处的时间内体验到的——正如一个重要段落(《九章集》,3.7.11)清楚地表明的那样——是一个与我们同时行进(procéder)的世界,一个与我们一起**持续不断地**行进的世界,在赫拉克利特的河流中散布一种恒定不变的充分性(l'immuable plénitude)、一种绝对的丰富性(la richesse absolue)、奥古斯丁所说的 *tota simul*[在全部时间上完整、完全],归根结底,也就是说,散布一种纯粹的理知。这种连续的行进是在永恒之域里完成的,而对于这个永恒之域,我们只能——其原因自不必多言——或多或少地感知其存在。这就是为什么我们必须启程、上升,将被分散者(le dispersé,《九章集》,5.1.4)与自我分散的灵魂(l'âme qui se dispersait)聚集在一起,首先与理知接合(5.1.4),然后——也许——来到超越存在、超越理知的处所……即万物的发源地。

如何更好地——尤其是面向那些对于时间的实体性展开(déroulement ontique de la durée)不够敏感的人——说明这种经验? 当然,我们立即会想到柏格森,而他对普罗提诺的钦慕并不是没有原因的。我们会想到我们那种自发的实用主义的矫揉造作（contorsion），它令我们有机会进入时间的纯粹展开，也就是说，进入延续着的世界（le monde durant）。但是，并不仅仅只有柏格森，我们最先想到的是萨特的《恶心》（*La Nausée*）中罗岗丹的经验："到哪里去？**一切**都有可能发生（……）。只要我能盯住物体，就不会发生任何事：我尽可能地盯住地砖、房屋、煤气路灯；我的目光迅速地从一处转移到另一处，以便出其不意地打断它们的变化。它们看起来不太自然，但是我拼命对自己说：这是一盏煤气路灯，这是一个界石形状的小喷泉，而且我试图用强烈的目光将它们还原成日常的模样……"下面是小说家吕克·艾斯当（Luc Estang）的经历，他描述了一种与显见事实（réalité）的秩序的突然断裂："咖啡厅露台上的一把椅子，一张桌子，一只杯子，一个碟子，一把勺子，突然之间它们一个一个都突出得过分。当然，这些物品也超出了它们功利性的限度，将一个我所没有识破的现实之物（réalité）强加到我的注意力之上，从而侵占了我。所有的椅子、桌子、杯子和碟子，我目光所及的勺子和我的想象召唤出来的勺子也都加入了这个行列。它们无休止地增多，看起来很迟钝，嘲弄着我。我自问：**为什么会出现这种情况？理性以务实的目的、用怎么样来回答我。**我缺少一种本质联系（relation essentielle）。我注视着自己的手。正是这只手在此刻获得了一种过度的、不可理解的实在性（réalité）。我于是做出最后的尝试：我试图夺取我自己。我试图逃走。落到地面上去吗？地面和覆盖着它的沥青，正如种植在那儿的栗树，或栖息在这儿的麻雀，或别处的流云，冷漠的路人和我的知心朋友，皆不可为理知所把捉，它们将我遣返到我自身，而此时之我已无法再自我分辨。所有一切，一者与他者的关系，以及它们之中的我，全都晃动不居，揭露着一种必然性的空洞命运（une fatalité vide de nécessité）。我看见自己赤身露体，感到受了攻击，就像一个新生的婴儿被剪断了脐带。我叫喊着：为什么？为什么是他？为什么是我？为什么是这一切（tout）？是的，为什么是所有这一切（tout ce qui est）？这是一个问题；我不能忍受得不到回答。"①还有查尔斯·拉皮克（Charles Lapicque）的

---

① 原书注：吕克·埃斯唐（L. Estang），《我之所想》（*Ce que je crois*），Grasset 出版社，1956 年。

经历,这一次,作者以消极的方式描述:"我想每个人都曾有过这样的感觉,即无来由地为事物的不真实感所撼动。就我而言,有多少回不是在动荡的航行中感到了世界的稳固性在瞬时间崩塌? 远处的海岸阳光普照,海浪拍打着船壳,船身在风飚中颠簸下沉,忽然间,这一切在我看来都成了即将消失的幻觉,奇怪的是我甚至似乎对它们的消失充满期待。事实上,我会更觉满意,假使所有这些东西与我同时湮灭,化为乌有,因为无论是它们的重量,还是它们的速度、颜色,甚至是它们不可否认的美,都无法赋予它们以存在,也无法赋予我以存在。于是,我听到一个声音对我说:你在这里做什么? 仿佛我令自己卷入了一次荒唐的冒险,一次航行的冒险,当然,在它的背后是更深刻的、生活的冒险。仅仅为了活着而保持活力是不够的,一个人还必须知道自己打算利用这活力做什么;然而,在那样一些时刻,我对此一无所知。"①

最后,我们还有一份雅克·马里丹(Jacques Mar-

① 原书注:查尔斯·拉皮克(Ch. Lapicque),《艺术与死亡》(L'art et la mort),载《形而上学及道德杂志》(*Revue de métaphysique et de morale*),1959 年 7—9 月。

itain)的证词——这一经历的知识背景是非常不同的——雅克·马里丹是一位谈论"始终如一的超客观性"（transobjectivité consistante）的唯实论者。他说："这是一种原始的、非常简单，同时又非常丰富的东西，你也可以说，它是不可言喻的，在这个意义上，它的确是一种最难描述的感知，因为它最具即时性（immédiat）。人们可以说……当时我所感知到的像是一种纯粹的活动，一种一致性（consistance），但又高于整个的可想象的秩序，它是一种持久的韧性（ténacité vivace），是不稳定的（précaire）……同时具有野性（在我之中，有一种普遍周流的植物般的生长如同一阵骚动冲出我之体表），经由它，一切都向我涌现、对抗并克服一场可能的灾难，然后侍立不去……"①

我还可以援引其他文本和证词，它们来自让-保罗·里赫特（Jean-Paul Richter）、诗人豪尔赫·吉廉（Jorge Guillén）、加布里埃尔·马塞尔（Gabriel Marcel）和弗拉

———————————

① 原书注：雅克·马里丹（J. Maritain），《存在及思辨理性首要原则的七堂课》（*Sept leçons sur l'être et les premiers principes de la raison spéculative*），Téqui 出版社，第 61 页。

51

基米尔·扬科列维奇（尤其是他斐然可观的《第一哲学》[*Philosophie première*]），总之，来自迥然相异的人，代表着最为完全不同的哲学，因为这里的经验超越了建制性哲学。我们甚至可以超越哲学或者文学的活动范围，在艺术领域找到类似的经验，正如让·瓦勒（Jean Wahl）在研究梵高以及另外一些人时提出的建议，他们探索的"完全是另一类的事物"。[①] 诚然，一些人从这种经验中汲取超验性的内涵，另一些则没有，但这在此处并不重要。每个人都将能够了解，在哲学的系统化中固有的分歧之外，我打算在此指出的关键之所在。事实上，对一部分人来说，他们的周遭世界和"内在"世界的存在从来都不是一个可以加括号的既定事实，但它总是有可能作为一个有待证明的、永久性的涌现（surgissement perpétuel）突然出现在他们面前。一切都在这即时的注视下开始行使（如果我可以这么说的话）其存在。再熟悉不过的东西在刹那之间就好像从那看不真切的天末来至他们面前。而对个中原因隔靴搔痒的研究即使无休止地进行下去，也无助于

---

① 原书注：让·瓦勒（J. Wahl），《形而上学之经验》（*L' Expérience métaphysique*），弗拉马利翁（Flammarion）出版社，1965 年。

解决这一问题。这就是为什么那些否认这种经验的人有充分的理由这样做，既然他们不曾经历过此类事情。让·瓦勒说："拥有形而上经验的那个人就是那种形而上的经验。"我应该承认这种经验对我来说一直都是一种精神上的折磨吗?① 在我看来，普罗提诺也许比任何哲学家都更加关注弗拉基米尔·扬科列维奇称之为"何以"(Quod)的东西，更加关注何以存在着一个世界(qu'il y a un monde)，或者，更好的说法是，更加关注何以世界存在(qu'il y a monde)。对于普罗提诺来说，这一事实向来是自明的。此外，普罗提诺继承下来的亚历山大里亚的遗产在多大程度上使他能够关注到大多数人所忽略的事情则是另外一个问题了，这还是交给专家们来定夺吧。无论如何，在我所列举的人中——他们各自以自己的方式证明了我所谓的(既然我找不到更恰当的说法)对偶然性的直观(l'intuition de la contingence)——没有一个来

---

① 原书注：吕西安·热法尼翁，《论平庸——关于生命时间：个体的与共同的时间》(De la banalité. Essai sur la durée vécue : durée personnelle et co-durée)，富杭(Vrin)出版社，1966 年；《瞥见与意愿：弗拉基米尔·扬科列维奇》(Entrevoir et vouloir : Vladimir Jankélévitch)，La Transparence 出版社，2008 年。

自东方。我想说的是，这种直观即便并不必然是"心醉神迷"，也接近于那种极致的和绝对的简化，接近于那一使人到达（如果可以这么说的话）存在之本源的瞬间。但我们也不要忘了，在渗入西方哲学之前，这种直观无疑在很大程度上归功于——即使违背了体验到它们的人的意愿——东方通过教父和神学家传给我们的东西。这就是为什么我想要再次提及让·图伊亚尔的原因，他说："要使普罗提诺主义产生，那种主要来自东方的宗教关切必须融合希腊文化及柏拉图主义的理性要求，而后者业已打上了宗教传统的烙印；纯粹世界与非纯粹世界的古老二元论必须与柏拉图式的对感性与理知（intelligible）的区分相碰撞并转入思维领域；神秘的'心醉神迷'必须将'善'视为理念的创造者；闪米特人的激进创造和他们对个体灵魂的关注或许为辩证法以及柏拉图对话所勾勒的心智世界提供了沃土；那种关于受到了超验性的启迪而重生的理论必须与一种思维的内在化进程相结合；批判的方法必须成为一种宗教的净化"。[1] 这一切显然都是

---

① 原书注：让·图伊亚尔，《普罗提诺式的净化》，前揭，第 204—205 页。

必要的，东方给希腊理知主义带来了有待合理化的新的非理性因素。这就是为什么我也想说，"普罗提诺最初并没有从哲学走向神秘主义，他实际上更像一位采取哲学路线的神秘主义者，寻找着最恰当的语言在清晰的意识面前准确地传译自己正在经历的事"①，传译他的秘密。约瑟夫·莫罗所言极恰，普罗提诺就这样散发着"古代哲学的光辉"。但他之能如此乃是由于他自己的本性，这是一种格外敏感而又爱好沉思的天性，他对——借用《圣经》中希伯来语特有的表达——"世界的形象"极为敏感，也就是说，归根结底，普罗提诺敏感于偶然性和那些流逝且唯有流逝之物(ce qui passe et ne fait que passer)的有缺的完美(l'imparfaite perfection)。普罗提诺之能如此也是由于他在亚历山大里亚所受的精神训练进一步发展了他的这一天性。这就解释了阿姆摩尼乌斯的这位学生为何必须不断将汲取自希腊哲学的概念引向最高的超越性，甚至超越这一超越性——如果这些词汇还有任何意

---

① 原书注：让·图伊亚尔，《普罗提诺神秘主义的批判价值》(Valeur critique de la mystique plotinienne)，载《鲁汶哲学杂志》(Revue philosophique de Louvain)，1961 年 8 月，第 439 页。

义的话——为的是通过这些概念尽可能贴近地——尽管常常只能说出个大概——将"他之所见"表达出来。

伪经：柏拉图、丢尼修及其他

柏拉图对话人尽皆知：在这些对话中，苏格拉底与弟子们交谈，他们在《会饮》中探讨爱情，在《斐多》中探讨灵魂……在柏拉图的末期作品中，我们与《阿克西欧科斯》（*Axiochos*，或译《论死亡》）相遇，这是一个令人感动的故事。一个年轻人流着眼泪跑去见苏格拉底，他的父亲病倒了，他非常痛苦并且害怕死亡。苏格拉底于是去到那个垂死之人的家中大声斥责："振作些啊，阿克西欧科斯！你一向机灵得很，这会儿成个孩子了？"随后苏格拉底又安慰道："死亡，你瞧，它没什么大不了嘛！你在的时候，它就不在；当它在了呢，你就不在了。最要紧的倒是这个：灵魂是不死的！"

苏格拉底说得很美。阿克西欧科斯因此感到放心，几乎是高兴地走了。问题在于，这则引起轰动的声明并非出自苏格拉底。130 年后，哲学家伊壁鸠鲁在《致美诺伊刻乌斯的信》(*Lettre à Ménécée*)中写道:"说自己害怕死亡的人是愚蠢的,这并非因为他将在死亡来临的时候受苦,而是因为他为死亡的必然来临而受苦。有些东西存在,但不会扰乱我们,等待这类东西的出现使我们白白受苦。因此,死亡这种最可怕的恶(mal)与我们毫不相干,因为当我们活着的时候,死亡尚未来临;当死亡来临的时候,我们已不复存在。"这段话后来被划归到苏格拉底的名下。总之,《阿克西欧科斯》是一部戏仿之作,就像庞贝城出现自行车轮一样年代错乱。自古以来,人们就知道这是一位爱拼凑的哲学家的作品,他认为将各种流派的思想混合在一起是一种高明的做法。

现在,我们来到西罗马帝国的末期,在那些信奉基督教的皇帝的统治下,众多罗马人缅怀着昔日的美好。六位不同的作者为我们描述了从哈德良(Publius Aelius Traianus Hadrianus Augustus,76—138 年)[①]到卡里努斯(Marcus Aurelius Carinus,257—291 年)[②],也就是 117 至 285 年间皇帝们的生活。这些记录趣味盎然、考据翔实,

---

① 117—138 年在位,"五贤帝"之一,有"智帝"之称。
② 293—318 年在位。

有几处地方稍许带点儿色情,谁知道呢……数个世纪后的 17 世纪,所有这些都被整合进了《罗马帝王纪》(*Histoire auguste*),直到 19 世纪末期都从未有人对这些传记提出过疑义。后来终于有一位学者发现这部作品中的许多文献都是伪造的,并且那六位所谓的作者亦不曾存在过,实际上是一位匿名作者的杜撰。人们设想作者生活在 4 世纪末期,但他本人却篡改了时间,在他"借来"的现时代中写作,总之,这是个非常成功的骗局。事实上,在这样一部传记文集(livre à clefs)中,匿名者作为旧神的信徒,以一种诙谐的笔调向最后的异教徒传递了一则旨在报复的信息。当时的人们在昔日某个被描绘为无耻卑劣者的皇帝的轮廓中辨认出了一位如此令人憎恶的基督徒皇帝。现代学者重新编订了《罗马帝王纪》以飨读者。

基督教神学家们一直在反复阅读和研究《论圣名》(*Traités des noms divins*)、《天阶序论》(*Hiérarchie céleste*)等伟大的哲学遗产,其作者署名为圣丢尼修(Saint Denys),他是巴黎教区的第一任主教。聆听了使徒保罗在雅典的亚略巴古的演说后,他皈依了基督教(《使徒行传》,16:22—33),由于这个原因,他获得了"亚略巴古的丢尼修"

这一称号,此人殉教而死,传闻他被斩首后拾起自己的头颅边走边讲道走了很长一段路。

直到 19 世纪末,这都没有引起过任何人的怀疑。被巴黎公社的起义者暗杀的巴黎大主教达尔博伊(Mgr Darboy)甚至还为这位圣徒哲人写了一部传记。但是,随着对古代思想的了解逐步深入,人们发现这是新柏拉图学派异教哲学家璞若克洛斯(Proclus,412—485 年)的一个弟子所作,他生活在 5 世纪,距离保罗在亚略巴古的演说 450 年。皈依后,这位弟子看到了自己导师的思想对基督教神学可能产生的影响,并在不久后写下了这些重要论著。但如何使这些作品有机会说服教会上层呢? 最好的办法就是将它们托名于使徒的某个接班人。亚略巴古的丢尼修是合适的人选:他曾经听过使徒的演说,被认为是一位继承了使徒衣钵的主教,更理想的是,他是一位神圣的殉教者。那么就是他了! 亚略巴古的丢尼修。如此,一个无名天才的作品在教会的知识团体中确立了地位,人们如今在任何一本词典中都能找到亚略巴古的丢尼修这个名字。

在整个古代和中世纪的历史中,出现了许多这样的伪作（vrais-faux），它们被冠以"伪书"（pseudépigraphes）这样稍许有些难登大雅之堂的名号，就此类作品的价值和影响力而言，它们与正典有着很大的区别，但在研究思想的演变、托名作者的信誉等方面，它们对历史学家来说并非毫无意义。

今天，文学的性质已变了样：假如哪个年轻的作者允许自己参与类似的骗局，恐怕会招致记者们的笑话，继之而来的，或许会是一场代价高昂的诉讼且还要辅以精神疾病的治疗。

第 2 章　罗马的存在

罗马为我们留下了什么？

罗马为我们留下了什么？那当然很多，简直无所不有，差不多可说是全部了……我脱口而出就想这么回答。毕竟，距今仅仅两千年前，现在由 27 个国家组成的这整个欧盟还只是庞大帝国的一部分，而这帝国的首都正是罗马。这个帝国一个世纪接一个世纪地扩张：从摩洛哥到伊拉克，从莱茵兰到撒哈拉，从苏格兰到波斯湾。便于贸易和军队往来的交通要道遍布这广阔的世界，地中海成了被其环绕的内湖。这种令人难以置信的扩张如果没有遇到过阻力，那显然是值得怀疑的。塔西佗在《阿格瑞科拉厄传》(*De vita Agricolae*)①中转述了一位苏格兰酋长关于罗马征服的说法："他们制造荒漠，却称之为和平。"这样的说法有失公允，无论如何，这都有些夸大其词了。我们宁可赞同伊利里亚人哲罗姆的观点，他认为罗马是一切万有的母亲。事实上，尽管罗马文明显然地未能在地球上实现人间天堂，但从经济和社会的角度看，它确实带来了颇有裨益的改变。此外，这些不同土地上的原住民也并不急于效法自己的征服者。

考古学和历史都足以证明这一点：帝国的每一个城镇都希望成为一个小罗马，拥有它的议事会(curie)、它的广场、它的圆柱，而这并没有令其公民丧失自己的语言、文化、神明和身份。每个人都保持着属于自己的自由，如同普鲁塔克那样，毫不掩饰对"小小故国"(la petite patrie)的依恋。这是一个因地制宜的心态问题：非洲人更加沙文主义，"多瑙河的儿子们"则比罗马人更具罗马精神。世界本就五花八门，而这个世界将持续千年之久，直到如

---

① 该传记记载了罗马帝国对不列颠行省的统治，颂扬了派驻当地的总督阿格瑞科拉厄(塔西佗的岳父)的品行、政绩与军功。

今,它仍盘桓不去。

那么,罗马究竟给这个大得惊人的世界带来了什么?它带来的东西自然不少,但首先是和平。罗马军团的到来结束了不同民族和部落间的长期冲突,它们素来爱做他土的主人。从前敌对的族群现在不得不重视它们的邻居,共同生活,即使不能相处融洽,至少也得把怨恨或畏惧降到最低。大家难道不都同为一根绳上的蚱蜢,被迫在罗马军团的眼皮下守规矩吗? 不过,人们现在可以从事比战争更加有利可图的活动了,这对他们来说是一种赢利,同时也促进了罗马的繁荣:罗马税吏正对他们虎视眈眈……总之,图拉真(生于 53 年的西班牙)统治时,罗马已在 4 个世纪以前就接管了亚历山大大帝曾经开拓的业绩。在无边的战场上,马其顿人建立了一个希腊化的世界,硕果累累而满载希望。此后,不止一位皇帝因此自诩为"新亚历山大",借助于意识形态,扮演众神的代表来行使策驭宇内的王权。人人因此得到了好处,君主(prince)发现底下的抵抗少了,臣民发现上头的气焰减了。这个天赋权力的点子一经基督教徒修正将会有光明的未来。另外,军事占领尽管并不总是一帆风顺,罗马军团还是设法保持了慎重。不止一位作者歌颂了"罗马和平"（*pax romana*）。普鲁塔克为那些"希腊特有的灾祸"（即战争和僭主政治）的消失而高兴。同为希腊人的爱比克泰德为获得这种和平而满足："盗窃勒索和海上劫掠都不复存在了；人们可以游历东方和西方。"阿瑞斯忒伊得斯在他的《罗马颂》（*Éloge de Rome*）中大肆赞美罗马行政管理的高效，它出类拔萃地维持了"单人统治（domination d'un seul）下的普遍民主"。虽然阿瑞斯忒伊得斯[的赞歌唱得]有些"过了头"，但罗马对如此多的民族的控制总的来说被认为是值得肯定的。

随着和平的来临，罗马带来了一种普遍主义（universalisme），以一种有益的方式放大了地方情感（sensibilités locales）。方言被保留了下来，但拉丁语和希腊语逐渐成为了行政、商业和文化领域的主流语言。我们发现了一种拉丁—希腊对话实用手册（commodes manuels），其中收录了两种文字及其发音方法的图式。希腊文和拉丁文的精髓至今仍然保留在欧洲语言中。一直到18世纪，拉丁语都是学者使用的语言，并且，我可以不带任何沙文主义地说，法语的简明与细致正是受益于拉丁语，并长期以来被用作外交语言。拉丁语和希腊语在整个帝国的传播，即便只是为了满足商贸的需求，但也在事实上促成了地方本位主义（particularismes）的相对化而使之不再合宜，使每个地区都接受其他文化的影响，从而促成了文化的交融。随着哲学的发展，帝国最先进的侨民将自称为世界公民。

这是因为希腊语和拉丁语唤醒了一种文化和美学之旅。贺拉斯在《书信集》中承认："被征服的希腊战胜了她野蛮的征服者，并把艺术带到了未开化的拉丁姆（Latium）的中心。"尽管罗马人最初曾不怀好意地为自己辩护，但他们正是在希腊人那里获得了对文学、艺术以及思想的鉴赏力。和平的回归保障了各式各样的文学和艺术天才，并且激起了各地的竞争意识。但这并不是说罗马人只是——如老生常谈的那样——满足于模仿希腊的艺术。罗马很早就以一种独创的方式将希腊世界在建筑、装饰、文学方面的巨大成就据为己有。罗马有其特有的文学和典型的艺术，我想补充的是，罗马也有自己的哲学。这一切都没有辜负一个民族历久弥新的向往，同时，这个民族也在自己的影响范围内传播祖先的价值观念。散布在世界各地和今天欧洲的许多遗迹都是罗马的见证者，剧场、竞技场、寺庙、柱廊、马赛克和绘画等仍在同博物馆的参观者们交谈，令人发思古之幽情。肃剧和谐剧长期在舞台上再现数个世纪以来人们对罗马和罗马人宏伟形象的赞叹，时至今日依然如此：高乃依的《贺拉斯》和《西拿》(Cinna)，莎士比亚的《提图斯·阿恩德若尼库斯》(Titus Andronicus)、《凯撒》、《科瑞欧拉努斯》(Coriolanus)以及《安东尼与克勒欧帕特拉》等等，莫不如是。法国的革命者们对罗马的追摹到了可笑的地步。至少在法国，没有一部法律不是直接从罗马法中继承下来的。茹提利乌斯·纳玛提阿努斯(Rutilius Namatianus)的愿望实现了。他曾在伤心欲绝地离开心爱的罗马时大喊："传扬这些法律吧，它将与你一同世代长存。"永恒的罗马啊！

　　还是茹提利乌斯，他悲叹"城市亦有消亡"，先于保罗·瓦莱里发出了文明必死的断言。西罗马帝国于多灾多难的 5 世纪末灭亡，然其过往，仍不失为一种存在。

永恒的罗马

从哈德良长城所在的亨伯河北（Northumberland）[①]
到伊拉克的迦西斐雅（Ctésiphon）[②]，从科隆到奥刺西乌
斯山脉的塔姆伽迪[③]，从梅里达（Mérida）直到里海的边
缘：唯有飞机和8点的晚间新闻可以让人们忽略这片空
间的广大。这曾是2世纪罗马帝国的疆域。

这一切都始于10个世纪以前，拉丁姆的一个小村落
决定扩大自己的边界。是因为对宏大事物的迷痴吗？起
初并不是这样的，而是一种预防性的反应：在集会广场和
那些并不一定友好的邻人之间尽可能地拉开距离是较好
的做法。但人总是得陇望蜀，让我们重申一次：地中海在
数个世纪内确实成了罗马的囊中之物——成了"我们的
海"（mare nostrum）——罗马包围了其方圆约330万平方

---

① 通常译为"诺森伯兰"，该词意为"亨伯河以北的土地"。
② 这个地名出现在《旧约·以斯拉记》8：17。
③ 这是一座由罗马皇帝图拉真于100年建立的古罗马城市，其遗
址位于今阿尔及利亚第五大城市巴特纳东面的奥刺西乌斯山脉（或译
"奥雷斯"）。

千米的区域。这些土地上居住着不同的民族,他们说着各自的方言,勉强说些拉丁语和希腊语;这片土地一望无垠,约有 7.5 万公里的道路纵横交错,连缀起那些外观近似罗马的城市。这样的成果并非不经战争就可实现,但罗马和平使人敬服,因为人人都从中得到了好处。罗马自身当然更不例外,各地皆为它提供食品、廉价甚至无偿的劳动力和兵源。但其他地方有着较少令人厌倦的地方冲突和更多的安全感,而大多数人尽管在意自己的身份,但也发现了文明的融合能够为他们带来的利益。希腊人爱比克泰德和普鲁塔克、叙利亚的阿瑞斯忒伊得斯和来自小亚细亚的圣爱任纽(saint Irenée)都有同感。这种情况一直持续到 5 世纪末,其寿数之长同其终结的原因同样令人好奇。

罗马的发展壮大经历了三种政体。首先是君主制(公元前 753—前 509 年),但是,正如提图斯·李维和西塞罗表明的那样,王政时代的最后一位统治者塔尔奎尼乌斯给"王"(roi)这个字眼招致了罗马人的厌恶。然后是元老院共和制(la république sénatoriale,公元前 509—前 27 年)。在法律上,行政权的执行(exécutif)被划归选举产生的长官（magistratures électives）所有：执政官（consul）、财政官（questeur）、裁判官（préteur）以及监察官（censeur）。事实上，在征服的背景下（非洲、高卢、西班牙、还有希腊化的东方），大家族所获得的利益远多于"罗马人民"，民主很快变成了财阀寡头制（oligarchie ploutocratique），对"下层罗马人"（Rome d'en bas）漠不关心……在这种情况下，有产者和平民（*proletarii*）之间爆发了不止一次危机，后者只能指望后代（*proles*）谋生。护民官（tribun）的设立不足以令这种紧张的关系正常化。于是，老加图这位传统美德的典范在其《论农事》（*Traité d'agriculture*）中将"年老的母牛"与"上了年纪的奴隶"相提并论地置于必须迅即出卖的废品之列，由此我们可以更好地理解斯巴达克斯起义（公元前73—前71年）。1789年想象中的罗马共和国是人们所不愿见到的。此外，被征服的领土上缺乏有效的管理，这为种种财产的侵吞行了方便；军权的上升使得首领们禁不住诱惑，拥兵自重；政治投机分子的数量在不稳定的社会中激增。因此，毫不奇怪，由于丑闻、斗争和清算，共和国陷入了长达百年的内战。随后便是所谓的帝国时代（公元前27—公元

476 年)。

"罗马[的伟业]在很大程度上归功于内战",路卡努斯在《法尔撒利阿》(*Pharsalia*)①中如此歌唱……帝国政体不合常理地使罗马的命运延续了 5 个世纪。年轻的屋大维在阿克提乌姆海战中击败了安东尼(公元前 31 年),后者在克勒欧帕特拉的协助下侵占了整个罗马东部,凯撒的这位甥外孙接手了一切事务。他要发动一场政变么? 不! 他太清楚自己的舅公尤利乌斯的遭遇了,据说,他曾试图恢复君主制,但共和制是碰不得的。元老院、选举、官职,一切都维持原状,一切都在 *SPqR*②的保障之下。简而言之,屋大维接受了元老院委以他的全部权力,但维持了共和制的政治架构的外貌。必要时,他将成为"元首"(*princeps*),即首席元老。他在一篇用拉丁文和希腊文刻在陵墓内的铭文《神的功绩》(*Res gestae*)中解释了这一切。这是一门伟大的艺术,表象得以顾全,民主的幻想也保住了;这种众官职集于一人的巧妙伎俩将在 5 个

---

① 又名《内战赋》(*Sulla guerra civile*),今存 10 章,是一部未完成的作品,讲述了公元前 48 年凯撒与庞培战于希腊北部的法尔撒利阿的战役。

② 全称"*Senatus Populusque Romanus*",即元老院与罗马人民,是罗马共和国与罗马帝国的正式名称。

世纪中由58位皇帝重施，所有这些统治者都借名"凯撒"和"奥古斯都"作为称号，而屋大维是第一个被授予该称号的人。我们所称的"帝国"就这样诞生了。

但是，独自一人如何能够保证如此一个庞大帝国的可持续性呢？他必须满足民众的期待，最好能够预见这些期待。他必须成为一种理想的化身，联合希望与梦想。每一位凯撒都清楚这一点。卡利古拉那样的精神病患、马可·奥勒留那样的贤哲、约维阿努斯那样的庸才，每个人都有自己的方式，帝国的寿命比君主更加长久。斯人已逝，帝国仍存。

屋大维·奥古斯都能够满足这些期待，那个时期的文学作品——贺拉斯、维吉尔、奥维德、亚历山大里亚的菲洛、密提勒奈欧斯的克瑞纳戈剌斯（Crinagoras de Mythilène，公元前70—前18年）①……——纷纷歌颂重新到来的黄金时代。事实上，作为一个懂得如何将阿格瑞璞帕（Marcus Vipsanius Agrippa，公元前63—前12年）②和迈刻纳斯（Gaius Cilnius Maecenas，公元前70—前

---

① 希腊诗人，作为宫廷诗人居住在罗马。
② 古罗马政治家、军人，奥古斯都的密友、女婿与大臣。屋大维大多数军事上的胜利都要归功于他。

8年)①那样的聪明人团聚在自己周围的"第一公民",屋大维·奥古斯都让罗马在自己的掌控下复兴了。奥古斯都对元老院进行了清洗和改革,削弱了它的绝对权利,又改组了军队,从此以后,军队只听命于皇帝。他设立大长官(grande préfecture),负责安全、消防、供给等公务。行省(province)则被委托给总督(proconsul)或巡抚(légat)。凯撒的归凯撒,而不归旁人。因此,反对不会来自情况较好的"基层"(la base),而是来自那些拥护共和政体的大家族,他们伤心地宣称这种政策损害了"自由"。

让我们再补充一点:这个时期的文学得到了如愿以偿的蓬勃发展。诗人歌唱着昔日的辉煌和今日的欢乐,他们颂扬罗马主宰世界命运的神圣使命。神明们为这一使命提供了依据:由于埃涅阿斯的缘故,凯撒家族是维纳斯的后裔,他们对此不加掩饰。罗马对埃及的主权难道不应归功于太阳神阿波罗吗?既然法老是神,那么,他的继任者奥古斯都也是神。这就是那来自埃及的方尖碑在

---

① 奥古斯都的谋臣,著名的外交家,文人和艺术家的保护人。维吉尔和贺拉斯都曾蒙他提携。

城市中的象征：在光影的作用下，它是全世界的日晷。在那个时代，还不曾有时差的概念……作为一个蒙召治理列国的民族的公民，人们为自己是罗马人而感到自豪。此外，奥古斯都修复了 82 座神庙（temple）。但更重要的是，作为拉丁语和希腊语作品的行家，他从希腊化时代的论著《论王权》(De la royauté) 中学习政治神学。"好王"(Bon Roi)，理想的王，是作为神明们的代理人而出现的，神明们将自己的精神托付给他，因此好王是公正的和仁慈的。王对神意的服从即是王最高的自我实现。奥古斯都既聪明非常又不轻信，这使他不会像后来的统治者那样彻底地献身于神，有的甚至到了偏执的地步。他接受了其责任据称所具有的神圣性，他的表现告诉人们他只是从中保留了发号施令的部分，而这为的是唤起人们的恐惧和尊敬。通过使自己的权能神圣化，奥古斯都使罗马进入了永恒，而永恒是神独有的特性——Roma æterna。

正是这种政体结构在奥古斯都升天后为历代沿用：儒略-克劳迪王朝、弗拉维王朝、安敦宁王朝、塞维鲁王朝等等……在危机和战争的风雨中，皇帝们在位期间的命运各不相同：总计 58 位皇帝中，仅有 14 位寿终正寝。图拉真圆柱、奥勒良城墙,那些石头上的带状叙事浮雕表明了一种对征服的笃信,同样也向人们显示出是什么保障了罗马公民和罗马军团高涨的人心。只要每个罗马人各自以自己的方式怀有"对罗马的某种想法",情况就会如此。

体量巨大的罗马物换星移,人们的思想也不断变化。祖先的价值观得以延续的同时,新的价值观也开始得到承认,这令一部分人兴奋,又使另一部分人反感。但有一点是可以肯定的:在罗马,从未有人对守护神不敬:基督徒在这方面有过惨痛的经历。同样,"好王"的主题也无尽地重复着。因此,在贝内文托的拱门上,我们可以看到朱庇特将象征着神力的雷电交给图拉真。事实上,若不考虑耶稣称袖的国不属于此世的话言,随着君士坦丁的到来,基督徒会忙不迭地将这一象征据为己有。另一方面,人们在不止一件事情上有着不同的看法。相较而言,帝国的"进步"是共和国弗如远甚的,且就社会关系来看,帝国也更加合乎人情。哲学家们对皇帝周围的人群颇具影响力与此有很大的关系。塞内卡和小普林尼谈论奴隶的方式与老加图不同。3世纪时,法学家乌珥皮阿努斯(Gnaeus Domitius Ulpianus)宣布在自然法面前人人平等,即便是奴隶:即使没有公民权,他们也必须被善待。同样,各省的省长(gouverneurs des provinces)有责任确保那些有权势者不至于对地位低微者造成损害。图拉真已然通过推出作为家庭津贴之最初形式的食品津贴(alimenta)关注到了那些生活在社会底层的人。最后,以往不可想象的事情终于在212年的某一天变为现实:卡拉卡拉决定将久负盛名的罗马公民的身份赋予帝国领土上的所有居民。就这样,他实现了帝国庞大人口的均等。

"罗马啊,你把曾经的宇宙变成了一座城市!"417年,茹提利乌斯·纳玛提阿努斯在永远离开自己心爱的罗马、返回罹灾的高卢时将这样说。7年前,西哥特人在亚拉里克一世的带领下洗劫了罗马这座万城之城。这是一次致命的打击:在过去的一个世纪里,罗马已将大部分霸权拱手让给它的北方邻国。边界名存实亡,军团也只在名义上属于罗马。"城市亦有消亡",纳玛提阿努斯说——我们最好将此铭记于心。

1世纪中叶：身处时代漩涡的塞内卡

塞内卡属于那种自降生起便事事称心如意的人，甚至连天气都是晴朗的：他出生于科尔多瓦，父母均系富有、教养良好的贵族。他有两个可爱的兄弟，都是前途无量的男孩。还有什么呢？一个溺爱侄子的姑妈，这位埃及长官的妻子将在塞内卡未来的人生中发挥重要的影响。我们不妨像加尼维特（Ángel Ganivet García，1865—1898年）①那样趁早抛弃塞内卡的西班牙出身：我们很难确切地了解他的家庭究竟是本地人，还是——这种可能性更大一些——罗马移民。

出生于公元前4与前1年之间，塞内卡是耶稣的"同代人"（conscrit）。他会否在克劳迪乌斯统治期间隐约听到人们谈论着那么一位基督（Chrestos②）？或在尼禄统治期间、罗马被焚之际，听说过 *christiani*［基督徒］？关于

---

① 西班牙作家和外交官。
② 词源希腊语"χριστός"，意为"受膏者，基督"，该希腊词本是希伯来文"弥赛亚"的译名。

这些,他自己什么都没有说。塞内卡与圣保罗之间为基督徒所津津乐道的、无实际意义的礼节性通信,根据圣哲罗姆和圣奥古斯丁的说法,是 4 世纪的伪造品。另一方面,保罗曾被众犹太人拖至亚该亚的方伯①迦流(Gallio)面前(《使徒行传》,18：12—17),这位方伯不是别人,正是塞内卡的一个兄长。我们稍后会再提到他。

关于塞内卡的青年时期,我们所知的是他很早就来到罗马:他的父亲受到引介进入上流社会,身无财务之忧,长期在那里逗留,精心雕琢他的口才,料理各种关系。他热切地希望自己的儿子们能够精通修辞术,这是一门能够有效论证一切的艺术,没有它,一个人将一事无成。然而,这位 *pater familias*[家长]要失望了。

事实上,如果说他的另外两个儿子轻松地走在了凭三寸之舌获利的道路上,那么这个儿子则偏爱的是一门他所厌恶的学科:哲学。"discipline"[学习；训练；教育]一词意味着一种皈依,意味着对我们所说的社会的深度承诺,意味着第三修会(tiers ordre)——保罗·韦纳干脆

①　即地方长官。

将此比作某种教派(secte)——需服从训练(exercices)、戒律,甚至着装规范。事实上,在当时的罗马,"哲学"(*pilosophia*)以其流传最广的三种形式——伊壁鸠鲁学派、廊下派、犬儒学派——填补了最成功的人生可能留有的空白,而宗教基本是属于民间的,就像人们定期燃烧作物一样。宗教并未要求人们履行什么。这些学派所提倡的是真正的幸福——也就是内心的平静,远离激情、狂热和恐惧。生生死死,他们希望以最低的成本度过。许多大家族受到这些学说的诱惑,他们表现出的起码是有节制的着迷。老塞内卡的不安事出有因:他的儿子迷上了一个名叫索提欧恩(Sotion)①的亚历山大里亚人,一个毕达哥拉斯主义的信徒。这是一个在南方建立已久的、令人肃然起敬的学派,除去其他一些古怪行为,这个团体戒食肉类。这对于毕达哥拉斯学派是正常的,因为他们相信一切生命间的亲缘性,也相信灵魂转世,所以他们害怕自己的牙齿亵渎了在烤肉中转世的祖先。塞内卡与父亲互不相让地对峙了一年,后者对这种圣洁的饮食法将会带

———————

① 生活于约 1 世纪,是塞内卡的老师。

来的不良后果感到忧虑:如果他的这个古怪的儿子被视作异教徒(isiaque)或者犹太人怎么办? 这些人在行政上总是麻烦缠身。幸运的是,塞内卡遇到了一个来自帕加马(Pergame)的叫作阿特塔洛斯(Attalos)①的人,情况出现了变化:塞内卡从此成了一个廊下派。让饮食制度和走火入魔的端正品行见鬼去吧! 该合情合理地生活了。不过,塞内卡永远不会忘记这个相信来世的、近乎疯狂的人生阶段。

对于廊下派而言——让我们借用安德烈·布勒东(André Breton)的说法——"来世尽在今生",不存在任何的超越,即便神明也不例外。对于罗马的实证主义来说,这并非一件多么糟糕的事,在他们看来,思考本身不如思考该做什么来得重要。自被引进一个半世纪以来,廊下派广受精英阶层的欢迎:它赋予祖先的价值以必然性。现在,想象你置身于一个圆的、巨大的"整全"(Tout)中间,它是有形的,但并非如今人所理解的那样是物质的。事实上,这个整全是有生命的,由宇宙灵魂激活它的每一个部分:一条马路、你的狗、你本人、凯撒……这就是宇宙

① 生活于 25 年左右提比略统治时期的一位廊下派哲学家。他的财产被提贝瑞乌斯的重臣色雅努斯骗走,并被流放,被迫耕地。

79

(le cosmos)：一切都有条不紊地相互配合，每样东西都有它自己的位置，各自在自己的位置上按照自己的目的为了整体的良好秩序而做贡献，我们将会看到，政治也包括其中。总之，"自然"（Nature）已经很好地安排好了各种事物，那么人就应当遵循自然，并且，通过这样做，人就足以获得幸福。为此，人身上有着逻各斯（Logos）的、宇宙理性（Raison universelle）的微粒。但遵循自然并不意味着放弃一己私欲，而是垂询于其灵魂中存在着的"理性"（Raison）。我们于是发现并十分乐意地承负了天意（Providence）的计划，因为天意计划的一切都是最好的。如果每一枚奖章都有其反面，鱼有骨刺，而我们不得不难受地死去，诸如此类的事情令我们困扰，我们就成了一种判断谬误的受害者。确切地说，哲学可以纠正这种判断上的谬误，并让人明白所有这些事都有益于整全。从明智（sagesse）的角度来看，无论是自由、相貌英俊、富有，还是受奴役、驼背、穷困，都是无所谓的。明智是什么？明智就是看事分明、走正道、平心静气（sans états d'âme）。美德就是成功地让明智成为习惯状态，谁做到了这一点，谁就将成为智者（un sage），成为真正的贤哲（le Sage）。

当然,这只是一种我们评价自身的理想标准,这样的珍稀之人实际上并不存在。

现在,让我们回到政治上来:永远都不要忽视这样一个事实,即国家也在神意的安排范围之内:每个人都在命运给他安排的位置上恪尽职守。但是,谁来评判呢?答案是智者,因为根据定义,智者比任何人都更了解万物的秩序。甚至,智者自己就应该为王,但是,这个位置往往已经被别人占了,因此承当君王们顾问的责任就落到了他的身上。廊下派的学说以君主制为己任,因此适合于凯撒们的罗马,廊下派之于君主政体的罗马,正如上帝之于宇宙,理性之于人类,凯撒之于其臣民。尽管如此,皇帝需得是一个好皇帝,因此需得一位廊下派常伴皇帝身侧。但是,正如我们说过的那样,这一制度也适合于那个业已破灭了的共和国的领袖,这些大家族们奉行的是一种自给自足(autarcie)。因此,为在位的皇帝们提供治国理政的意识形态的同时,廊下派也为怀旧的共和主义者们提供一种相反的意识形态,而这将在未来大放异彩。——由此可见,塞内卡的选择并不坏。

然而,这个年轻人的健康状况不容乐观:他不时咳嗽,体重下降,并且发烧,总之,塞内卡需要换一个环境生活。于是,他被送到他的姑妈和任职埃及长官的姑父家里去疗养。在那里,他再一次因祸得福。自凯撒和安东尼以及克勒欧帕特拉一行人的征服与冒险以来,埃及热一度席卷罗马。啊,埃及!它那深不见底的诱人历史、它的那些神秘莫测的神明和法老、博学者们的魅力、艺术的高雅,以及那种异国情调的芳馥奇香……塞内卡充分利用了这个漫长的假期——约摸有5年吧?他旅行、研究,混迹于那些博学的人中间,希腊人、罗马人、犹太人与国际大都市亚历山大里亚的本地人在埃及比肩而行。遗憾的是,塞内卡关于这个国家的作品已经失落无考。从这时起,他从书斋里学来的廊下派学说发展出了新的维度:学校传授给他的有些简陋的一神论变得不再那么机械(horloger),而多了一些"内心的敏感"(sensible au cœur),这一切对他来说都是来自尼罗河的礼物。

31年,塞内卡回到罗马,他将马上迎来长达10年的美好时光。自色雅努斯反对提贝瑞乌斯的阴谋失败后,那位寡居的姑妈就使出浑身解数要把自己的侄子送往那个布满陷阱的政治世界。她的努力成功了:她心爱的侄子当选为财政官,踏上了成就伟业的道途。眼下,他是一名议员,一位受欢迎的演说家,还是一个业余的作家——他撰写过有关自然科学的论文、一篇名为《论愤怒》的对话……,塞内卡在上等阶级(*gentry*)中崭露头角。神明们该给那位老父亲传讯了:他的三个儿子似乎都获得了成功,连同他的这位哲学家儿子。

在朋友们的层层引荐下,他成了常伴皇帝左右的团体中的一员,甚至进入了皇帝的家族圈子。40多岁太过耀眼的塞内卡正冒险接近太阳。在卡利古拉成了一个不可理喻的偏执狂的时候,引人注目可不是一件好事。塞内卡身上的一切都让这位统治者感到恼火:他的雷厉风行,他的写作方式,他对他挚爱的三个姐妹的影响……卡利古拉想把这个令他讨厌的人打发到阴间去,他已经往那里遣送了很多出色的人,但这一次却是自己先一步掉了进去,一场阴谋过后,塞内卡得救了,至少目前是这样。

如火如荼的埃及专制主义时代一时间结束了,克劳迪乌斯一世脑子里没有这一类的幻想。除了对女人和双耳尖底瓮的嗜好外,他在其他方面是个颇为严肃的人——克劳迪乌斯清楚地看到,为了将帝国抓在自己手里，必须采取更好的管理方式。于是，他剥夺了他的皇兄弟们担任"内阁大臣"（ministère）——这可是一项有油水可捞的职务——的权力，把它交给了获释的希腊奴隶。可以肯定的是，这些希腊人诡计多端，无疑是这方面的"内行"，但最终罗马还是获益了，因为那些被选用的人能够胜任自己的职责。上层社会的愤怒从未熄灭，而暗地里，当时的皇后美斯撒利娜是一个对政治比对其他事情更为贪婪的女人，她决定了许多人的命运。因此，权力的周围形成了两个集团：一个以美斯撒利娜为中心，她急不可耐地想要结清旧账，另一个团结在阿格瑞璞皮娜和尤利阿·丽维珥拉的周围，她们是卡利古拉的两个姊妹，在此期间，尤利阿·德茹茜尔拉已经去世。这个尤利阿是个轻浮的女人，因此杜撰一个通奸的罪名来指控她算不上一件难事，但是，和谁通奸呢？塞内卡！不过，克劳迪乌斯本人对塞内卡倒是既无怒意，也并不热心于把他除掉。

这对所谓的情人最终遭到了流放，41 年年底，塞内卡独自一人出现在科西嘉岛上。此时，年仅 40 多岁的塞内卡认为自己的人生到此为止了。宇宙理性是否帮助他接受了这种被弃如敝履的境况呢？塞内卡写信①安慰自己的母亲赫珥维娅姆，他痛苦地想要证明流亡并不是一桩可怕的罪孽，尽管人们觉得它是邪恶的。43 年，在得知珀吕比乌斯（克劳迪乌斯的一个赫赫有名的高级文官）的一个兄弟亡故的消息后，塞内卡发去了一封唁慰函②，写道：未来的事谁能料定？为了离开幽困其上的岛屿，任何手段都是有利的，其中也包括打官腔。在这封唁慰函中，塞内卡将克劳迪乌斯捧上了天。真是篇杰作！可惜塞内卡白费了口舌，美斯撒利娜和克劳迪乌斯认为塞内卡待在岛上甚好。就让他永远这么一直待下去吧，或者在一个晴朗的早晨下到冥界去，就像一年前可怜的尤利阿那样。

八年是一段足够漫长的时光。塞内卡在被流放的岛上一直苦苦等待，直到 48 年，美斯撒利娜终于离开了人世。这个热衷于清除异己的女人就这么莫名其妙地丢了性命，死于自己的愚蠢。美斯撒利娜不费吹灰之力就给丈夫戴上了绿帽，但她并未就此收手，甚至与她众多情人

---

① *De Consolatione ad Helviam Matrem*.
② *De Consolatione ad Polybium*.

中的一个公开庆祝自己的婚外情，不仅如此，她还可能觊觎帝位。阿格瑞璞皮娜得知此事后欣喜若狂：时来运转，她终于可以大显身手了。她匆匆杀死了自己的第二任丈夫帕斯西厄努斯·克瑞斯普斯（Passienus Crispus），并以自由身嫁给了她的克劳迪乌斯表叔，而后者亦非常乐意促成这桩婚事。阿格瑞璞皮娜准备就绪，开始运作。她的第一次婚姻为她留下了一个儿子，一个好孩子，她正精心地为他筹划未来，阿格瑞璞皮娜意识到，塞内卡在许多方面都是一个合适的人选。蜜月的温馨成全了阿格瑞璞皮娜的意愿，克劳迪乌斯同意将塞内卡召回罗马，恢复了他的官职。此时的塞内卡比以往任何时候都更像一位哲人，在过去的岁月里，他写作了《论生命之短暂》——给逝去的时光以留存的意义——和《论灵魂的安宁》。塞内卡时间充裕，足以认识到人们永远无法达到[这样一种境界]，但我们仍需勉力为之。

　　然而，阿格瑞璞皮娜为何如此珍视塞内卡呢，既然她本人明明并不以热爱哲学著称？难道这涉及一段闺中秘史吗？对此，我们没有真凭实据：在塞内卡被迫流亡之前，没有人知道尤利阿·丽维珥拉出了什么事，阿格瑞璞皮娜的情况就更不清楚了。可以肯定的是,阿格瑞璞皮娜指望靠塞内卡的影响力帮助自己实现一个计划,这个计划已经成型,阿格瑞璞皮娜对此简直着了魔:她如今已是皇帝的妻子,下一步,她希望自己的儿子成为克劳迪乌斯的养子。这样,倘使克劳迪乌斯出了什么意外,她的这个宝贝儿子就会先于年幼的卜瑞塔恩尼库斯(Britannicus),也就是克劳迪乌斯上一次婚姻留下的孩子,登上王位。接着阿格瑞璞皮娜就能借助儿子实现自己一生的夙愿:成为罗马和世界的女主人,如同她的父亲革尔玛尼库斯(Germanicus)在 30 年前就应该成为的那样……因此,她必须确保自己的儿子被收养。但是,如何来对付元老院呢?这是塞内卡要去的地方。她回忆起他们的青年时代;她仿佛又一次看到他与她们姐妹三人闲聊:他的才华横溢,他为自己辩护和说服听众的艺术,他的几乎遍布天下的人际关系。现在,他得到了同僚们的尊敬,就连可怜的帕斯西厄努斯·克瑞斯普斯对塞内卡的评价也如此之高……这样的关系多么令人羡慕啊!

一切都进行得十分顺利。塞内卡向他的学生灌输一些严肃的知识,这个年轻人酷爱艺术,同时受到哲学的诱惑,对埃及也十分着迷。他确实也还听从圣书保管人凯热摩恩(Chaeremon)的教诲,此人是亚历山大博物馆的前馆长。尽管如此,塞内卡仍然留意着这名学生的方方面面。

阿格瑞璞皮娜的爱子于 50 年被克劳迪乌斯收为养子,后取名为尼禄。两年以后,他与卜瑞塔恩尼库斯的姊妹欧克塔维娅(Claudia Octavia)结婚,一个令人省心的温顺女孩。然而,克劳迪乌斯总是可以在最后关头才立卜瑞塔恩尼库斯为继承人,这样一个事实令人心烦。不过,神意奇诡地降临了,54 年 10 月中旬的一天,克劳迪乌斯在桌前吃下了生前的最后一餐蘑菇,而后便撒手人寰。诚然,人在世上是渺小的,在儒略-克劳迪家族里尤其如此。眼下阿格瑞璞皮娜只需料理好克劳迪乌斯的葬礼,并把酬金奖赏给禁卫军好让他们一致推举尼禄继承王位。至于元老院,那就是塞内卡的事了。有些吹毛求疵的人想要知道卜瑞塔恩尼库斯何去何从,但事情不了了之:元老院紧随禁卫军之后也承认了尼禄。塞内卡早已润色完成了自己的演说稿,在此之后,人们将毕恭毕敬地表决通过将死者尊为神明。

被奉为神明的克劳迪乌斯！还不到同一年的年底，塞内卡就在一篇旨在报复的讽刺文章《变瓜记》里发泄私愤。成神(apothéose)？哈哈，变个葫芦①还差不多吧！这样对他更好些，正是这个克劳迪乌斯把他发配到了科西嘉岛，他不得不曲尽奉承希望能被召回罗马，但全是枉然。这是一篇值得好好阅读的作品，读者们会不期然遇上闪烁着的哲思：这样一来，克劳迪乌斯的灵魂就趁我们沉思的空档大笑着溜走了，撇开结果不论，这与廊下派的思想观念是一致的：死亡之后，灵魂这一生命的气息会消散在周围的空气里。但是，让我们郑重些，这篇文章实际上是一则政治宣言。随着尼禄当上皇帝，请允许我借用一个出处不详的说法，人们从黑暗走向了光明。太阳神阿波罗-福玻斯这样评价尼禄："他的面容与我相似，他的美貌与我相等，他的嗓音和歌声与我不相上下——愿他超越凡人有死的生命！他将把数百年的幸福还给遭受苦难的(即克劳迪乌斯治下的)人民，并结束法律的沉默……当绯红的黎明驱走黑暗，带来新的一天，太阳照耀

_____

① 该词本意为"变成南瓜"，但南瓜是哥伦布发现新大陆后才为人们所知的。

大地,皇帝现自天际,罗马将对尼禄凝目而视!"阿格瑞璞皮娜的自尊心得到了极大的满足,她亲爱的塞内卡显然深谙为人处世的道理,就宣传来说,他所做的事简直无懈可击!

在这篇因讽刺克劳迪乌斯而引人注目的文章里,塞内卡不动声色地转向尼禄在元老院的演说的重点:一切都将发生变化:君主不可再独享裁判权(justice),不可再以国为家,君主必须尊重元老院的特权……总之,为了使人们能够了解,塞内卡反复解释,不厌其烦。不过,他对太阳和阿波罗的使用效果更佳,没有人不喜欢这些罗马人想象中萦绕不去的神话和幻想。首先是当时风行的埃及象征,太阳神的光芒使法老的荣耀更加辉煌,尼禄诞生之时亦曾被它照亮。这并非尼禄最后一次醉心于太阳的神话,这个神话伴随了他一生:他的金宫,这座太阳神的屋宇,和那些镌刻着赫利欧斯闪光雕像的钱币……然而,警惕的塞内卡没有忘记,由于安东尼的故事和前不久卡利古拉的荒诞行为,这种异国情调的专制主义令"旧罗马"(vieux-romain)党们十分反感,他们余威未散,日夜怀念着帝国无限美好的共和国时期。对于一部分人,塞内卡向他们耳语罗马人的阿波罗，那由拉丁语诗人吟唱的古老神话。太阳神（Dieu-soleil），意思是太阳之神（Soleil-dieu），这后一种说法可以消除传统派们的疑虑①，而尼禄也会感到十分受用，他很快就会用竖弦琴来弹唱阿波罗的神话⋯⋯

值得说的并不止这些。那些十足的持重之人，也就是那些讲究的廊下派——元老院中有不少这类人——会在其中看到维吉尔和奥维德，以及两个半世纪以前廊下派的创始人之一克勒阿恩忒斯（Cléanthe）所歌颂的 *regia Solis*，亦即太阳神的宇宙王权。总之，塞内卡以天才的笔法利用了在不同层面吸引着当时的重要人物和新任皇帝的一切。这是一种对我们来说完全超现实的、对新近故去的克劳迪乌斯的嘲笑、埃及-罗马神话以及适应了新环境的希腊哲学的杂糅，所有这些为了支持尼禄这个被克

---

① 前者是来自埃及的太阳崇拜，而后者指向阿波罗。罗马时代的阿波罗崇拜直接承袭自古希腊，而罗马共和国的第一公民奥古斯都将阿波罗视为自己的保护神（另一个是战神玛尔斯）。在希腊罗马文化中，以其他身份（医神）出现的阿波罗并无超越其他诸神的力量，只有等同于太阳的阿波罗才具有统治世界的能力，太阳对天空的统治是罗马人非常熟悉的哲学观念。此外，作为医神的阿波罗符合共和派治愈国家的愿望。

劳迪乌斯收养的、阿格瑞璞皮娜和阿赫诺巴尔布斯(Ahe-nobarbus)的儿子的做法都围绕着当时为数不多的罗马大家族而展开。

尼禄在位的最初五年相当顺利,如果我们对某个意外的障碍忽略不计的话,事情大体上都是按照计划进行的。我认为尼禄并非那个人们印象中的罪犯。眼下,尼禄对塞内卡和布尔茹斯(Burrus)可谓从善如流,后者是一位出色的禁卫军长官,这两个好朋友对政治的影响,无论内外,据我们所知,都是有利的。在亚美尼亚、日耳曼尼亚,在多瑙河流域,罗马展示出自己的强大实力——战争难道不是在所难免吗? 但尼禄没有发动新的征伐。在帝国内部,司法不允许任意而为。尼禄曾一度想要减轻税收的负担,这多少可以为他的善政提供说明。

塞内卡的情况也不坏。他住在宫廷内,密切关注着他的巨额财产,同时也思考着自己尚待落笔的作品主题。他已经娶了泡丽娜(Paulina),一个阿尔勒女人,她非常爱他。所有这一切都令人愉快,但对于贤哲塞内卡来说,这一切都无足轻重。说到这个我们需得提一句,塞内卡绝不会错过每晚对良心的检查,这有助于他安然入眠。

阿格瑞璞皮娜则不然,她已经有很长一段时间无法入睡了。尼禄如今已经敢于公然摆脱她的监护。事实上,他在埃及被认为是"全世界最仁慈的神"——人们将尼罗河充沛水源的发现视为他的功劳,这使他被看作是奥西里斯①,可见尼禄多么想要脱离他那个爱操纵的母亲。阿格瑞璞皮娜满心怨恨,试图要挟尼禄。卜瑞塔恩尼库斯是否也想到了这一点呢?他并不缺少自己的支持者。只需阿格瑞璞皮娜开口……尼禄对此早已了然于心,她要不了多久就会明白。55 年 2 月的一天,在与朋友一起用餐时,卜瑞塔恩尼库斯身感不适,突然倒下,这个历史情节后来为拉辛提供了一个很好的戏剧主题,卜瑞塔恩尼库斯当时年仅 14 岁。也许你会想知道此时的塞内卡在忙些什么。那一晚罗马风雨交加,毫无疑问,同参加卜瑞塔恩尼库斯葬礼的人一样,塞内卡心想:"*insociabile regnum*——王权是不可分享的",——唉,卓越的塔西佗啊!所有占统治地位的家族多多少少都会经历这样的情况,这总比没完没了的内战要好些,因为

----

① 古埃及最重要的神之一。

内战会造成更多的死亡。针对这一点，塞内卡写下了一部深思熟虑的作品——《论贤哲之坚定》(De Constantia Sapientis)。塞内卡的内心纹丝不动，因为他随遇而安，为世界按照神道运转而感到喜悦，另外，在良好的教义中，贤哲乃神，尽管是不那么大能的、有死的神明，但他依然是神明，因为他一生都与这个世界的理事机关(l'instance dirigeante)保持一致。但是，最近的这一事件令塞内卡心中的计划变得紧迫起来：需要尽快完成在对元老院的演讲和《变瓜记》中已经开展的工作，他将为此采取某种宣言的形式，以求澄清政权的意识形态(l'idéologie du régime)。

自奥古斯都以来——眼看着就快一百年了！——这个容不下王(rois)的罗马一直生活在君主制下。当然，君主制并没有改变共和国体制下的官职，只不过所有这些职权几乎全部由一个人行使。奥古斯都之后，三位君主相继执政，每个人都有自己的风格，这使得拥护旧政体的遗老们很难放心。由于幻想的破灭，提贝瑞乌斯在卡普里岛以铁腕维持国家大政的运作；卡利古拉是一个危险的偏执狂；克劳迪乌斯对责难充耳不闻，他管理帝国的严肃态度俨然一位老板接手了某家周转不灵的公司。随着尼禄的上台，帝国终于将在新的基础上重振旗鼓，这一次将会是令人满意的，因为政权建立在普遍理性的基础之上。总之，56年初，塞内卡打算在《论宽容》中一箭双雕：和尼禄一起巩固政权。

但是，为什么偏偏要赞颂这样一位先生的宽容呢，毕竟他刚刚杀害了自己养父的儿子？我想我知道答案：就像蒙泰朗（Montherlant）所说的那样，正是物缺失的地方，需要词的填补。但是，塞内卡会告诉我们，这并非问题的关键——请用天意的眼光来看这一切吧！如此，你将会了解尼禄的宽容在于避免了一场可能的内战：他将危害减少到了最低程度。但最重要的是，正是这种宽容使一个廊下派的王有别于一般的暴君（哦，元老院的议员们，想想卡利古拉、想想克劳迪乌斯吧……），他的使命在于对国家行使逻各斯对世界以及理性对人类所行使的同一种权力。这才是关键之所在：君主是自然（Nature）所建立的宇宙体系中的一个重要组成部分。这取决于君主是否依照美德来治理自己——如果塞内卡是可信的话，尼禄正是这样做的。这一点也同当时流传的希腊化时代的论著《论王权》中"好王"的理想化形象相吻合。尽管是伪造之书,其对帝国意识形态产生的影响仍将持续5个世纪之久。君权授自于天,好王治理国家是对宙斯统治世界的活生生的模拟。好王的本质与"庸常民众"(*vulgum pecus*)不同,他受到光明的环绕。塞内卡将继续重复他有关太阳的老调:"你以为你是离家远行,但你不是:你是太阳冉冉升起!"塞内卡做事从不半途而废。作为神明的对等物,好王必须成为拥有全部美德的神明们名副其实的复制品,而这正是塞内卡所描绘的尼禄。对于所有那些流行的意识形态,塞内卡懂得有效地加以综合利用。这一新式王权的方案,正如格里马尔(Grimal)所表明的那样,反映了一个居于帕拉提乌姆山上的民族寻找人间之神的情感诉求和一个固守传统的元老院的期望,怀有这些愿望的人们相当坚定,但是他们并不热衷于令王权构成垄断。这简直就像化圆为方那样是不可能的!《论宽容》将为后来的作者们所剽窃:塞内卡是第一个政体理论家。他因此突然被任命为执政官,这是一项除非成为皇帝否则超越不了的荣誉。

然而,他的这种"君主之友"的特殊身份很快就会使他的生活变得复杂。苏伊珥利乌斯(Suilius)，这个"美斯撒利娜集团"的昔日成员、克劳迪乌斯时期令人生畏的告密者，这个阴险刁滑的人开始到处散布有关塞内卡的恶毒谣言，以至于后者不得不予以反击。这个曾为塞内卡的流亡欢欣鼓舞的老人如今输掉了诉讼，这次轮到他流亡岛上了。不过，塞内卡猜到苏伊珥利乌斯背后的操纵者正是阿格瑞璞皮娜。阿格瑞璞皮娜和布尔茹斯一样不能原谅塞内卡在卜瑞塔恩尼库斯事件中站在尼禄的一边，更何况她自此以后失掉了接触文件的机会。不过，她并未在谋求权力的路上止步不前，她还有儿子身边的女人可以操纵呢！她比任何人都清楚女人的厉害……阿克忒仍是尼禄的奴隶情妇，但珀璞派娅和她的诡计才是更有用的，她已经自视为尼禄的妻子了——当然，尼禄已经娶了欧克塔维娅，但这并不要紧：总有一天，她会占据那个位置……正是在这种情况下，阿格瑞璞皮娜孤注一掷：她开始勾引自己的儿子。这让塞内卡感到惊愕和不安，他急忙派出忠实的阿克忒，让她立即告诉尼禄，人们已经在议论说禁卫军绝不会听命于一个与自己母亲通奸的皇帝。尼禄终于恢复了清醒，各种想法纷至沓来。阿格瑞璞皮娜已经做得太过分了。现在，一切都得靠珀璞派娅了。这并没有使任何人放下心来，尤其是欧克塔维娅和塞内卡。

大约就是在这一年，塞内卡为自己的兄弟迦流写了一篇名为《论幸福生活》(*De Vita Beata*)的文章。此文谈到了他常提的神圣贤哲及其无尽美德。随后，他忽然笔锋一转，对那些急于谴责哲人们偏安理想的人发起了火。他认为这些深信在果子里见到了蛀虫的人本身就是败坏的。苏伊珥利乌斯事件仍令他心有余悸，但过不了多久，他就会有其他的忧虑了。

事实上，尼禄似乎已经觉察到阿格瑞璞皮娜新近正在策划的阴谋。在她的企图随着卜瑞塔恩尼库斯的死亡终告失败以后，她不得不把目光转向欧克塔维娅，欧克塔维娅当然也有自己的党徒，并且，如果尼禄休妻，那将是天大的丑闻。必须为她另找一个丈夫……此时的尼禄正梦想着摆脱妻子，以便同珀璞派娅结成合法的关系。阿格瑞璞皮娜最终成了一个惹人厌烦的人。

59 年一个美丽的春夜，当尼禄和他的随行人员在那不勒斯湾的米色诺恩逗留时，塞内卡和布尔茹斯蓦地被惊醒:他们必须即刻赶去尼禄身边。一到那里,他们就发现了情况的严重性。在一场为阿格瑞璞皮娜举办的小型宴会结束之后,她登上一艘快船,准备回到自己在阿恩提乌姆的住处。但随后发生的事其糟糕程度会令我们想起今天的绿色和平组织(Greenpeace)。原来,这艘马马虎虎装好的快船的座舱结结实实跌在了乘客头上,造成了许多伤亡。但小艇并没有沉下去。最糟的是,阿格瑞璞皮娜几乎毫发无损,而且已经设法游到了岸上,刚刚给自己的儿子捎了一句话……尼禄显得局促不安。塞内卡和布尔茹斯陷入了沉思。内战始终阴魂不散。阿格瑞璞皮娜势必要传唤卫兵,召集自己的支持者,扑向元老院和罗马民众的怀抱。现在,她已经不再对儿子的意图抱任何幻想,她将使出什么新的花招呢? 她已经没有时间再拖延了。

次日,元老院果断兑现了官方通报:在企图弑君的行动失败后,阿格瑞璞皮娜被绳之以法。塞内卡会永远记住米色诺恩海岬的这个夜晚吗? 在稍后的《论恩惠》(*De Beneficiis*)中,我们有时会看到阿格瑞璞皮娜的幽灵出来游荡:"如果救国者把我打发到我不想去的地方,我将抑制住我的踌躇，我将申明我已尽我所能……"此外，在希腊历史上一个不起眼的小插曲中，有一段刺耳的辩白："宁可叫一两个个体承受不公之恶，也不能对集体施加公共之恶"，以及："难道能够容许父母如此狠心、如此罪大恶极，而不令其子女能够合法地反对他们、与他们断绝关系吗?"请跟上我的思路……总之，尼禄对此负有责任，但他是无辜的。这就是问题之所在，塞内卡差一点就说出来了。

即便尼禄如历史学家所认为的那样曾被悔恨所吞噬，他至少为自己终于成了一个主人而高兴得发狂。他渴望成为塞内卡绘声绘色描述的太阳神，但必须用他自己的方式：他要把他的品味、他的天才、他的伟大想法**普降给罗马和全世界**（Urbi et Orbi）。这正是他的本色——狂妄自大，但到底是个有良好教养的人，并且有个想象力丰富的头脑。因此，他的创意无不混合着明智与疯狂。对埃及的酷爱——他在那里是一个神，他对这一点毫不掩饰——使他派出探险家去探寻尼罗河的源头，他的那条尼罗河。他有一个伟大的想法，那就是在科林斯地峡开凿一条运河，为了这个项目，他投入了一整支由工程师和建筑师组成的队伍。他大胆地参与到工程中，带去演出和免费的配给。他亲自登台歌唱，扮演驾驶着战车的阿波罗，一面等待着更强大的神话角色。众人向他报以无限的、成倍于他自己所感受到的热忱。

麻烦的是，所有这些都不符合甚至是元老中最开明者的权力观念。他们中的一部分仍无法忘却阿格瑞璞皮娜那些真假难辨的（vrai-faux）阴谋。贵族与君主之间的裂痕越来越大。按照保罗·韦纳的说法，尼禄也不再听取塞内卡的良言，他厌倦了塞内卡教士似的气质和讨厌的说教、他的贤哲品格和他的美德。布尔茹斯于62年去世后，他的位置由提革珥利努斯取代，后者是一个反塞内卡分子。尼禄现在只爱听些阿谀奉承的话，这些溜须拍马之人挤满了宫廷各处，没有消停的一天。塞内卡原本相信可以建立的双头政治（dyarchie）尚未开始就已告结束。

几个月过去了，塞内卡痛心地眼看着自己的幻想一个接一个地破灭。正如预料中的那样，尼禄离弃了妻子，娶了珀璞派娅。不久之后，他便将欧克塔维娅构陷入一个由提革珥利努斯制造的阴谋，将她放逐后杀死了她。

就这样，62年的一个晴天，整个王朝唯一无辜的女人被夺去了生命，她当时只有22岁。这一年，塞内卡写下了《论闲暇》（*De Otio*），这是一篇关于退休之后的生活以及一个人能够随心所欲的最终归宿的文章。他回归到自己心爱的研究中，开始着手写作一部物理学著作《天问》（*Naturales quaestiones*）。此书是献给路奇利乌斯（Lucilius）的，他是塞内卡一个忠实的老朋友，时任地方长官，一向苦恼缠身。这部庞杂的百科全书所涉及的问题十分广泛，既讨论闪电、镜子和金属，也讨论神的本性。廊下派建立在物理学的基础之上，他们认为自然界、各种现象背后的神的安排，一切令人好奇或恐惧的事物，都值得观察、记录、沉思。没有什么比这能更好地让我们正确看待恐惧了。害怕某个人么？又或者担心一场灾难降临到我们头上？"让我们用我们灵魂的全部高贵来面对死亡，无论死亡的激流是把我们一起卷走，抑或我们将独自前往，如同我们素日所为。"事实上，在未来几天或者几个月内，许多人都会离开这个世界，塞内卡十分清楚，他将不会是最后一个。此外，在帕拉提乌姆，他已经无事可做。当君主变成一位暴君时，贤哲便当隐退：塞内卡信奉的学说所欲如此。于是,他主动向尼禄递去了辞呈。他的年纪、他的健康状况、他的著书工作……这些都可作为借口。这个好人家的儿子、富有的放贷者,荣誉满身,在权力的庇护下安享贤哲之位,是的,这个行走于宫中的塞内卡如今又是个纯粹的人了。现在,他明白自己时日无多,他又想起了自己那令父亲忧虑的、有点儿疯狂的耀眼青春。他知道自己会有一个好的结局。

尼禄接到辞呈当然惊叫了起来,为了安抚,尼禄向塞内卡表示了崇高的敬意,但要求他留下来,云云。尼禄只说了一半真话:现在摆脱这位可爱的好人还为时尚早。塞内卡在元老院和罗马都有着举足轻重的分量,他的亲信都身居要职。必须争取时间,特别是为提革珥利努斯争取到大权在握的时间。谁知道呢? 过早地失宠可能会导致动乱,导致一场谋反……尼禄向来不是个胆气过人的人。

塞内卡隐退在家,从此再无案牍之劳形。他开始旅行,并继续与路奇利乌斯保持他所珍视的书信往来,这是一组被称为"心灵指导"(direction spirituelle)的信件①,

---

① 即《道德书简》(*Epistulae Morales ad Lucilium*)。

它说到底是一种日志,透过这些文字,我们可以窥见当时的罗马。他还完成了《论天意》,讨论如何使人的存在与正直之人所蒙受的不幸达成和解。他的手头并不缺少这一类的例子。毫无疑问,在很早以前,塞内卡就已经完成了自己的戏剧作品,这些作品似乎贯穿了他的整个生命,而且与他的哲学论文相互印证。他最后的计划是撰写一部主题关于道德哲学的书,他曾多次与好友路奇利乌斯谈论此书,然而,他却没能完成这部作品。

事情正急速发展。64 年夏,罗马的部分地区被一场大火烧毁。如果尼禄与这场大火无关,那么不幸的基督徒们同样如此,但他们却因此遭到处决。次年,里昂发生了同样的事件。这一切给国库带来了巨大的损失,罗马因君主的愚蠢行为负债累累。罗马开始实行货币贬值,而这造成了财政恐慌。想入非非的尼禄攒足了劲地挑衅,元老院默默忍受了这一切。不可避免的事情终于发生了:65 年,一个阴谋被识破了:有人计划除掉尼禄,而让一个名为卡珥普尔尼乌斯·皮索的人取而代之。这个和蔼可亲而又花天酒地的皮索能担此重任吗?这场不近情理的政变失败了,镇压的腥风血雨劈头盖脸地落下来:

没有什么人会比一个刚刚受挫的懦夫更为残暴。不止一位元老被要求自杀,且事不宜迟。塞内卡是否也参与了这场政变?没有人知道真相。但是,塞内卡认识的人太多了,他很难对此一无所知。一个叫阿恩托尼乌斯·纳塔利斯(Antonius Natalis)的人多少还算真诚的招供使塞内卡受到牵连,就这样,65年春天的一个晚上,塞内卡在晚餐时收到了尼禄赐死的命令。我们永远无法得知,塞内卡当时究竟向他的书记员们都口授了些什么。在那个时代,自杀并不像今天这么容易,他的自杀过程延续了很长时间。这个廊下派学者在艰难的流血时刻仍保持着镇静。他的妻子泡丽娜试图随他而去,但尼禄派来的特使及时把她救了回来,此后,她在无知无识中度过了了无生趣的余生。塞内卡的两个兄弟也在同一年自杀了。

塞内卡就这样离开了我们。佩雷斯·加尔多斯(Benito Pérez Galdós,1843—1920年)[①]说,这次死亡是他一生中最好的行动,它一下子照亮了一个长久的——如此长久的——生命(énergie),如果不是这样,我们恐怕会对他视而不见。

---

① 西班牙现实主义小说家。

罗马的教育与训练

　　罗马？但是，哪个历史时期的罗马呢？从公元前753年到公元476年的12个世纪里，许多事情都发生了变化。让我们暂且搁置"古罗马人"的概念，对于大多数人来说，这个概念只意味着那些穿无袖长袍的人。还是让我们把注意力集中在公元后最初的4个世纪吧，也就是凯撒们的时代，这个时期遗留的文献是最充分的。如此，我们将会更清楚地看到，罗马世界的人们在何时何地以及如何学习，并了解他们所学的内容。

　　自公元前2世纪以来，在被征服的希腊的影响下，罗马对知识的欲望强烈了起来。城市（*Urbs*）里很快建起了学校，并且它们的数量在成倍地增加。由于帝国时代在同化被征服者方面比共和国时代更为松放，教育如今也更加普及，尤其在图拉真统治时期。不过，我们不宜用朱尔·费理（Jules Ferry，1832—1893年）①所设计的那种学

_____

　　① 法国政治家，曾任公共教育和艺术部长，推动恢复义务教育和免费教育。

校或我们的那种由国家管理的学校的形象去设想当时的情况。在罗马世界,除极少数的例外,教育都是私人的,因此是收费的。

因此,那些有地位的人——元老、骑士阶层、商人——不难为自己的后代聘请家庭教师,这些教师通常是奴隶或者自由民,对另一部分人来说,就不是这么回事了。中产阶级的情况并不那么好,这个阶层对子女的成功往往寄予了极大的期望。大约 309 年前后,未来的圣奥古斯丁的父亲必须争取到一笔奖学金才能保证自己的儿子能够继续求学。至于存在着大量文盲的“罗马下层”,为了使自己的孩子能够摆脱方言的束缚,人们只能指望一些想要挣钱糊口的教师在各处开设的学堂,如果情况更好些的话,他们会遇到某个凭资助城市为自己博得声望的行善者。① 那么,学级和课程的安排又是怎么设置的呢?

与我们如今的“低年级”相对应的是街区学校或乡村学校,在玻璃窗尚未普及的年代,学生们常常置身四处漏

_____

① 原书注:即文学或艺术事业的资助者。

风的陋室中,还要忍受来自嘈杂街道的声响。玛尔提阿利斯曾为听见邻校老师吼叫着殴打学生而气愤难耐。教学法是粗暴的。贺拉斯对欧尔比利乌斯(Lucius Orbilius Pupillus,公元前114—约前14年)①的鞭打(*plagosus Orbilius*)仍记忆犹新(《书信集》,2.1—70);尤维纳利斯对自己躲避戒尺的情景依旧历历在目(《讽刺诗集》,1.15),奥古斯丁则提及了自己如何在课堂上遭受一顿痛打之后,回到家里又被家长训斥(《忏悔录》,1.9.14)。阿尔忒米多若斯的记述更为详尽,他梦见自己噩梦般的习文场景(《释梦》1.53)……正是在这种可怕的气氛中,识字教师(*litterator*)指导男孩女孩们学习如何阅读、写字和计算。他们所用的常规方法[效果不佳],根据昆体良的说法,学生们因不断重复却总是没有进步(《演说术的教育》②,1.1.26)而感到厌烦,尽管学生们并没有任何粗野的表现……可以说,罗马的教师们向来没有什么好名声,他们的薪资也只相当于一个劳工的收入。

如果父母有能力负担起学校的费用,12至15岁的青

---

① 拉丁语语法学家,贺拉斯是他的学生之一。

② *Institutio Oratoria*.

少年每天都会上文法课,学习希腊语和拉丁语文学——荷马、索福克勒斯、欧里庇得斯、西塞罗、维吉尔、贺拉斯、撒珥路斯提乌斯……——他们由此得到了历史、地理、神话,一言以蔽之,文化的滋养。引用希腊语成为一种时尚:掌握两种语言让你成为男子汉,或者淑女,因为如果玛尔提阿利斯是可信的,那么女孩们也会使用希腊语(《讽刺短诗集》,10.68)。还有比这更妙的呢!尤维纳利斯冷笑着说,他们在床第之间说的也是希腊语。尽管"中等教育"同样乏味,但与"初等教育"的从业者相比,这一学级的语法教师(*grammaticus*)更受人们待见,根据戴克里先的限制最高价格法①,他们的薪资是其"小学"同行的四倍。

最后是高等教育。作为口才方面的专家,修辞家(*rhetor*)向那些寻求成功的年轻人传授按照规则说话的艺术。这些规则繁琐非常,几个世纪以来都会得到严格的更新,例如,每篇演说稿都应分为六个部分。作为一项实际操练,主题总是围绕着神话英雄、史诗人物和已故名流,学生们必须以经典的方式进行论说。以往的演说家

---

① 限制最高价格法(Edictum de Pretiis Rerum Venalium,又称"价格诏书",或"戴克里先诏书")由戴克里先于 301 年颁布。

广受借鉴，尤其是西塞罗。但是，修辞学教师也可以出一些古怪的题目——如"赞四日热"①——因为，法沃瑞努斯（Favorinus，80—160 年）②说，一个人在这类主题上更能显出他的优长（革利乌斯，《阿提卡之夜》，12. 12）。但是，不见得每个人都喜欢这种做法。佩特若尼乌斯（Gaius Petronius Arbiter，27—66 年）③笔下的一个人物就曾毫不客气地说："要是学生们真能找到拥有三寸不烂之舌的秘诀就好了。但是，这种流于形式、言之无物的说辞，只会让他们在集会上论辩时自以为是天外来客。如果我们的学校令年轻人变得愚蠢，在我看来，就是这类做法的过错……"（《萨蒂利孔》，第 2 卷）另外，修辞学教师还需提供一种能更好适应职业生涯的规划，而修辞学教师自己的生活却又并不容易。学生们有时会在他们的课堂上起哄。并且，尽管原则上修辞学教师能够取得比其教授语法的同行更高的报酬，他们仍需设法使雇主支付这笔钱。奥古斯丁曾做过一段时间的私人修辞学教师而

① 间歇性发热，第四日会出现高热，类似疟疾。
② 古罗马修辞学家和怀疑论哲学家。
③ 罗马帝国朝臣、抒情诗人与小说家，生活于罗马皇帝尼禄统治时期。

很难维持生计。直到后来,他才得以担任令人垂涎的帝国修辞家的公职,并负责宣读对皇帝的颂词。正因如此,有时修辞学起到了"提升社会等级"的作用。

从优秀的作者那里读到如此之多针对罗马城和整个帝国各级教育的批评,人们可能会惊讶于这种教学法竟被维持得如此之好。372 年,不正是在已经故去 415 年之久的西塞罗的一部作品(不幸今已佚失)令奥古斯丁这个来自北非的学生对智慧产生了热爱吗?(《忏悔录》,3.4.7)而奥古斯丁并非唯一一个因教学计划规定阅读的作品而建立起人格的学生。

当然,对诸如老一套的方法和沾沾自喜于"修辞正确"的批评不绝于耳,总之,这些批评对一般教学法有所不满,但并没有人攻击教学的实质。在书籍稀少而价格高昂的年代,人们除了致力于口才的训练因而把精力投入到重复和记忆上去,还能怎么做呢?但最重要的是,每个人都隐约认识到对奠基性过往的不断回顾所具有的教育价值。几个世纪以来的文献辑录见证了人们不愿使其湮灭的心情。我们可以举出瓦勒瑞乌斯·玛奇姆斯的《善言懿行录》(1 世纪)、革利乌斯的《阿提卡之夜》(2 世纪)、玛克若比乌斯的《农神节》(4—5 世纪)等等这些令人赞不绝口的珍贵旧书。

在那个宗教上重视祖先崇拜的时代,训练(instruc-tion)与教育(éducation)与今天相比,相互融合得更多,也更好。因此,那些很早就被发现并且经常被提及的昔日伟大人物,在某种程度上承担起了罗马世界公民守护神的角色。这些随处可见的文本使过去得以永存,使祖先成为理想和神圣的化身,使 Roma æterna［永恒罗马］成为集体及个人意识不可分割的一部分。即使一个过路人冒着扭痛脖子的风险,也无法看清图拉真圆柱或奥勒留圆柱,至少他向它们看上一眼便可足以知晓自己也参与其中了。总之,正是因为这许多被记录、被称颂的荣耀与伟大,"人们对罗马总是怀有某种想法"……

帝制时代的精神病患者及医生

古往今来,每一种文明在不同的历史时期,无论在身体还是在精神方面,都会产生一些正常或病态的观念。在我们的西方社会中,心理现象无处不在:它所谓的平衡状态、它的异常、它的疾病引出了许许多多的话题。人们会为自己患有抑郁症的表妹、为得了阿尔茨海默病的邻居惋惜，或因某个惯常出现的冲动而沮丧。人们探讨各种各样的治疗法：抗焦虑药、抗抑郁药，抗精神病药、心理跟踪、精神分析……当一辆公共汽车不幸翻落深谷，或者校园中发生了犯罪事件，"心理咨疗小组"就会立刻行动。电视、广播、报纸会对此进行报道，同时也对这种疗法的狂热支持者与反对者间的争论甚至论战进行报道。这表明精神病学自19世纪初被确立为医疗专业后得到了重视，在此之前，只存在疯子、精神错乱、神智健全之类的说法。与此同时，社会生活的主观维度与日丰富，有时近乎离奇。

希腊—罗马帝国时期的情形远非如此，多亏了希腊思想，才有了心理学。在那个只有少数人具备读写能力的世界里，我们只对那种今天被视为精神病的病例略有所闻，而这些判断并不可靠：人们有时会把一个不受欢迎的人说成是疯子。根据苏厄托尼乌斯（《罗马十二帝王传》，"卡利古拉"50）和尤维纳利斯（《讽刺诗集》，6.614）的记述，卡利古拉由于服用了过量春药而出现反常和残酷的行为。事实上,我们不可对这个说法照单全收,而是需要甄别。这样的例子并不少见。

然而,那些被说成是疯子的人的心理状况似乎并没有引起任何人的同情,甚至没有人对此产生什么兴趣,那的确是一个"我们"(nous autres)自发地优先于"我"(moi, je)的社会。除了马可·奥勒留,作者们谈论自己时从不使用第一人称,除非是在私人笔记(Notes intimes)中谈论自己作为一个不折不扣的廊下派的心灵修炼。在那样一种时代氛围中,如今被置于首位的主观性在当时尚处于一个很次要的地位。

德尔斐神庙的两句箴言"认识你自己"(*Gnôthi seauton*)和"勿过度"(*Médèn agan*)完整地概括了希腊—罗马精神世界中社会心理平衡的标准。第一句话并不像人们所认为的那样劝人耽于内省,而是敦促我们获得一种对自我的准确意识,这首先要从自己的局限性开始;第二句话则是一种对肆心(*hubris*)的警告,在希腊人眼中,过度是一种错中之错。财富、享乐、荣誉、权力,等等,对这些东西的营求是没有餍足的。一旦坠入自我中心的漩涡,人们就会被引向狂妄自大和偏执。

这就是纳尔奇斯索斯①神话的含义。虽然爱欲是两个人的事,正如柏拉图在《会饮》中用雌雄同体人的神话(189d—193d)告诉我们的那样,但失去理智的纳尔奇斯索斯企图自给自足,撵走了所有爱他的人,也包括为之伤心而死的仙女厄珂。正是因他妄图摆脱人的有限性从而解脱于命运,纳尔奇斯索斯受到了惩罚。讽刺的是,神明们曾给纳尔奇斯索斯看见自己的唯一机会,水中的形象令他神魂颠倒,他爱上的不过是一个映像。任何形式的过度自爱情况都是如此:西塞罗说,"贪婪地欲求着什么的欲望、无谓的欢乐及其无节制的冲动,这一切与失心疯狂(folie)相差无几"(《图斯库路姆论辩集》(4.16);普鲁塔克说,"爱火把人攫住并将其吞噬"(《爱的对话》,759b),诸如此类。自赫西俄德以来,甚至人人都在谈论饮酒过量的危害……人们还认为,那些陷入疯狂的人一定是咎由自取,这在原则上妨碍了人们对他们产生同情之心。

如果精神错乱的情形是如此不堪,那么最好不要落入其中,而唯一有效的预防措施是努力追求哲学家们称

---

① 通常译作"那耳喀索斯",希腊神话中一个俊美而自恋自负的少年。

之为 *sophia*［智慧］的那种东西，每一种哲学流派对此都曾阐述过自己的观点。西塞罗指出，根据廊下派的观点，"所有非智之人（non-sage）都是疯子（insensé）"（《图斯库路姆论辩集》，4.24）。但是，谁曾见过智者？这又是另一个常见的主题了。由于智者稀见，心理健康（hygiène mentale）就成了一种有朝一日会实现的理想。因此，哲学作为智慧之爱有助于尽善尽美地实现一个人的命运。佩尔西乌斯说："我拥有的智慧，这对我来说就足够了"（《讽刺诗集》，3.78—87）。一个［心态］平衡的人……至少不会被认为自命不凡。

那么，就我们现在所说的精神病理学而言，当时的医生是否有一套有效的药典？根据我们所掌握的有限史料，那些在不同领域出类拔萃的医生们很可能重新采用了古代的药方。菲洛斯特剌托斯回想起荷马的话："这些药物来自埃及，海伦将它们掺和在酒里，以便缓解英雄们灵魂中的痛苦，同时念诵咒语，给绝望的人带去安慰。就这样，她用言辞和药酒治愈了他们。"（《阿珀珥洛尼欧斯行传》，7.22）在那种神话与理性共同支配思想与行动的时代，医学保留了超自然的维度。阿斯克勒皮欧斯（Esculape),这位医生的守护神,难道不是由阿波罗与一个凡人女子所生,因而是一个半神吗?从那时起,梦境、幻觉、乞灵和宗教仪式就参与了各种形式的治疗。无论是伟大的希波克拉底(生于约公元前 460 年)——对于他来说,"医学和占卜是一对同胞姐妹,皆为阿波罗所生",还是 6 个世纪后的盖伦——这位马可·奥勒留的医生在保罗·韦纳看来同时也是第一流的哲学领袖,他们有时都会把某次手术归功于一个梦。

这种神话与医学的结合在医院—宗教中心,即在医神阿斯克勒皮欧斯的圣所(sanctuaire)体现得淋漓尽致。2 世纪出现了大量此类圣地疗养所,其中最著名的位于埃皮达鲁斯(Epidaure)、帕加马、罗马(台伯岛)和拉姆拜西斯。一些游客以及有过疗养体验的人描述了病人是如何躺在(incubatio)由游廊改建的宿舍里,由半是祭司(mi-aumônier)半是实习医生的寺庙看管人(néocore)提供治疗,等待着神启或梦境带来的天赐良方。他们被规定进行长时间的禁食,并被安排了冰浴、催泻、催吐、灌肠和放血,所有这些都在两次祈祷和献祭之间进行。在数不清的还愿患者当中,盲人恢复了视力,哑巴已能开口聊天,风湿病患者感到自己的腿脚像 20 岁时那么矫捷,秃顶人的头发开始生长,诸如此类。这为阿斯克勒皮欧斯赢得了"救主"(Sôter)的称号。

在有关圣地疗养所环境的描述中,没有人比希腊演说家埃利欧斯·阿瑞斯忒伊得斯(117—189 年)更为详尽。由于在一次旅途中受了凉,他的余生都受到头痛、消化不良、哮喘、头晕和耳炎等疾病的侵扰。今天的医科教学及医疗中心会让他从一个科室转到另一个科室,最后进入精神科,因为他的病症在本质上显然属于身心失调。超前于其所处时代的盖伦遇见了一个知识人会遇到的情况:口才的训练削弱了他的总体健康。埃利欧斯留在了帕加马的阿斯克勒皮欧斯疗养所,并产生了写住院日记的想法,为后来人带来了一份意外的收获。他的文字混合着神秘主义的冲动和帕斯卡尔式的语调——"喜悦的泪水!灵魂的亢奋!"——以及治疗的细节:"随后,神明示意我给自己灌肠"……《神圣的言辞》的译者费斯图吉埃尔(Festugière)修士的判断是正确的,受到医神阿斯克勒皮欧斯全天护理的阿瑞斯忒伊得斯如果看到自己被彻底治愈,他一定会很遗憾的……我们在佩特若尼乌斯的作品中读到："医生的作用不是别的，而只是慰藉灵魂。"
（《萨蒂利孔》，42）对于这位可怜的阿瑞斯忒伊得斯，当然
更是如此。

帝制时代的警察和特务

在历史小说，尤其是电影作品给人的印象里，罗马帝
国往往是一个受到严密管控的世界。如果我们相信这种
历史的再现，那么，一个普通的罗马人走不了百米就可能
撞见一支巡逻队或者一个受雇于皇帝的特务。然而，帝
国时期的罗马绝对不是我们今天所理解的那种警察国
家，它不曾拥有今天法国的司法警察总署（Quai des
Orfèvres）、国土安全局（DST）或对外情报局（Service de
documentation extérieure）。那么，在这种情况下，帝国如
何在确保政体无虞的同时又保证公共安全呢？

有一件事需立刻澄清，那就是我们称之为帝国的政
治制度本身从未受到过真正的威胁。持续百年的内战之
后，所有的权力都集中于屋大维·奥古斯都一人之手，因
其对共和制形式的尊重，他反而更容易地被这个反对君

主政体的民族接受了。随着时间的推移，罗马政通人和；经过 40 年的统治，习惯已经养成：再也没有人考虑恢复那个理论中永存的共和国了。政变或志在铲除皇帝的暴力均系个人层面的事而与政体无关。既然如此，我们就不必再草率地将之与当代的情况进行比较了。奥古斯都所创设的行政司法机构（corps constitués）只会在两种情况下进行干预：涉及君主和他所代表的国家的安全时，以及涉及社会安定时。现在，让我们从细节上来了解一下这一机构的相关人员及其使命。

行政司法机构的使命首先在于维护国家的安全和保护君主。自奥古斯都以来，这项事务一直由一支精锐部队负责——著名的"禁卫军"（cohortes prétoriennes），3 支部署在罗马本地，6 支部署在罗马以外的帝国各处。根据不同时期的需要，每支部队编有 500 至 1000 人，均系罗马军队中的精兵，配有高级军官，听命于禁卫军长官（préfets du prétoire），即骑士等级的官员。① 这些强悍、

---

① 骑士和元老共同构成了罗马贵族阶级。在帝国时期，骑士等级主要由商人、富有的土地所有者、自由职业者以及自治市的行政官员组成。

训练有素、收入丰厚的男子汉组成了一支无可取代的武装力量——他们对这一点心知肚明：禁卫军有时会无所顾忌地使用他们的权力而不受良心谴责，这也正是禁卫军的存在是一把双刃剑的原因。正常情况下，当这些经过精挑细选的士兵竭诚效忠于最高统治者时，我们可以想象他们的确提供了卓有成效的服务，何况他们似乎并不惧怕失误。然而，如果我们仔细查看500年来的历任皇帝，难免会感到困惑：竟然有57%的皇帝死于阴谋或突袭。具体来说，某些历史时期尤为惹人注意：例如，190至290年间共有33位皇帝在位，总共发生过24起暗杀，这意味着72%的比例。这个由各个集团和敌对势力构成的世界中的固有困难、皇帝们的往来行动、其与公众的接触及其缺席——且不说还有军事行动——都使皇帝成为一种高风险的职业。宫殿进出口并不总是设有严格的检查。皇帝必须时刻关注自己的安全，但事实上他并不能总是做到这一点。奥古斯都对女性情有所钟，他曾突发奇想，想让自己欲宠幸的女子坐着封闭式的轿子直接送往他的内殿。于是，有一天，他发现自己的私人顾问阿忒诺多若斯

(Athenodorus Cordylion)①从天而降地出现在他的房间里；这位年迈的廊下派学者在最后一刻用自己换掉了轿中的女人，并且一路畅通无阻，以此来证明君主的行为是何等令人难以置信的轻率（卡斯西欧斯·迪欧恩，《罗马历史》②，61.43）。一些人多疑一些——例如，提贝瑞乌斯在卡普里岛的时候——另一些人则不那么多疑：一天夜里，一名手持匕首的男子在离克劳迪乌斯寝殿两步之遥的地方被当场抓获（苏厄托尼乌斯，《罗马十二帝王传》，"克劳迪乌斯"，13）。此类事件加上前文提及的发人深省的统计数据令人不得不质疑帝国卫队的实际效率，并且无论如何也要对情报部门整体上的服务质量产生怀疑。皇帝周围的警戒似乎相当随意，这一点总是令习惯了周密部署的现代人感到吃惊。

社会安定则由另外两个专门机构负责。白天由"城防大队"（cohortes urbaines）负责，罗马本土分有 4 支，里昂和迦太基各一支，它们由经过民兵训练的公民组成，薪

---

① 廊下派哲学家。
② 原书作者并没有给出书名，这里是译者根据实际情况添加的。《罗马历史》，凡 80 卷，追溯了罗马从建城至 229 年共 973 年的历史。但完整保存下来的只有第 37—60 卷，其余仅剩残篇。

水只有禁卫军的一半,他们由城市长官(préfet de la Ville)授权的高级军官来统领。这名特级官员,通常是一位元老院议员,有时甚至某位执政官(前执政官或者名誉执政官)也会被赋予刑事管辖权。于是,警察和审判官(juge)合并成了同一个角色,谁也没有想到这种职能的混同会导致什么令人不快的问题。

到了晚上,确保公民安宁的任务就落到了"夜警"(vigiles)身上。在罗马,每120万居民中就有7000人参与到夜警的队伍中,他们还被分配到消防工作中,由于建筑物的性质和火的经常性运用(火把、灯、炉子)使得风险倍增,消防任务也就更加繁重。这支队伍由自由民甚至奴隶组成,因此其地位要低得多,受下级军官的统领,由来自骑士阶级的巡夜守卫队长官(préfet des vigiles)负责。

只要想一想那个由无业游民、皮条客、非法奴隶还有形形色色经常出入于贫民窟和花街柳巷的社会边缘人构成的小小世界,人们就可以想象,这些不同的队伍有很多事需要照管。确实,市区基本不存在重大犯罪,正如我们将要看到的那样,重大犯罪多发于乡村。① 所有这些不同类型的民兵的存在事实上首先是一种威慑。

帝国在鼎盛时期统治着 330 万平方公里的土地,对每一寸土地进行直接控制是不可能的。管理方式并非处处相同,而取决于某地是否已取得最终的和平抑或尚在平定之中。事实上,各地通常都被允许保留自己的机构,而这些机构会自动地趋向罗马化。在国内,警察的运作方式大体上一切照旧,假如没有地方举措的灵活性,一切都无从谈起。不过,一旦出现暴动的风险,罗马军团就会起作用,即使它只是为了避免意外而以驻军或哨队的形式存在,必要时,它将行使警察的权力。虽然系统的灵活性在执行层面表现得并不突出,却很好地体现在了管理者的思维层面。一些基督教文本对此做了很好的说明。犹地亚是帝国一个局势紧张的地区,这种情况一直延续到 3 世纪,因此该地区总是驻扎着罗马军队。然而,尽管有专程从该撒利亚赶来参加逾越节的行省总督(procura-

---

① 原书注:卡特琳娜·塞勒斯(C. Salles),《古代的底层人》(*Les Bas-fonds de l'Antiquité*),巴黎,Robert Laffont 出版社,1982 年,第 168—169 页。

teur)和驻扎在安东尼亚堡的支队,耶稣还是被大祭司身边的警察逮捕了。在人们的印象里,彼拉多宁可免生事端。不久以后,大数的扫罗,也就是后来的圣保罗,代表会堂(synagogue)追捕耶稣的追随者。后来,他归信基督,因此被从前的教友追捕,他先是被希律·亚基帕的党徒逮捕,又多次被带到公会(sanhédrin),最后,感谢仁慈的罗马官员,保罗才得以保住了性命,即便他们有着殴打人的癖好;他也确实该庆幸自己拥有罗马公民的身份,这在当时相当于今天的护照。

那么,这一机构在实践中是如何运作的?帝国的国民又可以从中得到哪些方便?首先我们需对城市和乡村分开讨论;并且,如果我们谈论的是罗马、里昂和迦太基等人口集中的大型城市,则还需区分白天和夜晚。只要天气好,人们尽可以放心地去忙自己的事,外出散步或者留在家中,而无需为安全担忧,如果你有一位恪尽职守的雇员或者一条慑人的狗,就更不用担心了。当然,假如你冒险进入声名狼藉的街区,就极有可能在浴场被偷光零钱,因为那里扒手成群;或者,假如你为贪妓院的便宜没耐住心痒(那儿有着各种价位的服务),不出一声地就会遭人抢劫,劫匪们可是早与姑娘们串通好了。总之,这些都是平常之事,无可怪也。但当夜幕降临,人人都会匆匆赶回自己的住所,放下牢靠的百叶窗,用链条和棍棒加固。此外,由于关于夜晚的恐怖神话,除了一些不怕意外的寻欢作乐之人,没有谁喜欢在这个时段出门溜达,人们还会避免独处。尤维纳利斯警告说:"如果你没有立下遗嘱就吃晚餐,你会被认为是没有远见和不负责任的。"(《讽刺诗集》,3.272—274)有多少糟糕的事在等着人们啊!? 醉汉纠缠你,歹徒们比划着刀子,流氓团伙为了取乐给你一顿好打:"天色已经很晚,一个叫撒特托尔尼洛斯的人和另外许多人,我不知道他们究竟共有多少人,无缘无故向我挑衅。他们手持棍棒扑向我,又抓住我的兄弟欧诺菲斯,把他打成重伤,几乎危及生命……这就是我提出这项诉讼的原因。"[1]如此,我们便可以理解下面这位年轻的希腊女人为什么这般挂心于自己的恋人了:"吃

---

① 原书注:《泰伯图尼斯纸莎草》(*Papyrus Tebtunis*),参见查尔斯-皮卡德(C. Charles-Picard)和忽日尔(L. Rougier),《有关罗马帝国经济与社会生活的文本与材料》(*Textes et documents relatifs à la vie économique et sociale dans l'Empire romain*),圣座(SEDES)出版社,1969 年,第 200 页,其中亦有其他诉状的记录。

过晚饭,你一定要早些回家,因为有一大群好人家的年轻人疯疯癫癫地四处捣乱;处处有人当街行凶,地方长官的辅助人员(auxiliaires du gouverneur)离得太远,没法把这类灾害清除出城。"(阿普列乌斯,《金驴记》,2.19)①我们知道,卡利古拉和尼禄酷爱无端暴力,他们曾带领随从乔装打扮后在罗马闲逛,这令我们不由想起电影《发条橙》的情节。因此,如果有谁非夜间出门不可,就必须由强壮的奴隶护送,点上火把,操起棍棒。那么,夜间值班的巡夜守卫队上哪去了呢? 他们正到处巡逻,我们不必怀疑这一点。此外,《萨蒂利孔》中的人物特瑞玛珥奇欧会告诉我们,在一个令人难忘的夜晚,他们一行人兴高采烈,闹腾得厉害,当值的卫兵们听到这样的骚动以为发生了火灾,于是一拥而上,带着各种装备冲进了他的饭厅(佩特若尼乌斯,《萨蒂利孔》,第78卷)。阿格里真托的一栋房子亦曾遇过同样性质的干预,卫兵们在那里逮捕了一

① 刘黎亭译为"你得当心点儿,宴会完毕后别归来得太晚,要注意一帮无恶不作的坏小子扰乱公共治安;你将会在街头巷尾,看到横七竖八地躺着被害人的尸体。而执政官的民兵却远在天边,根本解救不了这座多灾多难的城市。"(阿普列乌斯,《金驴记》,上海译文出版社,1988年,第41页)

伙年轻人，他们喝得酩酊大醉，以为自己在海上航行；为了减轻他们以为正在下沉的船的重量，他们把家具扔出窗外，从而引起了卫队的注意（阿忒奈欧斯，《智者之宴》，2.37b-d）。[1]

然而，警察并不是无处不在的。尤维纳利斯就曾抱怨过这一点："当武装巡逻队在珀恩提诺沼泽和远郊的伽珥利纳瑞阿森林维护治安时，罪犯们扑向城市就像捕食者扑向猎物。"（《讽刺诗集》，3.305—308）我们必须指出，城市的结构决定了网格化管理（quadrillage）几乎不可能是有效的，它充其量只会是一些例行公事。一支部队部署在不足3米宽的错综复杂小巷中，为了保证大雨滂沱时人们可以涉水而过，这些小巷由大块的石头隔断。在黑沉沉的夜里，部队的行动愈发不便，所以人们最好还是早早上床睡觉吧。

在意大利，尤其是帝国的广大农村地区，罗马的驻军数量必定是有限的，这无关乎时间和地点：不安全是永久性的，危险无处不在。因此，每个区域必须依靠自己的力

---

① 出处原作"2.5b-d"，当作"2.37b-d"，作者将凯贝尔（G. Kaibel）校勘本的章号5当作了通行的卡索邦（I. Casaubon）本的页码。

量来防范匪徒甚至是海盗的袭击,后者自海上突然登岸,令人不安。直到 2 世纪的安敦宁王朝,陆地和海洋才变得安全了些。阿普列乌斯的《金驴记》这部有着哲学抱负的历险记,使我们得以对当时的风貌略知一二。它以流浪冒险为题材,带领我们与一伙活动在伯罗奔尼撒半岛的强盗同游了一番。他们在偏僻峡谷中埋伏以待,持械攻击并突袭住宅和农庄,而这一切都在职业兄弟会(fraternité professionnelle)的默契合作中完成。是阿普列乌斯夸大其词了吗?无论如何,其他文献向我们表明了一个真正的反社会(contre-société)的幕后存在,这个社会组织严密,盘踞于有人守卫而很难接近的地方,并从那里发起技术相当纯熟的突击。然而,在小说中,一小撮游民在流浪的过程中并未遇上任何警力而只需要担心自卫的问题,因为当地的农民对他们不会客气。小说三次提到农民的狗:它们有着"能与熊或狮子搏斗"的健壮体型,并且"均受过训练,见到附近经过的行人就会乱咬"(阿普列乌斯,《金驴记》,4.9.36)。① 以下是一群

---

① 作者给出的这个出处并不准确,实际当为第 4 卷第 3 章及第 9 卷第 36、37 章。

不幸的人①在一个农场附近的遭遇:他们被误认为是无赖,遭到了农民放出的那些臭名昭著的恶狗和来自屋顶的攻击,直到最后才得以解释自己,并尽可能地修复已蒙受的损失。在这样的条件下,旅行无疑是一种冒险,人们总是三思而后行。即使对于那些来此出差的高级官员,也并非不冒风险:努米底亚的拉姆拜西斯的一块碑文上记载着一位将领的事迹,他因急于了解一个军事工程师的任务进度而不幸落入强盗手中,他们拦路将他抢劫后扬长而去,情况简直糟透了。

然而,普通公民可不希望离警队太近。军队并不像人们想象的那样令人安心。它在城市地位显要,而在乡下,人们总是担心被征调,这样的征兵在形式上并不十分正规,结果也很不确定。正如佩尔西乌斯好心提醒的那样,最好是同这些臭烘烘、小腿静脉曲张、毫无哲学关怀的下级军官保持距离(《讽刺诗集》,3.77—86)。如果他们用鞋死死压住你的脚直至将一个大鞋钉插进你的肉

---

① 原文作 voyageurs,但是书中所指实为一个穷农户请来的一群朋友,他被恶棍侵占田地,故请人出面调停,参见第 9 卷第 35、36 章。

里——这种情况曾经发生在尤维纳利斯身上,不要抗议。即使一个人的确有他自己的权利,在到宪兵司令那儿去投诉士兵这件事上,人们还是会迟疑不决。尤维纳利斯强烈劝阻这种做法:"倘若一个平民遭受了狠毒的殴打,应当把此事藏在心里,不要冒险去向裁判官展示他那松动的牙齿、那鼻青脸肿的面孔,展示他只剩下一只好的眼睛——医生对此可不想发表什么见解。让他伸张正义吧,让一对秃鼻乌鸦和一对强壮的小牛到高台上去做他的法官[……]。当你只剩下两条腿的时候,可得像骡子一样顽强,去受那钉鞋的踢打"(《讽刺诗集》,16.9—25)。我们实在不建议您像阿普列乌斯小说中的农民那样为了反击一个想把他的驴拉去服役的士兵险些丢了性命。

现在,让我们提出最后一个问题,免得吊人胃口:那个时期有特务吗?顾名思义,特务是一群秘密的存在。因此,在与帝国最初几个世纪有关的文献中只有少数几处提到了他们。潜在的谋反者、可能制造麻烦的人,以及那些作为地下政治活动之掩护的丧葬场合显然都受到了监视。某些行业受到了特别的关注:低级小饭店的老板和占星师,前者的顾客中存在着走私犯,而后者对于君主或其潜在竞争对手的预卜可能会助长投机活动和宣传炒作。此外，哲学家们也受到了监视：93年，图密善对他们采取了全面驱逐的措施，他认为叛乱已经太过火了。爱比克泰德就是这批被驱逐的哲学家中的一个，他不得不搬到尼科珀利斯。最后，基督徒也被认为是不可信任的公民，这令德尔图良抱怨不迭。

那么，这些躲在暗处的特务起了什么作用呢？他们无疑挫败了不止一个阴谋，往往是最后一刻交了好运，正如提贝瑞乌斯统治时期的色雅务斯事件。但是，只要查一查统计数据，我们就可以知道许多阴谋仍然得逞了，基督徒的情况也可以说明这一点。事实上，如果罗马皇帝们确实有个名副其实的情报部门，那么，一小撮没有社会地位的黎凡特人①所组成的、声称是提贝瑞乌斯治下被判处死刑的教派创始人后人的、即使不是非法至少也不受欢迎的教派又怎么会扩大成塔西佗口中的"一大群人"呢？对基督徒所受的过度监视有所抱怨的德尔图良又怎么能同时声称自己的教友随处可见，潜入了军队、行政部

---

① 地中海东岸地区的人。

门乃至皇宫？（德尔图良，《护教篇》，34.4）我们倾向于认为，在皇帝们的统治下，无论是政治还是刑事方面的情报长期以来都是一些组织不善的小规模私人行为，仅限于侦察和告密。这种情况一直持续到 2 世纪，随着哈德良的统治和国家的逐步官僚化，才出现了比较正规的情报总局——*Frumentarii*[1]［押粮军］，这些负责评估税收的官员有时也充当反阴谋警队。哈德良的确曾多次成为阴谋家们的目标，且险些就让他们得逞了。因此，他设法"通过他的特务来获取一切情报"（《罗马帝王纪》[2]，"哈德良"，2）。元老院议员的忧虑不无道理，这些特别调查在他们良心上造成的困扰比一次即决审判要多得多。

实际上，正是当帝国落入基督徒之手时，情报部门才开始作为一个具有公认行政地位的专门服务机构而出

---

[1]　传统上认为"frumentarii"（"frumentarius"的复数）最初是负责自己那一支军队小麦供应的士兵，但也有学者认为这些士兵获得奖励并得到了双份小麦配给（frumentum）。

[2]　这是一部用拉丁语写成的传记，据说仿照了苏厄托尼乌斯的《罗马十二帝王传》，讲述了 117—284 年间的罗马皇帝、臣僚、指定继承人和篡位者，此书自称是戴克里先和君士坦丁一世统治时期的六位不同作者的作品汇编，而作者的真实身份、写作时间和内容的可靠性长期以来一直备受争议。参见本书第 1 章第 5 节"伪经"。

现,人们可以观察到情报人员的重要性随着帝国结构系统的官僚化而再度增长。人们将这些官员含混地称为"代办"(chargés d'affaires),该词的拉丁语"*agentes in rebus*"①的意思更为模糊。这一职务最初似乎是负责邮务或通信传令的下属机构。这些特务经手的文件具有一定数量,他们经常走动,与很多人会面,因此高级官员们认为他们可以为自己提供服务。自此,君士坦丁统治期间,4 世纪初,这一机构的职权逐步转变。忒欧多西阿努斯法典(*Codex Theodosianus*)②对这一情况有所提及。319 年,这个机构得到"官方"认可,正式创建,听命于负责行政管理的国务大臣(secrétaire d'État)——*magister officiorum*[执事长官]。359 年,在信心疲弱的君士坦提乌斯二世治下,特务机构的最终形式得以确立:这些特殊邮务员(postier)的位阶被等同于士官(sous-officier)——根据修辞学家利巴尼欧斯的说法,他们的数量约有一万人——,提供了一种激励人的职业发展机会。他们可以谋求令人

---

　　① 　意为"信使"。
　　② 　由东罗马帝国皇帝忒欧多西阿努斯二世与西罗马帝国的共治皇帝瓦勒恩提尼阿努斯三世于 429 年组织汇编。

羡慕的监管人（*curagendarii*）一职，简称 *curiosi*。他们的职权更有吸引力，他们的生活水平也是如此。他们监督邮政部门，查问运送的物品；他们巡视办事处，签发文件。最后，同样重要的是，他们时刻关注拘留地的疑犯。除了固定薪酬外，他们还会得到检查车辆的津贴、特定行政文件的使用费……而且，只要表现出色，他们的前途将一片光明。他们在不同行政部门的见习中展示自己的才能，并被晋升到相当于今天省部级的职位。这一切的背后是一种恐惧，一种权力对它所任命的官员的背叛的恐惧。

最好是远离那些过分热心、极力巴结的官员。他们中的一些人留下了名字，比如那位诨名"链子"(La Chaîne)的保罗，这个保罗是个来自达西亚或西班牙的官吏，他的审讯技术很有名，又如墨丘利(Mercure，我们无法确知这是否是他的真名)，人们称他为"梦之伯爵"(le comte des Songes)，因为这个来自波斯的人据说可以报告他所了解的所有梦境……正如我们所知的那样，特务们不断巩固自己的地位，直到帝国灭亡。我们也留意到，死于谋杀的皇帝比例有所降低，减少到了略低于 20%。但是，由于信息的严重缺失，将这两个数据进行比照很难说有什么意义。

从我们今天所掌握的关于罗马帝国时期预防和镇压犯罪或颠覆政权的少数可靠资料来看，这些措施总体上没有给人留下任何特别有效的印象。人们必须首先指望自己、惯于自卫。事实上，警察的存在似乎并不足以满足民众对安全的需求。现代人不禁会想，今天的国家，更别说专政了，它们在安全方面做得更好……但是，我们不应将没有可比性的两者进行比较，也不应草率地批评其不足或欠缺认真严肃的精神。罗马帝国的警察拿出了尽可能多的勇气和审慎；有时，他们也会严厉出击。他们的弱点在于缺乏一种消息灵通、技术上可靠乃至高精尖的集中化，而这正是当代警察取得成功的原因。

这样一种状况可以由罗马习俗中的固有缺陷来解释。例如，罗马有着两种不同的司法标准——至少就普通法（droit commum）而言，严苛的法律几乎只打击社会地位低下的人，社会上层人士却逍遥法外，几乎不受惩罚——此类双重标准的目的并非对无论有无动机的暴力加以限制。前文提及的那些多少会造成一些死亡事件的寻欢作乐者，或圣奥古斯丁在《忏悔录》(3.3.6)中提到的臭名昭著的"捣乱鬼"（eversores），——这些伤害欺侮人的喧哗起哄者,眨眼间就能把学校搞得乱七八糟,而把老师晾在一旁,——只要这些爱滋事的人出身名门,就无需承担任何风险,因为他们与无足轻重者并不属于同一个裁判管辖范围。同样,由于没有公诉机关,起诉也由私人负责,并由举报人负责提供证据。不过,如果起诉成功的话,则可以要求从罪犯被没收充公的财产中获取一笔回扣,但这种做法显然无助于将这项活动道德化。罗马还存在着等级观念的弊端,它与纳税政策不无关系:官方部门的高级官员往往只是因其财富和家族关系而得到晋升。因此,这些被视为荣誉乃至清闲差事的职责能否被很好地履行取决于个人素质,故而完全是偶然的。此外,即使可以说罗马拥有一些有益且经过深思熟虑的总体方案、特种部队和先进的军事训练,它却没有真正的军事学校,更遑论警察学校或培训课程了。然而,应当指出的是,没落的晚期罗马帝国(Bas-Empire)阴森记忆中的 *agentes in rebus*[代办]是通过荐举(cooptation)的方式招募的。

然而,到目前为止,道德或者心态方面的原因并不能完全解释帝国治安的失败:技术的发展状况是其主要原因。在一个甚少书写且文字载体极笨重而易腐坏的世界里,不存在真正可用的文献,也不存在可识别的和可供研究的照片(cliché)。事实上,勉强维持民事登记(état civil)就已经够困难的了。至于今天数秒内就能完成的远距离通信,在当时恰恰无法克服速度的限制,紧急情况下,通过信使接力送信,每天大概能走 150 公里的路程。在这种条件下,人们还能设想什么快速反应计划呢? 当一个指令需要几天甚至几周才能送达各省,各部门之间又能完成什么样的合作呢? 不要忘了,那时的地中海,在一年的大部分时间里都是禁止通航的——而就算通航,那又是些怎样不得力的船只呢! 邮件一旦送达,假使没有被拦截的话,信使必须穿过城市再返回。适度的想象有助于我们更准确地了解罗马帝国警察制度中的问题。假使今天美国取消了电话的使用,严格地将车辆限制在不快于一匹马的速度,没收摄像机,只允许以火把代替照明设备,在这种条件下,美国联邦调查局的效率会比教皇的卫队更高吗?

未着教袍的君士坦丁

一个时代的标志人物的出现将使一切都与从前不复

相同,君士坦丁大帝无疑是此类人中的一个。但用随性粗浅的象征符号将其简化为他们所促成的转变则往往与把这些作为时代标志的人物看作漫画英雄无异。君士坦丁因见到异象而皈依基督教并就此准许基督徒走出地下墓穴,这样一个老套的说法虽无根据,但令人感动。罗伯特·图尔坎(Robert Turcan)图文并茂的精美杰作正意在表明和论证事实并非完全如此。①

既然我们并不生活在君士坦丁所处的环境中,那么我们要如何接近真实的君士坦丁,了解那个时代"信仰和精神状态"(l'état des croyances et des esprits)的具体情况呢?图尔坎这部作品的第一章作为导览,介绍了罗马帝国3世纪灾难性危机之后戴克里先的改革及其经济与军事后果。瓦勒良被波斯人打败并俘虏后对祖先价值的信念产生了动摇。尽管最初"罗马人就把他们对世界的霸权归功于 religio[宗教]",但是他们现在感到不那么安全了,诸神正在失去他们的追随者。尽管官方的做法②被

---

① 原书注:罗伯特·图尔坎(R. Turcan),《顺应时代的君士坦丁:洗礼还是帝位?》(*Constantin en son temps. Le baptême ou la pourpre?*),法东(Faton)出版社,第戎(Dijon),2006 年。

② 指祭拜罗马诸神。

作为例行公事保留了下来，但是太阳崇拜和异国秘仪的影响与日俱增，致使人们倾向于崇拜一个超然于过度拥挤的万神殿之上的神明。如此一来，至少在这一层面上，罗马向一神论的基督教迈出了一步。除此以外，在过去的40年里，基督徒得到了较大限度的宽容，甚至在"社会上颇有分量"。

正是在这样的社会环境中，年轻的君士坦丁在各方面都成长了起来，图尔坎用第二章追踪了君士坦丁"从摇篮到紫红帝袍"（Du berceau à la pourpre）的历程。君士坦丁是一名军官君士坦提乌斯·克洛茹斯（Constantius Chlorus，250—306 年）[①]和一家小旅店的女仆赫勒娜的私生子，前者后来成了四帝共治制（tétrarchie）时期的一位副帝。戴克里先率先注意到了这位杰出的军事人才，这让另一位副帝伽勒瑞乌斯嫉妒不已。由于伽勒瑞乌斯在这个年轻人的家族中，也许正是在君士坦丁身上，嗅到了对基督教的同情，并由此看到了一种摆脱他的方法。伽勒瑞乌斯于是鼓动戴克里先重施对基督教

---

① 即君士坦提乌斯一世，君士坦丁的父亲。

的禁令。这样，君士坦丁要么因抵抗而被消灭，要么屈服，从而失去他在那些似乎支持他的基督教阵营里的声望。303 至 311 年间的这件卑劣肮脏的竞争故事就这样导致了数百名殉教者的悲剧。君士坦丁是否选择了归顺？他有没有为了受迫害者而行动？官方正史并没有告诉我们这些。正史中记载了 312 年君士坦丁皈依基督教之事，他在天空中见到了著名的基督符号后，于米珥维乌斯大桥战役中击败了玛刻恩提乌斯。罗伯特·图尔坎带领读者跟随君士坦丁在通往权力的漫长征途中步步前行，就像约翰·勒卡雷(John Le Carré)的小说那样曲折而引人入胜。我们从中看到君士坦丁真诚地渴望恢复帝国的统一，为了实现这个目标，他扮演着两种角色，在高卢神庙中赐予阿波罗荣耀，而后又立于基督的旗帜之下。

"罗马世界的重新统一"(Réunification de l'Orbis romanus)是另一章的研究主题，它讲述了 40 年后君主制的回归。没有人对罗马帝国向基督教的过渡或更准确地说没有人对这一形式的逆转做过如此细致的观察：基督教得到宽容[从而成为一种合法的宗教]；从此，得到宽容的将是异教信仰①, 至少君士坦丁在世时都将如此。

下一章的标题"法律、犯罪与模棱两可"(Lois, crimes et ambiguïté)足以说明这一转变不完全是一个由黑暗走向光明的过程。尽管皇帝显得非常怜恤"孤儿寡妇", 并将周日设立为公共假日, 但是法律并没有在他的统治下变得更加人道, 而他的亲属则令人想起去做弥撒的阿特柔斯的后人(Atrides), 在他的倡议下, 他的五个亲属过早地蒙主荣召。至于那些终于获得了自由的基督徒, 他们可以沉湎于教条式的辩论、互相开除教籍, 这对公众秩序并非没有影响, 但某种 césaro-papisme[政教合一]对此作出了规定。

第五章(也即最后一章)"新罗马和统治的余年"(Nouvelle Rome et fin de règne)将我们的目光引向东方, 君士坦丁在那里建立了君士坦丁堡, 是为第二罗马。如果他精心培养自己的继任者, 那就很有可能会是个莎

---

① 313年君士坦丁大帝颁布了米兰敕令, 基督教在罗马帝国境内得以合法存在。325年, 为解决教义争端, 君士坦丁大帝召集了尼西亚公会议, 确定了尼西亚信经, 为基督教确立为罗马帝国国教奠定了基础。君士坦丁扶持基督宗教, 但并没有苛待包括多神信仰内在的其他合法宗教。

士比亚式的人物。他以圣人的身份去世的那一天,正值当时的教会庆祝升天节和五旬节。

他的圣徒传记作者们告诉我们,君士坦丁是一个在各方面都很出色的人。图尔坎的著作让我们受益匪浅,既令人感动,又令人困扰。

罗马宗教与基督教

在那个集体仍在许多方面优先于个人的时代,宗教与政治在罗马的共存也是必然的。然而,这两者是在不同层面上运行的。被圣奥古斯丁誉为"最博学的罗马人"(《上帝之城》,第6卷及以下)的玛尔库斯·瓦罗早在公元前1世纪就表明了这一点。

瓦罗区分了三种"神学":*神话*神学研究那些源自远古、由诗人们制作、需在寓言中破译其含义的传说。*公民*神学讨论作为城邦、市镇或者国家保护者的男女神明以及作为报答的对神明的崇拜。*自然*神学的兴趣在于诸神的本性:这是一件精神之事,人们很难取得认识上的一致。这三种神学有时会在神明和宗教上有所交叉,信仰的热烈程度则因人和时代而有所不同。

每个守护神都有属于自己的男女祭司,这些圣职人员有时必须履行严格的义务——女祭司须保持贞洁,否则会被处死——在另外的情况下,圣职则被视作一种荣誉,其中级别最高的是大祭司(*pontifex maximus*,即最高祭司)。在帝制时代,这一头衔自动地为皇帝所有。如果为纪念某个神明而举行的祭祀活动遵循苛于细节的仪式,仪式便失去了它的意义,信仰的目的也就并非是由任何对个人良知具有约束力的信条来界定的了。正统观念对于异教来说是陌生的。

让我们先把目光放到"公民神学"上,并试着把握罗马的这种政治与宗教共生的特点。

君权神授的观念,在罗马社会中被认为是理所当然的,除了少数知识人,例如伊壁鸠鲁学派,他们认为神明并不参与人间事务。有一种盛行的希腊人关于权力的超自然起源的论点,它要求君主作为交换为了其人民的福祉而表现出各种崇高的美德,从而造成一种双赢的局面。这一理论通过廊下派得以广泛传播:爱比克泰德、马可·奥勒留,尤其是通过厄克法恩托斯、迪欧托革内斯和斯忒尼达斯这三位新毕达哥拉斯派哲学家的论著《论王权》。根据他们的理论,神明之于宇宙就如君主之于他的王国。就连钱币也体现了这一点,贝内文托拱门上的浅浮雕最为显著地向人们展示了图拉真从朱庇特、朱诺和密涅瓦手中接过象征其权力的雷电。因此,对凯撒的服从就是对神明们所安排的事物秩序的顺应。

借助这一具有超自然性质的权力的观念,我们能够更好地理解某些在今天难以想象的行为的宗教和政治意义。尼禄就是一个例子,他酷爱以阿波罗的形象露面,扮演战车御者、弓箭手,手执竖弦琴,这三者都是太阳神的标志,以此来显示塞内卡为了宣传的目的而赋予他的太阳王权(《变瓜记》,4.1)。康茂德也是如此,他装扮成赫拉克勒斯,正像罗马保守官所保存的他的那尊半身雕像。到了四帝共治制时期,戴克里先给自己起了个别名"约维乌斯",同为四帝之一的玛奇米阿努斯的别名则是赫尔库利乌斯。通过这种做法,皇帝们能保证自己被人民理解。简单来说,这唤起了一个普通罗马人或者说帝国的任何一个庶民心中长期存在的观念,即权力来自天上神明,顺从它可以确保自己得到万神殿和王权的双重恩典。

当帝国的人们开始谈论某个建立在对据说有着犹太血统的 Chrestos 或 Christus 的崇拜之上的东方教派时，情况就是如此。只要其追随者安分守己，一个或多或少算得上神明的人并不会妨碍任何人：在神明的问题上，罗马是一个思想开放的城市。然而，没过多久，人们就注意到了这个教派在各种宗教仪式上的缺席。人们感到震惊：为什么对于某个神明的崇拜会妨碍对其他神明的崇拜？有些犹太人无需缴税，因为在掌权者眼中，他们整个民族都具有神性。可那些来自各地的基督徒又如何呢？他们以自己的神基督的名义对官方仪式置之不理，并与罗马公民及其价值观划清界限。从社会学的角度看，这样的做法只能使他们遭受怀疑、诽谤，甚至制裁，例如，由于某种危机，3世纪的皇帝们会凭借公共祭祀来考验民众的忠诚度。

透过这些现象，我们不难看出问题的本质。一方面，基督徒和异教徒赋予"神明"一词的超越性，其权重并不相同。存在万物之所从出的一个绝对原则，这样一个观念，完全是哲学家们关心的事情。另一方面，无论异教徒与神明的关系同犹太人和基督徒与神明的关系多么不同，前者并未在其中投入后者所投入的道德和良知。正是这两个因素造成了持续了3个世纪的误解,许多人都成了这一误解的受害者。就算是异教徒中最审慎的人都会感到不安,譬如小普林尼——我们指的是他与图拉真的通信,又或者马可·奥勒留,他无法理解究竟是什么原因促使那些基督徒"因固执而死去"(《沉思录》,11.3)。

既然如此,人们便可以推测基督教的胜利在帝国时期的罗马引起了多么大的变化。如果说在4世纪初期异教徒仍占多数,其势力却也越来越弱。事实上,尽管地方性的敌对行为常常升级为暴力,基督徒在社会中的影响力却仍在不断增加。这样一来,那些因同一信仰而团结在一起的农民和市民、无产者和地主、军人和官员就显示出了其重要性,刚刚在312年米珥维乌斯大桥战役中战胜对手玛刻恩提乌斯的君士坦丁看到了将这些全面扩张的人群团结起来的好处,他凭此可以重振彼时状况不佳的帝国。君士坦丁不仅是一个善战的人,同时也是一个精明的政治家,他那颗单纯的灵魂保有着适度的虔诚。根据一位匿名的颂词作者的说法,年轻的君士坦丁信奉太阳,他曾在高卢的一座神庙里见到过阿波罗。后来,他成了基督徒,因为他在见到基督在天空中的符号后战胜了玛刻恩提乌斯。君士坦丁对此并不隐瞒：那个基督符号很快就被装饰在他军队的盾牌上。因此，君士坦丁于情况不甚明朗时击败王位的竞争对手后，开始实施一项公开有利于基督教的政策，这项政策在313年的尼科美底亚敕答(l'édit de Nicomédie)①中得到了授权。君士坦丁为教会提供补助金和税务减免，并为个人提供职业福利，甚至还打破了国家对裁判权的垄断，授权设立了教会法庭。基督徒获得的重要好处如此之多以至于他们提出了新的要求。"最后关头的基督徒(chrétiens de la dernière heure)"大量涌现，尽管他们的动机并不纯然是为了传播福音。这样的情况是有史以来第一次出现。君士坦丁期待教会作为回报给予他坚定不移的鼎力支持，严密控制教会事务。总之，在他统治期间，罗马的母狼和上帝的羔羊扯上了关系，无论好坏，双方都有得也有失。

我们将再次以玛尔库斯·瓦罗的眼光，尝试更准确地评估这种政治与宗教间的新型关系所产生的影响。就"神话神学"而言，它曾经产生的影响力将很快消失，在异

①　一般认为是《米兰敕令》，但有研究指出这只是在君士坦丁与李锡尼在米兰会晤期间达成的一项协议。

教徒方面，神、半神和女神，以及他们的种种被认为能够提供经验教训的冒险行为也很快失去了意义。皇帝尤利安于 361 至 363 年间恢复异教的努力是徒劳的，而圣奥古斯丁的《上帝之城》是思想上的致命一击。犹太—基督教圣经中记述的其他超自然的故事迎来了它们的时代。我们在其间读到上帝为了爱人类牺牲了自己的儿子，让他在十字架上死去——这对罗马人来说并不是一件多么动人的事——而后复活，人类便可同他一起获得永生。基督教的神因此带来了人类一直希望而不敢相信的东西，这样东西也是异教徒在欧西瑞斯、扎格尔厄乌斯、密特拉、撒巴兹伊欧斯和其他神明的神秘奥义中所期待的。每个人，无论是负责维护公共浴室的奴隶，还是西方的皇帝，都应凭良心相信基督，如同殉教者一样证明自己的信仰，并谨守基督的诫命，因为这关系到神的话言（parole）。至于要相信什么、如何行事，则是由教会决定的。

就"公民神学"而言，君士坦丁并不急于对抗余下的那些有影响力的异教徒，他相信在 319 年颁布一项保障传统宗教的信仰自由的法律是明智的：这是一个颇能说明问题的矛盾情况。相反，他将自己视为"教外的主教"

（l'évêque du dehors），教会的监护人。因此，在阿利乌斯派危机（la crise arienne）期间，有关三位一体本质的问题在东方与西方的基督徒之间产生了严重分歧，君士坦丁因忧心帝国的政治统一而于 325 年召开了尼西亚公会议。基督教在成为国教后自然而然地采用了《论王权》所包含的理论。335 年，该撒利亚的厄乌色比欧斯主教将为众天使所簇拥的神的天上王国与为众凯撒们所簇拥的君士坦丁的地上王国相比。此外，这一时期的钱币印着这样的图样：云层中伸出的一只神秘之手将一顶王冠戴于君士坦丁头上。这在过渡时期可以令所有人都满意。

即便君士坦丁开创的这种政教合一（césaropapisme）必然会遭到滥用，但他至少关注到了凯撒的归凯撒的问题。不过，他的那些继任者，虽然受制于某些主教的禁令，对政治权力的独立性和信仰自由却不那么忌讳。君士坦丁的一个儿子君士坦提乌斯二世①曾经禁止所有形

① 337 年，君士坦丁一世（即君士坦丁大帝）过世，他的三个儿子：君士坦丁二世（Flavius Claudius Constantinus，316—340 年，337—340 年在位）、君士坦提乌斯二世（Flavius Julius Constantius，317—361 年，337—361 年在位）和君士坦斯一世（Flavius Julius Constans，约 323—350 年，337—350 年在位）同时继位，瓜分了帝国。

式的非基督教教派。瓦勒恩斯(Flavius Iulius Valens，328—378 年)①将异教徒和被他判定为异端的基督徒判处死刑。格剌提阿努斯(Flavius Gratianus，359—383 年)②将世俗权力(bras séculier)交由教会支配，因为米兰的阿姆卜若西乌斯(Ambrosius)③主教说："尊重天主教教会是第一位的，其次才是尊重法律"(《书信》，第 10 封)，而在忒欧多西乌斯一世(Theodosios)④统治期间，对正统基督教的信仰则成为了强制性的。然而，皇帝本人却在实行完全合法但出手很重的镇压后，打着忏悔的幌子公开奉承阿姆卜若西乌斯。另一个时代开始了，随之而来的是其他新的危机。

至于"自然神学"，不得不说，基督徒知识人在界定三位一体中圣父与圣子的地位时并不比异教哲学家在界定"诸神的本性"时做得更好。这是一个异端频出、教会分裂的时代，如同今天的政治领域，每个党派的积极分子都

---

① 罗马皇帝，364—378 年在位。

② 罗马皇帝，375—383 年在位。

③ 或译"盎博罗削"、"安波罗修"。

④ 罗马皇帝，379—395 年在位，是最后一位统治整个罗马帝国的皇帝，此后，罗马帝国的行政管理永久地分为东西两方。

参与其中,进行示威和争辩,甚至流血。阿利乌斯主义为我们提供了一个例证,它为圣父对圣子的优越性辩护。希腊东方和拉丁西方在语言和概念上的差异使得冲突变得更加严重。尽管君士坦丁试图通过尼西亚公会议恢复统一,但教会和帝国仍然陷入了一个世纪之久的纷争。

"从使徒时代到我们这个时代,教会在被迫害中成长,殉道者为之加冠,而当基督徒皇帝们出现的时候,它的权力和财富增加了,它的德行却减少了",圣哲罗姆如是说(玛珥科斯,《拉丁教父学》[*Patrologie latine*],23.55c)。

第3章 多视角下的圣奥古斯丁

普罗提诺学派眼中的圣奥古斯丁

数个世纪以来,圣奥古斯丁一直被视为西方的精神导师。即使在今天,他也依然能够唤起真正的同情,如同由热拉尔·德帕迪约(Gérard Depardieu)最近所扮演的人物所见证的那样。圣奥古斯丁是一位主教,但是,考虑到从6世纪的波厄提乌斯①到20世纪的加缪,为数可观的哲学家都参考过他的作品,他亦不失为一位思想大师。

奥古斯丁是罗马帝国余晖下最后的知识人之一。再

———————————

① 一般译作"波爱修斯"。

过 46 年,野蛮人将无处不在,世界将迎来其智力处于休克状态的、充满暴力的时代。在接下来缓慢重建的中世纪岁月里,奥古斯丁获得了最高的权威,他的影响力一直持续到 12 和 13 世纪,被亚里士多德思潮所取代。这种好运主要归功于卡拉马的坡西迪乌斯(Possidius de Calama,卒于约 437 年),他抢救了死于被围困的希波(今安纳巴[Annaba],位于阿尔及利亚)的主教留下的巨作,并且在这些尚未得到解释的作品被转移到罗马之前完成了整理工作。奥古斯丁在宗教领域的巨大威望也让修道院为他的书敞开了大门,那是当时唯一还有一些知识活动的地方。在几乎无人再使用希腊文的时间和地点,正是通过从灾难中保存下来的拉丁文本,特别是奥古斯丁的作品,少数学者才得以深入了解古代思想。

在奥古斯丁的作品中,信仰以一种具体有效的方式得到表达。在《忏悔录》这部以致上帝的公开信为形式的自传中,我们看到了一个偶然受到尝试了解过各类学说的西塞罗智慧吸引的顽劣少年① 和一个涉足摩尼教整整

① 原书作者似乎认为奥古斯丁是一个在年轻时受了西塞罗影响的基督徒。但是,奥古斯丁的父亲不是基督徒,尽管其母亲 **（转下页注）**

9 年的年轻人的思想与道德历程。我们还看到种种学说建构了他的思想：他时而被亚里士多德和新学园派怀疑主义所启迪，时而又感到困惑，386 年，他因阅读普罗提诺和波菲利的书而发生了完全的转变。

那么，他究竟发现了什么，以至于改变了对世界、恶、灵魂和上帝的一贯看法？尽管是在异教的环境中，普罗提诺在 150 年前也有过相似的经历。同奥古斯丁一样，这位曾求学于亚历山大里亚的学生，普罗提诺遍求万千智慧，却劳而无功，直到有一天，他遇到了阿姆摩尼乌斯·萨克卡斯（Ammonios Saccas，2 世纪末—3 世纪初，人们对于他所知甚少）并因此间接地成为柏拉图的弟子。他本人的教学确实得到了一群忠实追随者的捍卫，尽管

（接上页注）是虔诚的基督徒，奥古斯丁也并非一出生就接受洗礼成为基督徒。根据《忏悔录》3.4.7 和 8.7.17 的说法，奥古斯丁在 19 岁时受到廊下派哲学家西塞罗的对话《霍尔腾西乌斯》（Hortensius）很大的影响，萌发了追求智慧和真理的心，旋即又接受摩尼教善恶二元论的信仰。29 岁的奥古斯丁与摩尼教主教作神学思辨，发现这位主教无法解答他的问题，后又受新柏拉图主义哲学家普罗提诺的影响而放弃摩尼教。30 岁那年，奥古斯丁跟随米兰主教阿姆卜若西乌斯学习，在研究了各种宗教与哲学后，有心信奉基督教，33 岁受洗。在《忏悔录》中，他描述了自己如何在内心挣扎到极点时，突然受到上帝的引导，克服心中的犹豫而下定决心加入基督教，当时是 382 年。

他们在其理论的边缘或多或少有所偏移。普罗提诺也曾冒过一些风险，最终定居于罗马，他的教学在那里颇具声望：在他的听众当中，有皇帝伽瑞利厄努斯（Gallienus）和他的妻子萨洛尼娜（Salonine）。他是否像波菲利所认为的那样，梦想着在坎帕尼亚创立柏拉图城（Platonopolis），一座哲人之城，依据柏拉图在《王制》和《法义》中确定的原则来治理？无论如何，这个离奇的计划最终不了了之。尽管普罗提诺被允许进入皇宫，但他却选择过一种真正的禁欲生活。他保留下来的作品，包括 54 篇论文，波菲利将其分成 6 组，每组 9 篇，这就是《九章集》（Ennéades）。

如果不回顾一下这些篇章的基本观点，就很难理解奥古斯丁阅读时所体验到的那种奇妙眩晕。根据柏拉图和亚里士多德的说法，"哲学产生于惊奇"。但是，令普罗提诺惊讶的是世界之存在本身，其无限的多样性无时无刻不从永恒的深处涌现。普罗提诺倾其一生试图认识世界的本原。他凭直觉认为事物唯在其统一性中方是其所是：一支军队、一个合唱团，一株植物……如果这种统一性被打破，存在就会分化。由此，普罗提诺形成了他的体系：每一存在的构成性统一都起源于一个绝对的统一性——"太一",从太一中流溢而出的"心智"(l'Intelligence),位于思与存在的最高点,是范型的永恒光辉。"普遍灵魂"①漫出于理智,并赋予万物生命。太一、心智、普遍灵魂,这就是普罗提诺的三大本体,后为基督徒于 325 年尼西亚公会议上采纳并用于指称"三位一体"中的三"位"。

但是,只有当存在趋向于其最大程度的统一性时,存在才能实现自己。人的灵魂同样如此:假如人的灵魂难以摆脱身体的约束,便很可能堕落。因此,它需要"逃出洞穴",通过禁欲将自己从感性中解放出来,如同柏拉图所希望的那样。总之,没有任何存在比灵魂更希望与心智相结合,甚至与作为最高原理的太一达成刹那的结合。对此,尽管有些词不达意,我们还是称之为"心醉神迷"。为了这个转瞬即逝的时刻,值得付出整整一生。据说,普罗提诺有过 4 次这样的经历,而波菲利说自己一直等待这一恩典直到 77 岁……

如果说奥古斯丁在接触这种神秘的理知主义的过程

---

① 即"宇宙灵魂"、"世界灵魂"。

中体验到了真实的惊奇，那是因为他在其中发现了不同于其自发唯物主义的世界观。但是，虽然柏拉图主义和基督教的观点在禁欲和灵修方面似乎趋于一致，但二者依旧是难以调和的。因此，根据波菲利的说法，普罗提诺"为存在于肉体之内而感到羞愧"，而基督教教会则宣扬道成肉身。

基督教的观点将占上风，并成为奥古斯丁眼中"真正的哲学"。奥古斯丁因信仰而成为基督徒，因惊喜（surprise）而成为教士，因责任感而成为主教，但他始终没有放弃思考。他的作品中俯拾皆是对各个时期哲学家的引用。只是他的参考仅仅是为了用作论据来达到他自己的目的：尽可能有效地将人们引向真正的智慧，也就是上帝的智慧。随着奥古斯丁的出现，哲学相对于宗教的自主性也告一段落。从某种程度上来说，中世纪思想帷幕由此被拉开了。

奥古斯丁，一个划时代的人物——那是一个什么样的时代啊！——他更新了自己着手处理的主题，为哲学开辟了新颖的、更具个性的视角，削弱了纯粹的思辨。因此，对于自我认识乃至任何知识，对于自由、永恒和灵魂，许多新的见解迸发了出来。当然,还有上帝,尽管在这一点上,他保留了足够的谨慎,而这无疑得益于他在其柏拉图主义时期所受的影响。"柏拉图为基督教做了准备"(Platon pour disposer au christianisme),帕斯卡尔如此写道。

普罗提诺和奥古斯丁在精神或者哲学旅程中对历代许多人助益良多。他们将帮助神学家们超越宗教中呆板繁琐的神的概念。有关世界和命运的观念也是如此。如今,从原子到星系,科学家们所发现的有关世界的一切都被认为是理所当然的,除了"整全"(Tout)的存在,亦即除了存在着一个世界这一无法解释之事,不再有任何神秘。而正是从普罗提诺那里,柏格森和弗拉基米尔·扬科列维奇将感觉到"无限扩大的身体"对"灵魂的补充"的呼唤,感觉到机械对神秘性的要求。

圣奥古斯丁,信仰的自白

事实上,在奥古斯丁之前,除去有时顺带一提之外,人们不多注意自己的生活,那是别人的事。这是一个与文化（civilisation）有关的问题：在希腊或罗马世界，人们不会自发地关注"我"（moi, je）。人们考虑的是"我们"（nous），换句话说，人们的注意力集中于家庭、宗族、祖国这些社会环境，只有身在其中，我才得以是"我"，如果离开了这些环境，就什么也不是或根本不值一提了。当苏格拉底说"认识你自己"时，并不打算唤醒内省的乐趣，而是希望唤醒每个人对自己局限性所必须具有的认识：他又进一步明确说，"要知道，你并非你"，因此神明必须谨言慎行。从这个角度看，对自我的谈论超越了人的条件，犯下了过度之错，而神话告诉人们，犯下这一过错的人可能需付出高昂的代价。

然而，人们可能会说他们在一些古代文献中发现有人谈论自己。当然，尤利乌斯·凯撒就是一个例子，但他是以第三人称写的，且是为了叙述他在高卢的经历，而非为了谈论我们的尤利乌斯先生。可人们还是会问：谈论"我（je）"的难道不是另有其人吗？皇帝屋大维·奥古斯都在被称为"神的功绩"（*Res gestae*）的著名铭文中的确这样做了——"我做了此事；我做了彼事"——他确实是以第一人称来表达的。但是，这篇铭文是一位天降大任于其上的政治家无懈可击的一生的记录，而不是屋大维先生的心灵史。这就是说，古代文献虽会提及个人生活，但这只是顺带的，而且从来都是一笔带过而已。塞内卡也是如此：他在信中告诉卢基里乌斯，自己在海上出游后的归途中病得很重，所以宁愿游回岸上，也不愿等待船只泊岸。同样，奥维德也在书信中提到流亡对他的影响有多大，小普林尼表达过自己如何思念妻子卡拉普尔妮娅，但凡此种种，都只是私人书信罢了。还有马可·奥勒留记录其精神状况和决议的私人日志。但请注意，此书被用希腊语命名为"*Ta eis eauton*""他自己的事"，这是一个廊下派在说话，在人群中探寻真正的智慧。

还有……阿普列尤斯的《申辩》(*Apologie*)。这个文本的确陈述了生活的片段，但那是阿普列尤斯为了在法庭上替自己辩护，他被控使用巫术魅惑一个有钱的寡妇进而得到她的财产①……还有阿里斯提德斯这位风靡一时、曾写下如此优美的《罗马颂》的演说家，我们能够在他

---

① 阿普列尤斯曾与其在雅典时的学友蓬提阿努斯的母亲、黎波里富孀普登媞拉结婚，遭其族人妒恨并控告其行为不轨，贪求财富，以魔法迷惑普登媞拉，阿普列尤斯遂写《申辩》进行驳斥。

的日记中挖掘众多细节。他向我们详细讲述了在帕加马的阿斯克勒皮欧斯神庙医院的住院情况，丝毫没有掩饰自己的苦恼、虔诚的冲动以及在两次灌肠和一次催吐之间突如其来的神灵感应。但我们需注意这是阿里斯提德斯对一个奇迹和一段康复疗程的纪实，以文学的形式对阿斯克勒皮欧斯所做的还愿。

我们还可以举出其他的例子。但是除了可怜的阿留斯·阿里斯提德斯，其他所有作者都对自己的内心避而不谈。那个时代人们的生活不像今人那样以自我为中心，全副心思集中于个体。一个非常重要的细节是：当时的文学作品的著作权与今天相比是不太受重视的。当一个默默无闻的人想与公众分享他的一点见解时，最好是托名过去的一个名人。这就是托名柏拉图、亚里士多德、亚略巴古的丢尼修（Denys l'Aréopagite）及其他人的伪作出现的原因。把自己的想法传播到周围的文学空间里去的要求胜过了对自己作为作者得到公认的关注。那时的"我"（moi）并不把自己和属于它的小小时空看得像今天那么重要。至于内心之事，则是保留给自己的。——哦，要是能读到提贝里乌斯和尼禄的回忆录，还有美斯撒利娜的忏悔就好了——我们可能会为古人的严守秘密而感到遗憾,但事实就是如此……

　　这意味着奥古斯丁在 397 至 401 年间把自己逝去的青春和徘徊着寻求上帝的那段时光告诉给公众是突破性的。不过,这不是为了展示奥古斯丁先生的回忆,展示他的伟大和渺小(ses petites grandeurs et ses grandes petitesses),这本书没有被题名为"我,我的生活,我的事业"。奥古斯丁这位传统文化的大行家是如此地浸透于他那个时代的心态之中,以至于突然偏离了古典文学的精神,我们已经说过,古典文学把自我展示当作不宜之事来排斥。对于他的生活经历,奥古斯丁说出的并非全部,我们应当明确这一点:还有那么多隐蔽的角落,今天的历史学家仍为无法深入探索而感到遗憾。而他选择说出来的部分则取决于限定着它的确切意图。奥古斯丁需要一个严肃的理由来突破那个时代强加于个人的保守性(réserve),并超越这种不成文的文学作品的法则。

　　那么,奥古斯丁撰写这部作品的动机是什么呢? 是为了给假想中的诋毁者为自己(pro domo)写一份辩护词,以便他们从一个更好的角度看待他的一生吗? 当然不是这样。其写作动机也并非今天所流行的揭秘坦白,享受对卑鄙、可悲或肮脏可耻的过去的展示,或以此为发泄。奥古斯丁要写的是他的《忏悔录》。我们有必要仔细倾听他经过拣选而诉说的内容,他如此言说是为了尽可能恰切地规定他所要传达的信息及其之所以将之披露的的原因。然而,那个决定了奥古斯丁在年届成熟之际回顾过去生活的原因在《忏悔录》的开篇就已经出现:赞美上帝。他要讴歌这位一直守护他灵魂的上帝,在 15 年的游荡之后,他终于信从了这位神。因此,《忏悔录》自始至终都采用了"致上帝的公开信"的形式。对上帝的赞美同时也是对自己信仰的公开和坦陈,最终承认一个有罪灵魂深处的苦难,因为它已经误入歧途,如今正脱去亚当的罪。这就是"忏悔"(confessio)一词的三重含义,至少在拉丁语中是如此。让我们提防将之简化为简单的认罪或对过错的展示。

因此,奥古斯丁将从始终存在的过去之中选择一些有意义的片段,或幸福,或悲惨,如此等等,关乎他自己的苦难,关乎天主的仁慈、关乎他的信仰和怀疑、忏悔和喜悦。他隐去了少年时做过的蠢事,一个规矩之人的谬行,与心上人同居了15年之久，却对她只字不提，以及对他早夭的儿子的回忆。后来，他把时间全浪费在了一个受过特别启示的教派（secte d'illuminés）以及一个罗马帝国晚期版本的拉斯蒂涅（Rastignac）①式的对荣誉和地位的恣意激情上。最后，同样重要的，是他对自己失落了的上帝的摸索寻求以及将上帝找回后的幸福。所有这一切都展现出洋溢的热情，使整个作品具有一种狂喜与悲壮交织的魅力。他并非为了自己的虔诚而欢欣，他的灵魂不似《浮士德》中的玛格丽特那样歌唱："啊！啊！啊！我笑，我在这面镜子中看到自己是多么漂亮……"对此，在他之后，别的人将比他更擅长这个"我"的小小游戏，而奥古斯丁有更重要的事情要做。奥古斯丁极不愿惹人注目，那些潜在的偷窥者令他感到厌烦，这些人"都欢喜探听别人的生活，却不想改善自己的生活"（《忏悔录》，10.3.3）。他讲述的是一种在他与他人所共享的当下被不断回忆、重温、再度激活的经历。他所记述的是一种见

①　巴尔扎克的小说《高老头》以及整个《人间喜剧》中的人物。他出身没落贵族，为了改变自己的贫困境地，早日实现飞黄腾达的梦想，他抛弃道德、良知，利用各种手段，不顾一切地向上爬，最终实现了自己的梦想，成为一个被旧封建社会腐蚀的贵族青年典型。

证。因为最终，所有这一切都应该为他人提供帮助。它应当被言说，尽管此前的文学作品皆不曾这样做过。

既然如此，我们必须承认，在奥古斯丁之前，没有人把"我是"(Je suis)挖掘得这样深入，也没有人把"我是"的面纱揭开得这样彻底。奥古斯丁之所以能如此，是因为他善于观察——为了我前文说过的目的——他自己的生活的展开，他能够描述自己的弱点并揭示其原因，坦率地审视每个人内心深处阴暗的隐秘角落，奥古斯丁开辟了一条通向内省、通向主体性经验以及文学表达的道路。事实上，他已将边界推至极限，他向世人表明，每个人的时间都内在于上帝的此刻、内在于永恒之中。是的，每个人的时间，因为当奥古斯丁在说"我"(je)的时候，当然是在说他自己，但同时也是在说每一个来到此世的人。数个世纪以来，人们会因在《忏悔录》的不同段落中认出了自己而感到痛苦或喜悦。每个人都想要了解更多，尤其是关于他们自己。

的确，正如梅洛-庞蒂所说，主体性一经发现就无从遗忘。在奥古斯丁的生活经历之外，一旦他的自我揭示促成的惊喜(surprise)效果过去之后，个人的内心深处的隐秘部分将成为关注的焦点，人们开始关心个人经验的独特性,对此前一直像沉默的行星般在人类银河的犄角旮旯旋转着的无数内心世界产生兴趣。正是在这个意义上,奥古斯丁被认为是自传的发明者。通过与"文学正确"(littérairement correct)决裂,奥古斯丁打通了一个缺口,几百年来,涌入了大量关心我们的喜怒和起落的人们:波厄提乌斯①、阿贝拉尔②、阿维拉的德兰(Thérèse d'Avila)③、蒙田、雷斯枢机主教(le cardinal de Retz)、卡萨诺瓦④、卢梭、塔列朗(Talleyrand)、夏多布里昂、缪塞⑤、纽曼⑥、纪德,等等,

---

① 6世纪早期哲学家,被誉为罗马最后一位哲学家,经院哲学第一人。

② 皮埃尔·阿贝拉尔(Pierre Abélard, 1079—1142年),法国著名神学家和经院哲学家,一般认为他开创了概念论之先河。

③ 又称"耶稣的德兰"(Teresia a Iesu, 1515—1582年),旧译"德肋撒"或"圣女德肋撒",16世纪西班牙天主教神秘主义者、加尔默罗会修女、反宗教改革作家。

④ 贾科莫·卡萨诺瓦(Giacomo Girolamo Casanova, 1725—1798年),极富传奇色彩的意大利冒险家、作家,其最为重要的作品当属其穷尽晚年精力创作自传体小说《我的一生》(Histoire de ma vie)。

⑤ 阿尔弗雷德·德·缪塞(Alfred de Musset, 1810—1857年),法国贵族、剧作家、诗人、小说作家。

⑥ 阿诺德·阿布纳·纽曼(Arnold Abner Newman, 1918—2006年),美国摄影师,以艺术家和政治家的"环境肖像"以及抽象静物照片而闻名。

这么多的名字，每个人都携带着自己的亮光与阴影，相信它们是独特的，尽管它们往往只是时代的光影！我们差不多将会了解每个人的一切，有时甚至比我们要求了解的还多。

神话与形象的命运：从荷马到圣奥古斯丁

约公元 400 年左右，一位来自罗马帝国所属非洲的主教奥勒留·奥古斯提奴斯为青少年时期屈服于《埃涅阿斯纪》神话叙事的魅力而自责（《忏悔录》，1. 14—23）。难道他不曾为狄多的绝望爱情而哭泣吗？埃涅阿斯听从墨丘利的命令抛弃了她。埃涅阿斯，这个在特洛伊灾难中幸存下来的英雄在迦太基女王的怀抱里确实有些忘记了命运赋予他去到意大利建立世界帝国的使命。当他承担起他的事业与荣耀时，关于这项使命的必然性对他来说就昭然若揭了，这一必然性甚至体现在了其后裔的姓氏上：尤利乌斯·凯撒将使尤利乌斯（*Gens Iulia*）这一氏族享有盛誉，还有凯撒的甥外孙屋大维，他曾于公元前 29 年左右授意维吉尔写作这部《伊利亚特》的续篇……

荷马史诗与 12 卷《埃涅阿斯纪》之间尽管隔着大约 800 年的历史,但特洛伊的特殊身份、希腊肃剧中的神话与传说、人们的价值观与禁忌,这一切保住了从百年内战中崛起——多亏了奥古斯都——的罗马的过去与未来。又一个 400 年过去,一个非洲孩子依旧对这个为基督教所取代的文明的魅力表现出同情,但当他写下《忏悔录》和《上帝之城》的时候,他已经着手驱除这段记忆,因为他认为这个文明与由一个死而复生的神所拯救的世界并不相容。

必然性,偶然性,这是集体意识与个人意识觉醒时的两种最初体验。正如古生物学家所说,智人(*Homo sapiens*)在面对他的"此时此刻"(ici-maintenant)和他的未来时,至少知道自己虽非自愿,但已经进入了时间,而且将以同样非自愿的方式从时间中离开。在分配给他的全部时间里,他将行动和经受。他将对一些行为作出决定,而另一些则无从决定。他将参与到自己负有明显责任的情况之中,而在另外的情况下,他将无事可做。而这一切都发生在一个对于其性质和存在他只能给出部分解释的世界之中。

存在的这一混乱不应永远处于留待澄清的状态，无论对它的澄清会是多么含糊，语言也不应拒绝给出解释，从而试图消除解释不清带来的焦虑。因此，所有的文明都试图通过确定一个组织原则，给那根本性的不可理解性（希伯来语"tohu-we-bohu"［空虚混沌］；希腊语"chaos"［混沌］）提供一种理性的轮廓。这种超验性通过它被赋予的处境来表达自己，在空间之内，也在空间之外——在诸天，在乐土，在奥林匹斯山——在时间之内，也在时间之外，"在开端"（au commencement），在永恒之中……一个多么明显的悖论，这就是神话，"世界自发的存在形式"①，造成了因果律的首次出现，最早为世界带来意义，早在哲学以及后来的科学之前发现和说明了其中的规律。正如我曾试图说明的那样，神话与理性这两个层面共存于人类的精神之中②，双双有助于实现心理和精神的可持续平衡，使得人类即使不能摆脱焦虑与痛苦，至少也能让存在于世变得可以接受。

---

① 原书注：参见乔治·盖斯多尔夫（G. Gusdorf），《神话与形而上学》（Mythe et métaphysique），巴黎，弗拉马利翁出版社，1953 年，第 16 页。

② 原书注：吕西安·热法尼翁，《众神从未远离》（Les dieux ne sont jamais loin），巴黎，Desclée de Brouwer 出版社，2002 年。

历史上没有其他任何文明对人的境况了解得比希腊文明更为准确，也没有其他任何文明以如此天才的方式将他们的认识转化为了宇宙起源论、史诗、肃剧和哲学，这让希腊人拥有了无与伦比的影响力。我们只需想一想，在希腊化时代，《传道书》的作者对希腊文化的不信任，《西拉书》①的作者也许更是如此，这两位作者所处的位置使他们在玛加伯家族（Maccabées）②发起对抗之前就观察到了希腊文化在犹太圈子里产生的诱惑，甚至为此感到痛心遗憾。同样，我们还可以想到希腊的文学与哲学在罗马的声望，从西庇阿家族（Scipions）③到弗拉维王朝的第二代（seconds Flaviens），当时的世界早已在帝国的笼罩之下。我们应当重读皇帝尤利安（Flavius Claudius

---

① 或称《便西拉智训》，天主教译作《德训篇》，是基督新教次经的一部分，成书于约公元前180至前175年间。

② 《圣经思高本》译为"玛加伯家族"（东正教译为"玛喀维家族"），是犹太教世袭祭司长的家族，也是领导犹地亚的犹太人起义对抗塞琉古帝国的领袖们。他们建立了始于公元前167年、终于公元前37年的哈斯蒙尼王朝，其在公元前110至前63年的时间内作为独立王国存在。他们通过强制改教、征服周边地区来扩大犹地亚的疆域、并削弱希腊化运动及希腊化犹太教的影响等方式，重新确立了犹太教的权威。

③ 罗马共和国的一个家族，属于科尔内利乌斯氏族的一个分支。在200年的时间里，西庇阿家族产生了30位执政官。

Julianus, 331—363 年)①的作品, 借以了解希腊文化的影响。

希腊人用 *eimarméné*［必然］、*moira*［命份］、*tuchké*［机运］来表达他们对于人及其命运的态度, 他们用无偏颇的清醒来评估人的主动性的界限, 自荷马时代以来, 就一直如此。赫克托耳(Héctor)对安德洛玛克(Andromaque)说:"从出生那天起, 就没有人能逃脱自己的命运, 人一生下来, 不论是懦夫, 还是勇士, 都逃不过他注定的命运。"(《伊利亚特》, 6.487—489)②同样, 墨涅拉奥斯(Ménélas)对忒勒玛科斯(Télémaque)说:"奥德修斯承受了那么多危难和艰苦, 就像是他生来受苦, 我为他担当忧愁。"(《奥德赛》, 4.107③)总之, 没有人能超越他的命运(*uper moi-*

---

① 罗马皇帝(361—363 年在位), 对希腊哲学的热爱让他赢得了"哲学家尤利安"(Julian the Philosopher)的称号。尤利安一出生就受洗, 在严格的基督教教育下长大, 但后来却转向希腊与罗马的传统多神信仰。他师承于新柏拉图主义, 崇信密特拉信仰, 支持宗教自由, 因此被当时的罗马教会称为"背教者尤利安"(Julian the Apostate)。他在位期间努力推动多项行政改革, 是罗马帝国最后一位信仰多神教的皇帝。

② 译文从罗念生。

③ 原书作"8.107", 疑误, 当作"δ.107", 亦即第 4 卷, 第 107 行。译文从王焕生。

172

ran），超越他"分内的生活"（sa part de vie），索福克勒斯如此说。欧里庇得斯也这样告诉我们："谁知道这样的命运会落在谁头上，伊菲革涅亚说。神意愿的一切都在暗中进行。为了什么目的？没有人知道。命运将我们引向一个未知的终点。"（《伊菲革涅亚在陶里斯》[*Iphigénie en Tauride*]）赫拉克勒斯坚信："没有任何能够启迪他的知识。"（《赫拉克勒斯的儿女》[*Les Héraclides*]）阿尔克斯提斯（Alceste）则坚称："偶然性云游四方，它去了哪里，没有人知晓；没有什么知识指点它，没有什么技巧可以抓住它。你是否已经领会，记牢我对你说的话？"（《阿尔克斯提斯》）人们不禁思忖，是否最好不要出生，是否最好"从何处来，尽快回到何处去"（《俄狄浦斯在科罗诺斯》[*Œdipe à Colone*]）。

然而，如果我们知道了人类的命运所依赖的诸神本身也确实受制于他们自己的命运，尽管他们的命运与人的命运有着本质的不同，难道不是狂妄而过分的吗？雅典娜肯定地说："必然性也支配着众神。"（《伊菲革涅亚在陶里斯》）那么，"宙斯的命运是什么，如果不是永久的统治"（《被缚的普罗米修斯》[*Prométhée enchaîné*]）——况且他看起来已统治多时？忒修斯（Thésée）故而问道："有死的凡人，连诸神都向命运屈服，你又何必怨恨命运？"（《疯狂的赫拉克勒斯》[*La Folie d' Héraclès*]）在这种条件下，涅俄普托勒摩斯（Néoptolème）承认："人类不得不承担诸神分配给他们的命运。"（《菲洛克忒忒斯》[*Philoctète*]）俄狄浦斯同样如此："诸神加给人的，人必忍受，因为他只是有死的凡人。"（《腓尼基妇女》[*Les Phéniciennes*]）因此便有一种诱惑，那就是听从伊俄卡斯忒（Jocaste）的建议，"随随便便地生活"（《俄狄浦斯王》[*Œdipe roi*]）。

后来，罗马人接过希腊史诗和肃剧的主题，将对命运的顺从发扬光大，甚至加深了悲观主义。"朱庇特说，每个人的气数都是注定的，对一切人来说，寿限都极短，死了也不能再生。"（《埃涅阿斯纪》，10. 467—468）[1]在埃涅阿斯的眼里，尘世的居留不值得留恋。因此，他在冥府之行中，见到再次投胎的灵魂成群地冲进忘川（eaux du Léthé）[2]忘却前世时，不禁感叹："这样热烈地追求着天

---

① 译文从杨周翰。

② 忘河，或称"勒忒河"（古希腊语"Λήθη"），希腊神话中的河流，为冥界的五条河流之一，亡者到了冥界会被要求喝下忘河的河水，以忘却尘世间的事。

光,升到苦难的阳世,这是多么愚蠢啊!"①

我们可以看到希腊和罗马的史诗和悲剧都注意到了必然性和偶然性是尘世凡人存在之中的事实。希腊人和罗马人因此有着宿命论的倾向,而神话在这种宿命论中为因果律披上了一件超越性的外衣。每一种哲学从各自的角度出发,对宿命论这一基本倾向进行理论化,并从中汲取经验,采取主动,开明而有效地利用现有的选项。人类的命运就是这方面的一个例子:苏格拉底用"美好的希望"(belle espérance)照亮了人类的命运;尽管为了这样一种希望是要冒风险的;亚里士多德从概念上组织了人类的命运,将其引向潜在的不朽;伊壁鸠鲁学派使人类的命运变得机械化,而廊下派则使人类命运的决定论变得更加高贵。每个人都可以根据由各个学派向那些启程去寻找"幸福"(eudaimonia)、"幸福生活"(vita beata)的人提出的准则或处方——不动心(apathie)、灵魂的宁静(atarax-ie)、普罗提诺式的向太一的升华,等等——,根据其自然观和为自然设定的理想,一劳永逸地把自己的日常生活

---

① 译文从杨周翰,略有改动。

刻入自然之中。

这就是学生时代的奥古斯丁顺着学校的课程可以读到的"异教"——如果不是在希腊语作品中（据他自己承认，他对希腊语没有很大的兴趣），至少在翻译过来的作品，特别是在深受希腊文化熏陶的拉丁语作者那里——关于偶然性和必然性的观点。后来，奥古斯丁被叙马库斯（Quintus Aurelius Symmachus，345—402 年）①选为帝国最负盛名的修辞学教师（la chaire de rhétorique），这无疑证明了他的文化水准。他在作品中提及喀耳刻（Circé）、奥德修斯、赫拉克勒斯之死、伊菲革涅亚的牺牲，等等（《上帝之城》，18.8—21）。他引述了十几位诗人和不少于 34 位希腊哲学家的话。在写于 386 至 387 年间的论文《论秩序》（De ordine）中，他以讽刺的口气提到了"伟大的阿波罗"，但这并不妨碍人们感到他的异样。后来，他用"美妙的空洞"（dulcissime vanus）来评价荷马，这无疑是他出于虔诚的夸大（surenchère dévote）。因为奥古斯丁一生都从未停止过对基督的信仰，甚至在他流

---

① 古罗马政治家、演说家以及文学家。

连于形而上学和修道院、被马里乌斯·维克多利努斯（Marius Victorinus）所译《柏拉图主义作品集》（*Libri pla-tonicorum*）吸引的 14 年中，也依然如此。从一种世界观到另一种世界观，从多神教到基督教，奥古斯丁观点的变更是彻底的。

我们不妨从各派用于规定其"神"之概念的超越性的权重说起。异教世界敬畏大量的神，各自分管不同的领域。祂们彼此之间不和，为了保护某个凡人或国家、牺牲另外一些人和国家的利益，由奥林匹斯山的主宰宙斯—朱庇特负责仲裁神明之间的冲突。当然，从表面上解读这些故事是有困难的，但出于[对古人的]尊重，从公元前 6 至前 5 世纪的热吉诺斯的忒阿戈内斯（Theagenes of Rhegium）①开始，人们设法在这些故事中寻找对人类行为有裨益的寓意。然而，这些故事中没有教条主义的影子：在古代世界，既没有所谓的正统，也没有所谓的权威（ni orthodoxie ni magistère）。相反，基督教只承认一位

---

① 活跃于公元前 6 世纪前后，是一位古希腊学者，同时也是一位擅长于叙事诗创作的诗人。他著有一部反映古希腊盲诗人荷马生平事迹以及对其作品进行评析的学术著作，是古希腊首位对寓言进行解释的学者。

独一的神,宇宙和人类的命运皆取决于祂绝对的全能。这位神创造了人类的幸福生活,除非他们违反了关于善恶树果实的禁令。然而,亚当和夏娃必然会违反禁令,使他们的子孙后代过上颠沛的生活,接受惩罚并最终死亡。但是,基督教的上帝是有位格的神(un dieu personnel),祂爱自己的创造物,无论多么罪孽深重,祂都赐给人类永恒的救赎之恩,尽管是在《圣经》规定的条件下,对其的解释被框定在严格的教义之中。

这意味着,除了通过犹太教—基督教的伊甸园神话,奥古斯丁从未从另外的角度审视过人类的状况。由于被恶的问题长久困扰,他试图将恶的意义合理化。"如果是魔鬼作祟,则魔鬼又是从哪里来的呢?"(*Si diabolus auctor, unde ipse diabolus*?《忏悔录》,7.3.5)就像先前的奥维德和使徒保罗,奥古斯丁也自问:为什么我们没有做成我们愿做的善,而做我们不愿作的恶呢? 这一疑问将持续困扰奥古斯丁,直到他为了赞美上帝、教导求索中的灵魂而在《忏悔录》中讲述自己理智和精神上发生的演变,他的这一写作引导他超越了纯粹理性的问题,或者更确切地说,使他进到一个神秘过程之中,这一神秘过程将灵魂与使徒约翰称之为爱的上帝结合在一起。这个上帝"幽邃沉潜,在我心坎深处之外,又高不可及,超越我心灵之巅"(《忏悔录》,3.6.11),这是一位从他灵魂深处教导他所必须了解的知识的上帝。这就是奥古斯丁关于认识的理论:如同他在389年的《论教师》(*De magistro*)中解释的那样,人的认识得自于内心的教师。

很显然,在这种情况下,对奥古斯丁来说,古代史诗和肃剧中所表现的偶然性或必然性就被允许亚当犯罪的状况下神的意志与人的自由之间的神秘关系所取代了。诚然,在奥古斯丁的早期作品《反学园派》(*Contra Academicos*)、《论秩序》、《论幸福生活》(*De beata vita*)中,他有时会像其他人一样说:"偶然地,意外地[*forte*];或者,未必,恐怕[*forsan*,*forsitan*];也许,可能[*fortasse*];偶然地,意外地[*fortuito*]"(《再思录》[*Retractationes*],1.2),谈论"各种随机事件"(*fortuitarum rerum copia*,《论幸福生活》,4.26),但是,在奥古斯丁的晚年,他承认自己因为人们常常把"上帝的旨意"(La fortune l'a voulu)说成"命运的安排"(Dieu l'a voulu)而感到不快。他因此责备自己曾在关于命运的事上不够审慎。尽管宿命论在他那个时代十分普遍,但奥古斯丁从未接受这种观念,因为宿命论会剥夺人类的自由,无论这一自由可能会导致怎样的恶。

事实上,正是这一点令我们受到触动,即神的恩典与人的自由之间的关系之谜,往往被神学家们转化成一个无法融合、难以解决的问题。我们正是在这里触及了神恩与自由间的神秘关系,对于这个问题,神学家们一向认为是难以解决的。奥古斯丁本人曾与伯拉纠(Pélage)和埃克拉努姆的朱利安(Julien d'Éclane)论战,在谈到人类的责任时,奥古斯丁有时会凌驾于自己的立场之上,尽管[他所强调的]原罪已然使人处于堕落的状态。关于这一点,随着时间的推移,那些利用奥古斯丁的人,从9世纪奥尔拜的戈特沙尔克(Godescalo d'Orbais)到17世纪的詹森主义①,将通过双重预定论把事情推到荒谬且可憎的地步,主张一部分人命中注定获得永恒的救赎,而另一部分人命中注定堕入深渊。它这一在思想史上具有讽刺意味的立场恢复

① 詹森主义是罗马天主教在17世纪的运动,是由荷兰乌特列支神学家康涅留斯·詹森(1585—1638年)创立,其理论强调原罪、人类的全然败坏、恩典的必要和预定论。

了古代肃剧和史诗中的宿命论观点,而这种观点曾受到基督徒,尤其是奥古斯丁的明确谴责。然而,由于他自己所走过的曲折而又痛苦的道路,奥古斯丁比任何人都更加清楚,每一种命运的奥秘直到生命的最后一息才会解开。"你造我们是为了你,"他写道,"我们的心如不安息在你怀中,便不会安宁"(《忏悔录》,1.1.1)。自由与恩典的奥秘归根结底是爱之事。如果奥古斯丁曾为上帝之爱而焦虑,那是因为他为自己的回应如此迟钝而无法释怀:"我对你的爱迟迟而来(*Sero te amavi*)……" ①

圣奥古斯丁及希腊思想的传播

公元 430 年 8 月 28 日,奥古斯丁长眠于被围困的希波城,46 年之后,西方帝国就将落入奥多瓦塞(Odovacer)手中。卡拉马的坡西迪乌斯(Possidius de Calama)整理了奥古斯丁留下的大量文本,在半个世纪中令无穷的主题面目一新。对于这批珍宝是如何在蛮族入侵的岁月里

---

① 　原书注:Tard,je t'ai aimé...(我爱你爱得迟了……)

漂洋过海并在数年后到达拉特朗(Latran)①，我们是否有一天能够了解？无论如何，在那个充满暴力、战争和贫困的世纪开始的时候，西方便继承了一个巨大的图书馆，其中的书卷将在一间又一间缮写室间流转，被一遍又一遍抄写，被注释、疏解，尽管有时是误读和曲解。但是，如果没有这些工作，作为1940年6月世界性灾难②的幸存者，我们的思维方式会是另外的情形。对于重建记忆来说，这是多么重要的一段历史时期啊！

奥古斯丁作品中所含的大量希腊文化内容带来了三个问题。首先，奥古斯丁对希腊语的熟习程度如何？其次，奥古斯丁是为着什么样的目的而将希腊思想加入了他的那些要为中世纪所继承的文本之中？最后，奥古斯丁死后那个灾难深重、长期动荡的西方对希腊的语言和文化接受得如何？

---

① 塞尔日·朗斯勒，《圣奥古斯丁》，前揭，第666—668页。

② 1940年6月4日，敦刻尔克大撤退结束，6月22日，法国与德国签订停战协议，规定德国可以占领法国北部并同意在南部建立以维希为首都的傀儡政府。在德国的支持下，苏联于1940年6月占领了波罗的海诸国，并于8月正式吞并这些国家。轴心国之一的意大利于1940年6月10日向英法宣战。

当然，通过《忏悔录》，我们可以对奥古斯丁的求学、他所受的专业培训——他曾做过一段时间的高级公务员——以及他的人生路线有所了解。我的意思是，一个大概的了解，因为奥古斯丁并没有在致上帝的公开信中说出全部，而只是写下他认为有启发性的部分，尤其是道德说教，因此我们需将之与其他提及奥古斯丁生平的文献比对印证。

让我们跟随这位求学于塔加斯特城（Thagaste）、马道罗斯（Madaure）和迦太基的学生。在濒临崩溃的帝国，有一件事没有被改变，那就是学校里讲授的作品。因此，人们得以继续研读荷马、泰伦提乌斯、西塞罗——正是西塞罗的《霍尔腾西乌斯》使奥古斯丁转向了古典哲学（*conversio ad philosophiam*）——、撒路斯提乌斯、维吉尔、瓦罗，更不用说古希腊学说汇纂的宝库，瓦莱里乌斯·马克西姆斯（Valère Maxime）、阿忒奈欧斯（Athénée）、第欧根尼·拉尔修（Diogène Laërce）、奥卢斯·格利乌斯（Aulus Gellius），以及其他今天已经失传的作品。4世纪下半叶，在努米底亚和古罗马由退职执政官充任行省总督的各省，希腊文化在精英阶层的研究生活与精神世界中仍然占有一席之地。此时,马里乌斯·维克多利努斯刚刚完成了对柏拉图作品的迻译,这表明人们还不甘放弃他们正费心阅读的作品原文。

不过,奥古斯丁从不掩饰自己对希腊语的反感,至少在他的童年时期是这样。他是否会一直厌恶下去?在他看来,那些被迫翻译维吉尔的希腊学生一定会像他看荷马那样看维吉尔。学习一门语言就是被这种语言征服,这回哲罗姆也会同意这种看法,他坦白承认自己为学习希伯来语付出了"汗水与辛劳"。

从学生时代起,奥古斯丁就对希腊语怀有小小的怨恨,尽管他并非不承认希腊语所具有的声誉。他同样背负着罗马人的自卑情结,卢克莱修、西塞罗、塞内卡、昆体良等人对拉丁语的 *egestas*——贫乏——一直耿耿于怀。我们可以在奥古斯丁的作品中发现一些希腊词或是其拉丁文转写,常常是靠语义相近者之间的比较来说明的,据此,我们可以认为,即使奥古斯丁的希腊语算不上好,他也至少是懂的,且比他所言要懂得多。毫无疑问,没有更好地掌握这门语言让奥古斯丁感到气恼,即便他出色地完成了自己的研究工作。

奥古斯丁在他的作品中，实事求是地说，他所引述的希腊语诗人和拉丁语诗人同样多，两方各有 11 位。至于神话，他在《上帝之城》中将 40 位男神女神送上了被告席，因为祂们有辱神明身份，教唆放荡行为。

就希腊思想而言，奥古斯丁引述的希腊语哲学家不少于 34 位，并且皆非平庸之辈，而拉丁语哲学家仅 4 位。他深知制度上的特殊性，尽管这种特殊性在时代变化中渐渐消散。如果说他偶尔会迁就由某个异教徒支持的涉及外来语的论点，那么，这是为了限制重新滥用概念而阐述确凿的真理。但是，他总是用一种怀疑的目光注视着年代学。虽说他偶尔借用别人的观点，认为异教徒提出的任何真理都是不足取的，但他始终关注着年表上的人物。他博览群籍，广泛关注。他对亚里士多德的《范畴篇》(Catégories) 了如指掌。在他漫长的摩尼教信仰时期，他很早就看出希腊数学家 (mathematici，单数形式为 mathematicus) 的计算比摩尼教关于星辰的东拉西扯更加可靠。当他想要脱离摩尼教时，便转向了新学园派。作为一个[古典哲学的]内行，奥古斯丁打破了将新学园派简单归为怀疑主义的常规,并谨慎地将之归入柏拉图一脉,后来他称这一派系胜过其他任何派系。

386年,米兰的思想界使奥古斯丁陷入了茫然的境地:恶的问题萦绕不去,灵魂与上帝的性质问题也令他寝食难安,凡此种种——简而言之,奥古斯丁试图寻找某种能被共享的确定性。马里乌斯·维克多利努斯所译柏拉图学派的书籍落入奥古斯丁的手中,根据他的说法,这些是普罗提诺和波菲利的作品,但数百多年来,人们始终未能了解这些作品的具体内容。

不应忽略的是,这些作品所扎根于中的是一个非常明确的传统。柏拉图当然一直被人们所学习,但随着时间的推移,人们看待他的眼光发生了变化:学园派、中期学园派、新学园派……奥古斯丁在米兰接触到的是这一变化的最新样貌,今天被称为"新柏拉图主义"。数百年来,在亚历山大里亚的欧多鲁斯(Eudore d'Alexandrie)、加的斯的摩德拉图斯(Moderatus de Gadès)、柏拉图书简第二及第六封(伪作)的作者、阿尔基诺俄斯(Alkinoos)、努梅尼奥斯(Noumenios)、阿提科斯(Atticos)以及普罗提诺和波菲利的努力下,形成了对他们所认为的最初的柏拉图哲学的核心——《巴门尼德》的前 5 个假设（137c 及以下）和《王制》中的线喻①（6.509b 及以下）——的注释。随着时间的推移，解释工作得到了系统化，整合了源自毕达哥拉斯主义、亚里士多德和廊下派的洞见。"一"和"多"的问题因之被认为得到了解决。

所有这些作者，从柏拉图到普罗提诺，所提出的第一原理并非一个"至高无上的存在"（un Être suprême），而是"超越于存在之上的那个一"（l'Un au-delà de l'Être），*épeikeina tès oussias*。因此，他们的本体论是以"太一说"（hénologie）为基础的。事实上，在普罗提诺看来，一切事物自始至终都源出于"太一"，即第一本体，从那里流溢出"努斯"，即心智，也就是第二本体，是存在与思的最高一级，最后，从"努斯"中流溢而出的是世界灵魂，即第三本

---

① 线喻（γραμμὴ δίχα τετμημένη）出现于柏拉图《王制》，苏格拉底应格劳孔之要求进一步解释"日喻"时提出了线喻：设想一条不等分的线，分为两部分，每部分再分别不等分为两部分，由此产生五个端点（A、B、C、D、E）、四个部分。这四部分分别代表了知识的四个层次（παθήματα）。较低的两个部分为感官（AB 代表物理事物的影子和反射，BC 代表物理事物本身），代表着我们的日常经验，而较高的两个部分为可理解性（CD 代表数学世界、DE 代表由善形式所赋予的真理）。这四个部分，猜想（εἰκασία）、信念（πίστις）、思想（διάνοια）、理性（νόησις），显示了从现实到最高真理的提升。

体,它为物质赋予生命。与这一流溢过程相呼应的是一种复归(retour),每一种形式的存在都须实现其自身的本质。人的灵魂也是如此。分散在物质中的灵魂必须在第一阶段从物质中脱离出来,离开洞穴,接着,第二阶段,在将其带向心智的冲动之中与世界灵魂会合:这就是所谓沉思(l'abstraction),它打开了通往世界范型的通道。最后,第三阶段,灵魂将在将其带向太一的冲动之中尝试与心智相结合:在顷刻间与它永久怀恋的那个绝对者相切(tangence)。

当奥古斯丁阅读这些作品时,他简直不敢相信自己的眼睛。他在书中重新提起它们的方式、他的形象的描绘,无不表明了普罗提诺带给他的喜悦:一方面,他不得不摈弃此前一切唯物主义的表述,另一方面,他发现了关于灵魂与身体、精神与物质、时间与永恒,乃至关于上帝本身的另一种看法。但此外,对他来说,这一切似乎与他在同一时间里、在另一个完全不同的层面认识到的东西是一致的,至少部分地是这样。事实上,他听安波罗修布道已有一段时间,后者有时会从普罗提诺那里引述一些他认为适用的内容;他曾与马里乌斯·维克多利努斯的一位主教朋友辛普立西阿斯（Simplicianus）交谈他读过使徒保罗所写诸篇、福音书和圣经，尽管是以寓意解经的方式。就这样，信仰在奥古斯丁身上获得了重生，尽管历经了14年的徘徊，他也从未抛弃信仰。正如这遥远智慧邀请他做的那样，他回归内心，在那里与上帝相遇。对于他，上帝不再是用任何概念都无法廓清的缥缈难辨者；上帝是这样一种临在，是内在的和超越的，"深于我心最深处，高于我心极高处"（*intimior intimo meo et superior summo meo*）（《忏悔录》，3.6.1）。于是，386年的春天，经过与8个世纪前诞生于希腊的哲学非同寻常的调和，奥古斯丁的命运被确定下来。

奥古斯丁回到了这位上帝身边，他现在视之为存在、认识及行动之原则，这一回归奠定了希腊思想在他的教育（pédagogie）中的作用。他永远不会忘记《柏拉图主义作品集》的恩惠，也不会忽视人们从中可以学到的东西。这并不是说，奥古斯丁隶属于柏拉图主义，而他之所以如此是有很多原因的。首先，对那超越于存在之上的原理的直觉，总是捉摸不定，这或许是受到了波菲利的影响，因为后者本人也常常如此。每当奥古斯丁试图达成普罗提诺式的上升时,他都因在自己身上瞥见存在而达到高潮,一如"奥斯提亚的心醉神迷"(extase d'Ostie)。但是,在哲学史上,拥有这种上达太一的直觉的人是如此稀少。因此,我已表明,尤利安皇帝虽从小就被希腊化了,却也仍停滞于"第二本体"的阶段。[1]

不过,对于奥古斯丁来说,这并不是问题,既然上帝在《圣经》中被定义为——至少在拉丁语中被定义为——本质上的存在(l'Être par essence):*Ego sum qui sum*[我是自有永有的]《出埃及记》,3:14)。《圣经》中还写道:"起初,神创造天地"(《创世记》,1:1),因此,没有什么是永存的。最后,波菲利在《普罗提诺的一生》(*Vita Plotini*)中所写的第一句话就是,"普罗提诺似乎以自己的身体为耻",《约翰福音》却说,"道成了肉身"。奥古斯丁本人用一种明确而尖锐的方式总结了这两种不同的观点在哲学上的重合与在宗教上的互不相容(《忏悔录》,8.9.13—15)。因此,柏拉图主义作为异端思想的欧米伽点,使奥古斯丁从泛唯物主义(pan-matérialisme)中挣脱,然而,正是在对降

----

① 原书注:吕西安·热法尼翁,《叛教者尤利安》(*Julien,dit l'Apostat*),巴黎,第3版,达郎迪耶(Tallandier)出版社,2010年。

世为人的神的崇拜中，奥古斯丁才看到了柏拉图、普罗提诺和波菲利的成就。我们会想起《上帝之城》中的呼唤："哦，但愿你通过基督耶稣认识上帝的恩典……"（*O si cognouisses gratiam Dei per Iesum Christum …*）从这一点上看，有一件十分明显的事情需要我们注意：这种以柏拉图主义者为中介降临在他身上的恩典，是否也曾通过同样的途径被许诺给别的人？柏拉图哲学的结构与方式（les institutions，les formules des platoniciens），其所掌握的真理，其具有促进性和预备性的美德（vertu apéritive，propédeutique），所有这一切，一旦适应，将为信仰提供接近、深化和表达的手段。奥古斯丁在 386 年写道："我有信心可以在柏拉图主义者那里找到一种与我们的奥秘不相抵触的教诲。"因此，在他的全部作品中，我们到处都可以辨认出来自柏拉图主义的影响，一种关于转变、内在性和超验的哲学，这些主题与他的人生交织在一起。

"转向"（拉丁语"*conuersio*"；希腊语"*épistrophé*"），从《王制》所描述的"洞穴"（第 7 卷）开始，就已是一种常见的现象。奥古斯丁讲述他自己的转向，首先是为了赞美上帝——为了赞美的自白（*confessio laudis*）——但同时也是向读者指出柏拉图哲学的道路,这条道路使他得以避免误入歧途:通过禁欲、求诸内心,向着心智和上帝上升——当然,上帝保留着主动权。恩典与自由的主题之所以反复出现,是因为奥古斯丁眼里的上帝是一位有位格的神(un dieu personnel),而不是一个抽象的神。

内在性不是别的,而只是人类的时间与神的永恒的重合,灵魂与既是内在又是超越的上帝的重合,它使生命圆满。这是每一学派都为之提出了各自良方的幸福(*eudaimonia*)发生的地方。奥古斯丁在 386 年的《论幸福生活》中对此作出了解释,这部作品的标题让人想起塞内卡,其精神却是柏拉图式的。奥古斯丁正是从这一观点出发构想了关于内心教师的知识理论,这一理论在 389年的《论教师》中首次提出,随后在各处都隐约可见。逻各斯(*Logos*)这一思想的中心正是从内心深处向人类发出指示,而尘世的导师之所以存在只是为了将门徒引到适合的条件下。马勒伯朗士(Malebranche)将从这里发展出他的"上帝视野"(vision en Dieu)。

最后,奥古斯丁的超越感——柏拉图主义的另一遗产——是如此深刻以至于它有时接近希腊教父的否定哲学(apophatisme)。① 比奥古斯丁更接近柏拉图的卡帕多西亚教父(les Cappadociens),尼撒的额我略和拿先素斯的额我略(les Grégoire, de Nysse ou de Nazianze)②曾明智地谈道:上帝是超越一切的,这不正是可言说的全部吗? 在写于386 至 387 年间的《论秩序》中,奥古斯丁指出上帝是"一个因不为人所知而更为人所知的神"(*Deus qui scitur melius nesciendo*),这句话让蒙田笑了(《蒙田随笔》2.12)。然而,尽管如此,否定神学既不否弃理性,也不懈怠研究,而是转向无尽深入的沉思,寻求自我表达和分享的言辞。

公元 5 至 9 世纪的西方,还有什么人精通希腊语? 连拉丁语都发生了巨大的变化,回到高卢的希多尼乌斯·阿波利纳里斯(Sidoine Apollinaire, 430—489 年)③

---

① 否定神学认为造物主是人类不可能正确认识的对象,人类不具有建立"神正论"时所需的心智能力,神在历史中的旨意也不可能为人掌握,除非神亲自向人启示。其精神可以概括为:与其说神是什么,不如说神不是什么。

② 该撒利亚的巴西流、拿先素斯的额我略、尼撒的额我略等三位基督教教父被尊称为"卡帕多西亚三杰"。三人都出生于安纳托利亚的卡帕多西亚地区,一直都有密切的合作,合力保住正统的尼西亚教义,并曾在卡帕多西亚担任主教。

③ 古罗马末期诗人、外交家、主教。出生于今法国里昂,早年显贵,后进入仕途。西哥特人入侵时,曾被囚禁,后被释放,其作品反映了古罗马崩溃前夜与中世纪初期的西欧状况。

因收到阿伯加斯特（Arbogast）寄来的用良好拉丁语写成的信件而欣喜不已。正是通过翻译，尤其是波厄提乌斯以及约翰内斯·司各特·爱留根纳（Jean Scot Érigène，815—877 年）[①]的翻译，一部分希腊哲学才得以传到那个时代为数不多的学者手中，正如雅克·勒高夫（Jacques Le Goff，1924—2014 年）[②]所说，书籍在当时如同不常使用的"珍贵器皿"。[③] 但将希腊思想，特别是柏拉图主义，自然而然传至西方的，却是奥古斯丁。正如他在著作中所表示的那样，希腊思想令人扼腕地被截断了。谁理解那达于"太一"的直觉？——这也许会使神学家们变得更加谦逊。事实上，奥古斯丁能够将哲学（*philosophia*）中有助于发展他自己之哲学的部分植入西方的精神世界，他的个人风格与此有着很大的关系，使得他在 30 岁时就获

---

① 爱尔兰哲学家、神学家，因译注亚略巴古的丢尼修的著作而广为人知。爱留根纳的思想注重逻辑的完整，常会将神学命题推向逻辑的极端，而违反了西方教会政体和教牧的需要，因此其著作从中世纪直至近代，不断受到教会的谴责。

② 法国著名历史学家，专长为欧洲中世纪史（尤其 12—13 世纪），年鉴学派第三代代表人物之一。他认为中世纪本身是一个独立的文明，与希腊—罗马时代及现代有明显分别。

③ 原书注：雅克·勒高夫，《中世纪的知识分子》（*Les Intellectuels au Moyen Age*），瑟伊（Seuil）出版社，1965 年，第 13 页。

得了令人艳羡的晋升。① 他懂得如何思考与言说、说服与克制。因此，语言的障碍并不像人们担心或谈论的那样严重。没有任何一个中世纪的作家未受过奥古斯丁的启发、不提及他的名字，以他为盾。我们甚至看到，早先追随奥古斯丁、后来又转为亚里士多德追随者的托马斯·阿奎那俯首细究他所翻译的希腊文。

奥古斯丁的贡献如此之大，以至于尽管亚里士多德的学说占据着统治地位，在学者们中间引起了如此盛大的激情，奥古斯丁仍然且将一直见证柏拉图对于哲学惊奇的敏锐感知，与探索研究和辩论诘问相比，这种敏感令人在那永远仅能获得一瞥的事物面前保持沉默。西方的神秘主义者——他们通常是奥古斯丁的读者——承袭了阳否阴述（apophase）这一修辞，但他们并不总是了解它来自更久远的年代。奥古斯丁说："对上帝最好的认识便是不认识"（Dieu qu'on sait mieux en ne le sachant point）。12 个世纪以后，十字若望（Jean de la Croix）在诗中这样

---

① 奥古斯丁 30 岁时已经成为罗马帝国法庭的知名辩家，政治地位极高。

吟唱："这不知之知永不会为那终日推理的学者所征服"（Ce savoir point ne sachant ／Que，les savants en raisonnant ／Jamais ne sauront vaincre）。

城邦之神与上帝之城

尤利安皇帝（331—363 年），主教奥古斯丁（354—430 年）：这两个人都生活在西方帝国即将没落的时期，但他们很少被那一时期的作家同时提起，太多的事物将他们彼此隔开：他们一个是皇帝的孙儿，又是另一位皇帝的侄子；另一个是农民的儿子。前者用希腊语思考，几乎不说拉丁语，从未踏足罗马；后者不喜希腊人的语言，故而用西塞罗式的拉丁语思考。是的，还有那些老一套的说法，说什么一个是热衷于制造殉道者的叛教者（le renégat faiseur de martyrs），又说什么另一个早年放荡，但为恩典所动，当场改邪归正，这使他们看上去像历史巨片或漫画中的人物。然而，情况并非如此。

同一种激情激励着他们，这就是赋予绝对之需求以形式的 *philosophia*［哲学］。但苏格拉底和圣保罗都清楚：对于超验性,我们在此世看到的只是些影象。从这同样的哲学激情中将诞生两种互相对立的观念,它们的命运将迥然不同。

尤利安的家人在君士坦提乌斯二世——君士坦丁大帝的一个儿子——发动的朝中杀戮中丧生,尤利安幸免于难,但其年少时代和学习生活都在监视中度过。马尔多尼奥斯(Mardonios)——尤利安信奉基督教的家庭教师,热心于荷马和赫西俄德,同时也将奥德修斯、耶稣、赫拉、圣母玛利亚带进这个受过创伤的孩子心里——的影子,或是神迹,或是幽灵幻影,一切都融合在一团超验性的朦胧之中。异教徒文法学家尼科勒斯(Nikokles)确认了这位孤儿对神话的依恋。此后,尤利安在马刻路姆(Macellum)①度过了 6 年与世隔绝的生活,坐拥一位教士的大量藏书,他在书中找到了建立内心生活的东西。通过阅读历史,他发现了一件显而易见的事:永恒罗马的权威自始至终都得自于诸神。君士坦丁曾驱逐诸神,就像他把自己的一个儿子除掉之后没有再指定帝国的继承人一样。在哲学方面,他发现了许多值得思考的关于神

_____

① 一座位于卡帕多西亚的庄园。

以及世界之本质的问题。他的著作证明,他读过柏拉图、亚里士多德、廊下派,甚至他所鄙薄的犬儒学派、伊壁鸠鲁学派以及怀疑论者的作品。从此,他对事物有了与君士坦提乌斯二世及其家人不同的看法,后者未能让基督教给人留下好印象,他们给人的感觉就像阿特柔斯家族①的人去参加弥撒那样诡异。

这种情况给了尤利安一种表面上的自由,在学习他所轻蔑的修辞学的同时,他跟从黎巴尼奥斯(Libanios)、爱德西欧斯(Edesios)、马克西穆斯(Maximos)等人秘密巩固这些知识。在尼科美底亚(Nicomédie),他加入了一个知识人圈子,此中人皆是杨布里科斯(Iamblichus,约250—330年)②和迦勒底神谕(Oracles chaldaïques,据说

---

① 阿特柔斯是希腊神话中珀罗普斯和希波达弥亚的儿子,堤厄斯忒斯的哥哥,阿伽门农和墨涅拉奥斯的父亲。据传,有一个诅咒一直折磨着珀罗普斯的后代,阿特柔斯家族的故事血腥复杂,异常堕落。

② 新柏拉图主义哲学的重要人物,该学派叙利亚分支的创始人。他致力把新柏拉图主义创始人普罗提诺的哲学和各种宗教的一切礼拜形式、神话、神祇结合起来,发展成一种神学体系。在新柏拉图主义者中,他是第一个用巫术和魔法来取代普罗提诺的纯精神和灵智的神秘主义者。他认为在普罗提诺学说中,除了"善"的同义语"太一"之外,还有一个超出人类认识范围的、无法形容的"一"。除了新柏拉图主义的三种伦理德行之外,他又加上了一种忏悔祈祷的德行,而居于这四种之上的,是适用于教士和所有人类的统一德行,人们凭这种德行就可以愉快地与"一"结合。

作者是通神师朱利安的热诚崇拜者。总之,这是一种染上了超自然和通神术(théurgie)①色彩的新柏拉图主义的变形。这对于困惑而向往政治、哲学、宗教紧密结合的尤利安来说,是一个启示。一切之起源——万物之所从出的最高神性,始自被伊利里亚(Illyria)王朝的祖先所崇拜的太阳神赫利俄斯,赫利俄斯依据等级秩序,从诸神到最微小的存在,让世界充满生机。从这样的角度看,正像希腊化时代的论著《论王权》(*Peri basileias*)中说的那样,理想的君主之于他的臣民就如同神之于世界。尤利安重返祖先的信仰,并根据情感化的柏拉图主义(un platonisme affectif)对之进行了改造,他在雅典居留期间悄悄引入的厄琉息斯秘仪②证实了这一点。

① 希腊语"θεουργία",又译"神通术、神仙术、降神术",一种宗教仪式行为,通常与巫术、魔法有关,用来呼唤某一或多位神的出现。在新柏拉图主义中有重要地位,经过赫尔墨斯主义而流传至今,与中国的扶鸾有类似之处。

② 古希腊时期位于雅典西北部厄琉息斯的一个秘密教派的年度入会仪式,这个教派崇拜女神得墨忒耳及其女儿珀耳塞福涅。厄琉息斯秘仪是公认的与早期农业民族有重大关联的一个上古原始宗教,可追溯至迈锡尼文明。厄琉息斯秘仪传到古罗马后,可能属于一个和女神崇拜、极乐世界相互对应的原始宗教体系。秘仪的崇拜内容和仪式过程受到严格保密,全体信徒都参加的入会仪式则是一个信众与神直接沟通的重要渠道,以获得神力的佑护及来世的回报。等级制度、长生不老和致幻剂曾在该仪式中产生关键作用。

君士坦提乌斯二世不情愿地将尤利安拔擢为"凯撒"①，并将他派往高卢前线，尤利安在高卢征战 5 年，历尽万难赢得了胜利。360 年的一个晚上，在卢泰西亚②（Lutèce），他被自己的军队拥立为"奥古斯都"，正当他准备对抗君士坦提乌斯二世时，后者已因病退位，尤利安在极端情况下被指定为继任者。

在一群虔诚的知识人的帮助下，皇帝尤利安实行了梦寐以求的哲学的神权政治（la théocratie philosophique）。作为一个受诸神委托的教皇国王（roi pontife），他近乎偏执地恢复了异教信仰……然而，基督徒并没有受到迫害，唯有宗教狂热分子的暴力挑衅遭到了镇压。不过，他未能避免一种失误，即他将基督徒排除出了一切教学岗位。

自视肩负着恢复帝国神圣本质（divine essence）的神圣使命，尤利安的内心深处仍保留着古老的幻想：罗马统治世界的天职。难道埃涅阿斯在冥府中没有从他的父亲

———————————

① 自戴克里先之后，凯撒专指"副帝"，而奥古斯都则是"正帝"的封号。

② 卢泰西亚是前罗马时代与罗马高卢时代的一个城镇，是墨洛温王朝重建的巴黎的前身。

安奇塞斯(Anchise)那里得到启示吗？对于理想的君王，这个按照诸神的精神统治世界的人，传统已经为人们展示了他的面孔，这就是亚历山大大帝，这个马其顿人把主权扩张到如此之远，威震于波斯。在岁月的长河中，不止一位凯撒曾梦想成为"新亚历山大"，降服那个不止一次羞辱过罗马的王国。君士坦提乌斯二世在世时，波斯仍然威胁着幼发拉底河畔的罗马城市。时机终于成熟，尤利安要挑战沙普尔二世(Sapor II)，打击他帝国的心脏。此外，神谕专家马克西穆斯曾经告诉他：他就是亚历山大转世。

对于后来发生的事，我们都已了解。尤利安在远征中死于前线，而帝国如故，再度成为了基督教帝国。青春时的梦想一经实现，世界就不再与它们相应。

当时的奥古斯丁正值9岁。当他在故乡塔加斯特城和马道罗斯做学生时，如果不是他的父亲从当地获得了在迦太基接受修辞学高等教育所需的奖学金，他就会一直留在那里，尽管天赋异禀。奥古斯丁之所以取得成功，据他说，是因为"他贪婪地渴求荣誉"，而言谈的艺术是获得荣誉的最可靠途径。正是在那时，他读到了西塞罗现已失传的《霍尔腾西乌斯》。在这部作品中，西塞罗为哲学辩护,认为它是通往智慧的唯一途径,是"关于神圣事物与人类事物的科学"。……自卢克莱修、维吉尔、佩尔西乌斯等人以来,面朝爱智慧的转向(conversio ad philosophiam)已成典范。一场冒险开始了,因为奥古斯丁将在很长一段时间内四处求索智慧。

首先,是在《圣经》中。根据基督徒的说法,上帝的智慧无人能及。然而,奥古斯丁一无所获,就像许多别的人——波菲利、亚挪比乌(Arnobe,卒于约 330 年)[①]、拉克坦提乌斯(Lactantius,240—325 年)[②]、哲罗姆——那样,因为无法破译希伯来语的象征而深感困惑。因此,他离开了罗马教会,转向摩尼教,摩尼教认基督为"善神"(le Dieu bon),而《圣经》中的上帝则是一个由始至终为自己失败的创造负责的创世神(le démiurge)。奥古斯丁入此教派 9 年,在追求形而上学的同时,没有忽视职业上

[①]　基督教护教者,享盛名于戴克里先时期(284—305 年)。根据哲罗姆的《编年史》(Chronicle)记载,亚挪比乌在皈依之前是一位著名的修辞学家,他皈依的原因是他做的一个梦。亚挪比乌受到柏拉图和卢克莱修影响很大。

[②]　早期基督教作家,曾经担任罗马皇帝君士坦丁一世的顾问,在最初阶段指导其基督教宗教政策,并担任君士坦丁一世儿子克里斯普斯的导师,在文艺复兴时期被称为"基督教的西塞罗"。

的成就。

他也大量阅读当时流传的各种书籍。奥古斯丁的著作引述了至少34位希腊哲学家和4位拉丁哲学家。摩尼教的预言对他来说显得越来越不可信靠，可要如何填补哲学家们未能填补的精神空白呢？学园派怀疑主义条分缕析的怀疑诱惑了他一段时间，但他太渴望确定性了。在此期间，奥古斯丁在他的职业生涯中平步青云：他在迦太基任教授，在罗马任私人讲师（privat-docent），30岁就被晋升为帝国的官方修辞学家，居住在首都米兰——一切都将发生变化的地方。

奥古斯丁在米兰发现了一个热衷于新柏拉图主义的、相当纯粹的知识人小团体，这个小团体充分建立在普罗提诺和波菲利的文本之上，这让奥古斯丁欣喜非常。

奥古斯丁终于摆脱了对神性的物质主义想象。这意料之外的身体、灵魂、精神、上帝之景象分外耀眼，令他找回了年轻时代的信仰。更重要的是，一次在去大教堂的路上，他听到了安波罗修主教用寓言的方式解释《圣经》，并不时援引普罗提诺。奥古斯丁因此重回教会。其余事毋庸多言：辞职、重返非洲、成为希波的主教，以及，一部巨作，柏拉图主义在其中带来了接近信仰、深化信仰和表达信仰的方式。

410年，亚拉里克①在罗马烧杀劫掠了3天，异教徒将责任推卸给了基督徒，而他们自己也对这么多殉教者的圣骨是否得到了有效保护表示怀疑。这使奥古斯丁想起他已酝酿多年的主题，奥古斯丁发起了论辩。在《上帝之城》中，他提出，人与上帝之间的关系并非在公民秩序之中，而是一种内在的联系，取决于每个人所选择的"团体"（*civitas*）、他所信从的是什么：尘世优先，抑或天上优先。"两种爱造就了两座城：爱自己而轻视上帝，造就了地上之城；爱上帝而轻视自己，造就了天主之城。"

对世界的两种看法，诞生于两颗比人们能够想象的更为接近的头脑之中，同样地终日为对科学的渴望和对神性的激情所萦绕；他们同样地没有绕开柏拉图主义，至少当它传到他们那里的时候是这样。这两种哲学都自信是永恒的。它们一个至今仍吸引着众人的目光，而另一个，很快就埋没了，正如勒南（Renan）所说，"紫色的裹尸

① 即亚拉里克一世（Alarich I，约370—410年），西哥特国王（395—410年在位），一般认为他是西哥特王国的缔造者。

布里,死去的诸神正在熟睡"。

圣奥古斯丁的三位一体论

亚里士多德通过重述柏拉图笔下的苏格拉底所言,进一步肯定了正是惊奇(l'étonnement)触发了第一批思想家的哲学思辨。[①] 此后的其他人也都接受了这一说法。然而,值得注意的是,人们不会对同样的事物,无论何时何地以同样的方式感到惊奇。哲学的历史并非这样一座概念的博物馆,所有参观者都能以相同方式看待其中陈列着的概念。谁还相信"永恒的哲学"呢? 关于哲学另一个明显的事实就是,"惊奇"是不会一劳永逸。仅仅把惊奇当作开端是一种误解,海德格尔谴责这一误解:"惊讶承荷着哲学,贯通并支配着哲学。"所以,惊奇是一生的事业,思想的生命永远不会停留在对确定的知识的确信中。所有这些观点都可以在阅读奥古斯丁有关三位一体的论述时得到验证。

---

① 这不是亚里士多德的原话,故删去原书中的引号。

无论人们对其抱有多么美好的想象,基督教在最初阶段并非无所争议。这是由于语言、文化、心态的差异,更何况还有那些关于个人的问题。然而,涉及圣父、圣子、圣灵时,似乎没有比福音书、使徒行传和保罗书信中的说法更复杂的了。随着时间的推移,对精确表述的需要才显示出来,尤其是在东方。当人们决定将各自先前在作为神圣存在的团体生活中所历之事合理化时,困难便产生了。事实上,如果圣子是圣父的"道"(Logos),他又如何能与圣父处于等同地位呢? 同样,如果圣灵是由圣子派遣的,它同圣子的关系又如何能平等呢? 因此,犹斯定①、德尔图良(Tertullien,150—230 年)②、俄利根

① 殉教者游斯丁(Iustinus Martyr,天主教惯译"犹斯定"),公元 2 世纪基督教的护教士之一,于公元 165 年前后在罗马殉教。天主教相信他是哲学家的主保圣人,正教会与普世圣公宗也尊他为圣人。他的大部分作品都已失传,但有两篇护教书和一段对话幸存下来。第一篇护教书热情地捍卫了基督徒生活的道德性,并提供了各种伦理和哲学的论据,说服罗马皇帝安东尼努斯放弃对教会的迫害。此外,他还主张许多历史上的希腊哲学家(包括苏格拉底和柏拉图)是"不自知情的基督徒"。

② 早期基督教著名的神学家、哲学家、护教士。他对于三位一体与基督的神人二性这两个教义的阐明,为后来东西方两个教会的正统教义奠定了基础,并因理论贡献而被誉为拉丁教父和西方基督教神学鼻祖之一。有人称他是"希腊最后一位护教士",亦有人说他是"第一位拉丁教父"。

(Origenes Adamantius,185—254 年)①、爱任纽(Irenaeus Lugdunensis,130—202 年)②表现出了所谓的"从属论" (Subordinatianisme)③倾向。但是,到了 4 世纪,事态变得严峻起来,其时,身为亚历山大里亚神甫(prêtre)的阿利乌斯(Arius,250—336 年)④有心对为一些人所混淆的三个位格加以区分,他坚信维护圣父对圣子的优越性方

① 或译"奥利振",生于亚历山大里亚,卒于该撒利亚,是基督教中希腊教父的代表人物之一,更是亚历山大学派的重要代表人物之一。在神学上,他采用希腊哲学的概念来解说圣父与圣子关系。他的数项神学主张在第二次君士坦丁堡公会议中被定为异端,因此天主教会与东方正教会皆未将他列为圣人。

② 天主教译为"圣宜仁"或"圣依勒内",出生于公元 2 世纪初的小亚细亚希腊裔家庭,基督教会主教,早期基督教神学家,被罗马公教会和正教会敬奉为圣人、教父,罗马公教会还奉其为教会圣师。爱任纽最早认为现今《圣经》正典中的 4 卷福音书是神的启示,反驳《路加福音》是唯一正统福音书的立场。

③ 或译"圣子从属论、次位论、隶属论、附属论",是基督教神学中的一种信条,他们相信圣灵及圣子,无论在位阶及本质上,都低于圣父。这个学说起源于早期基督教会。

④ 或译"亚留",天主教称"亚略",是领导阿利乌斯派的早期基督教人士。阿利乌斯及其教派认为圣子耶稣基督次于圣父。阿利乌斯认为,圣父是上帝,是永恒而独一的存在,在上帝以外,没有能与上帝平等的,因为一切在上帝以外的个体,都是上帝所创造的,并且地位都在其下,连圣子耶稣也不例外。因此,耶稣比上帝低一等,是受造的;圣子不是永恒的,因为其是"从父而出"的受造之物。其论点与三位一体的基督教传统教义对立,故而在公元 325 年的基督教大公会议(即第一次尼西亚公会议)被取消教席并斥为异端,后因罗马皇帝君士坦丁大帝在神学态度上的变更,得以保存势力。

是明智之举。这一主张将造成基督教世界的分裂,引发紧张的局势和暴力行为。这在从此是基督教天下的帝国并非没有产生政治影响。325年,在君士坦丁的召集下,尼西亚公会议以希腊文规定了三位格的平等性:"三本体同为一本质(Une substance; trois hypostases)",这句话被勉强翻译成了拉丁文。不少人对此表示支持,但论争仍在继续,并且由于种种意见间的细微差别而愈发复杂,衍生出众多教派,在东方尤其如此。

399年,奥古斯丁开始着手写作《论三位一体》(*De Trinitate*)。他非常清楚那些无益而又不明确的辩论所造成的损害:"要是谈到了三位一体,谁对此不会说上两句呢?"不过,尽管这些争论让奥古斯丁感到愤慨,但他意欲做的并非参与到争论中去,而是将观点的错误之处揭示出来。这些年来,他一直致力于完成《忏悔录》的写作,其间的每一页,都有一颗灵魂在惊叹着它发现了那位内在于自己的、爱之恨晚的上帝的存在:"我对你的爱迟迟而来……"当一个人爱时,无处不能见其所爱者,对所爱的想念却无有息止。奥古斯丁希望三位一体不是被理解为一个概念,而是被理解为一种不可言喻的存在:"谁将识得三位一体?"这是一个信仰的问题,它并非被动的信仰主义(fidéisme),而是不懈地探索对于已知之事(ses données)的更好理解。此外,三位一体从未缺席他的众多作品:作为一个无所不在的奥义邀请我们持续仔细地阅读那些揭示着这一奥义的经文,理解它所施予并吁请传扬的爱。这部了不起的论著其结构因初版的失窃而变得复杂,但它没有旁的目的,尽管其15卷书中形成的主题看起来是多样的。奥古斯丁所希望的,如果不是与我们分享他对于发现了圣父、圣子、圣灵三位一体的神的惊奇,又是什么呢? 我们最终会理解,在保罗称为"万物之中的万有"的神①之中,人无分优劣,融洽一致。然而,我不会隐瞒这样一个事实,即奥古斯丁借此想要说服对这一点存有相当之怀疑的异教徒:基督教是一种卓越的**哲学**(重点为原书作者所加),它向人类保证了他们的哲学家没能给出东西——永恒,奥古斯丁将永恒恰切地定义为"上帝之今日"。至少,应当让异教徒们了解基督教是

―――――――――――

① 原文作"tout en tout","万物之中的万有"是思高本的译文,注云,该短语指神明要以自己的威严光荣和自己无限的幸福充满一切,使一切得救的受造,分享永远的光荣。

一种文化(culture)。

奥古斯丁首先想要强调的是，在《旧约》中显现自己的上帝确实是(est bien)——人们想说的可能是：已经就是(est déjà)——《新约》中的那个三位一体的上帝。这部论著的前4卷都被用于讨论这一注解性的先决条件。奥古斯丁首先回顾了神在《创世记》和《出埃及记》中的显现(théophanies)，在这些段落中，三位一体的神总是通过圣父的声音对亚当、夏娃、亚伯拉罕和摩西说话，就像他对约瑟、门徒们和保罗说话一样。如果奥义形诸人类理解力可及的图像或言辞，那么它仍属于另一等级(ordre)。因此，认识(connaissance)可以在对经文的静思默想中得到增长，而非仅限获自哲学——这种哲学尽管有着自身的局限性，奥古斯丁在随后3卷中对它的提及却不是多余的。奥古斯丁在此反驳了阿利乌斯派的论点，根据奥古斯丁，后者的方案在本质上是不充分的，双方正是在这一点上展开了争辩。本质与位格、实体与偶然、述词(at-tributs)、谓词(prédicats)、关系(relations)、一与多的关系，如是等等，无所不包。因为十分忧虑同阿利乌斯派徒劳无益的论争被再度复燃，奥古斯丁急于了结阿利乌斯派的空口胡言,好在第8卷回到内在于信仰的智慧这一至关重要的问题上去。奥古斯丁还逐一分析了心智的本质及运作:心智摆脱感性的约束,意识到诸价值,意愿着与这些价值相一致,向着无穷之爱上升。在接下来的6卷书中,奥古斯丁设法在人类的灵魂中发现作为上帝的三位一体之影像的那种东西,苏菲·杜佩伊-特鲁代利(Sophie Dupuy-Trudelle)恰切地称其为"灵魂学的三位一体"(une trinité psychologique)。思想(pensée)、认识(connaissance)、爱(amour),回忆(mémoire)、心智(intelligence)、意志(volonté),所有这些三位一体结构(stactures triadigues)都证明了三位一体的上帝正是按照自己的形象创造了人类。奥古斯丁著作中所有这些分析都旨在澄清知识(science)与智慧(sagesse)各自的性质及它们之间的关系。后者,即智慧,被称为"哲学"(philosophia),而它同它得自于上帝恩典的知识与爱是成正比的。奥古斯丁在此重述了10年前其《论真正的宗教》(La Vraie religion)中的话,10年后,在《上帝之城》中,他再次说道:"真正的哲学即真正的宗教。"

《论三位一体》第15卷(也即最后一卷)的开篇总结

了各卷要旨,以此为所有时代的读者提供帮助与保障。然而,就像他经常做的那样,奥古斯丁提醒读者保罗在《哥林多前书》中说的话:"我们现在是借着镜子观看,模糊不清。"而且,让我们不要忘了,当时的那些镜子远没有现今的镜子那样忠实。因此,为了在思想中看见自己因信仰而持有的东西,要求一种永无止境的努力。论著当然是完成了的,但探索并没有结束:"你自己给了我寻求的力量,使你自己被我寻找,并给了我越来越多的找到你的盼望。"①

在汉娜·阿伦特(Hannah Arendt)看来,作为奥古斯丁所有论著中最惊人的一部,《论三位一体》是他"最深邃且结构最严谨"的作品。但是,在我看来,它同样也是最矛盾的作品。那个时代的读者正前所未有地学习着人的本质,对于接近三位一体的奥秘来说,这难道不是十分诱人的吗?如果卡拉马的坡西迪乌斯不曾救下那些书页,天晓得托马斯·阿奎那、笛卡尔、帕斯卡、马勒伯朗士以及莱布尼茨会写些什么呢?而奥古斯丁,他难道不正是

---

① 译文从周伟驰。奥古斯丁,《论三位一体》,周伟驰译,上海人民出版社,2005 年,第 451 页。

通过穷研注释学和哲学的珍宝,引导不同时代的读者认识到古尔文·马岱克(Goulven Madec)所说的"'同一本质,三个位格'难道这一最教条的公式本身不是一种权宜之计吗"?早在386至387年间,奥古斯丁自己不也向"因其不存在而最为人所知的全能的上帝"(le Dieu tout-puissant qui est mieux connu en ne l'étant pas)祈祷吗?奥古斯丁从经验中了解到,由于缺少足够的惊奇,人将一切,包括上帝,都缩减至自身的尺度。因此,我们需"时常寻求祂的面(visage)"。

亚拉里克劫掠罗马

"可怕呀! 整个世界都在土崩瓦解了。"圣哲罗姆在伯利恒听到罗马遭蛮族入侵的"可怕消息"时如此哭喊。同样,目睹避难者在希波城靠岸的圣奥古斯丁也这样呼喊:"人们伤心流泪,无法得到安慰。"然而,他们却是迥然相异的两个人:司垂登(Stridon)①的哲罗姆,这个"多瑙

---

① 一个古老地名,位于罗马行省达尔马提亚,其确切位置不为人知,作为哲罗姆出生地,其名流传于后世。

河的儿子",比罗马人更具罗马性,而塔加斯特的奥古斯丁,这个非洲人,则并不受到罗马爱国主义的困扰。不过,他们对于此事的反应却别无二致:他们感到同样的惊愕。人们诚然畏惧野蛮人,但对于当时的情况却知之甚少。[他们所知的仅是]旅人的只言片语、某个情报不明的官员的泄密,抑或来自战败区及被占领土的传闻。不久以前,雅典已经沦陷。科林斯和其他城市也是一样。但是罗马?自8个世纪前布雷努斯①(Brennus)[被罗马人击退]和卡皮托利山的大鹅[在高卢人试图夜袭时叫醒罗马人]以来,罗马一直都是不可进犯的⋯⋯在帝国的公民看来,罗马被入侵是不可想象的。要是他们早点知道就好了⋯⋯

事实上,410年8月24日,亚拉里克和他统领的那些西哥特人——阿利乌斯派的基督徒们——此前已经蹂躏了色雷斯,摧毁了希腊,继而又围困意大利北部,随随便便就进入了罗马,花了整整3天洗劫这座城市。他们的

---

① 或译"布伦努斯",是高卢塞农人酋长。公元前390年,布雷努斯曾率高卢人攻下罗马城,洗劫了许多财物,后因罗马人顽强抵抗,被罗马人击退至马其顿,而布雷努斯也在战役中因重伤身亡。

行为与往常一样:屠杀、强奸、抢劫,但他们放过了躲入教堂避难的人,无论是基督徒,还是异教徒:他们没有放火烧他们。奥古斯丁赞扬了他视之为蛮族的这些人身上保留着的这种虔敬。做完这些之后,亚拉里克带着战利品和人质继续向意大利南部挺进。

事实上,在当时的人们——他们对一个半世纪以来世界的变化了解得如此之少——眼中,刚刚倾覆了的是 *Roma æterna*——永恒罗马的神话。我们有必要对这一点作进一步的说明。首先,亚拉里克劫掠的是一个名誉首都(une capitale honoraire)。那时,西罗马帝国的首都是米兰,然后是拉文纳,东罗马帝国的首都是尼科米底亚,后迁都君士坦丁堡。至于这场令人难以置信的政变,则并非一次入侵,而是如保罗·韦纳所说,是一场仇杀。事实上,亚拉里克和他的西哥特人实际上曾隶属于罗马军的补充部队。自忒欧多西乌斯一世将亚拉里克拔擢为伊利里亚军队的首领已有 12 年了。亚拉里克并不是第一个与罗马高级官员达成协议的蛮族领袖:罗马将守卫边界的任务交给了一些蛮族人——这些蛮族人遭到其他寻求更好生活的蛮族驱逐——他们中的一部分人在这方面因表现突出而声名大振。正如我们透过亚拉里克看到的那样，罗马此举将自己置入了险境。亚拉里克因没能得到自认为应得的最高统帅的职位而陷入狂怒，为了报复决意羞辱罗马这座所谓的永恒之城。

因此，残酷的罗马之劫不过是一场严重得多的灾难中的一个插曲，但是很少有人意识到这一点：黎巴尼奥斯、阿米阿努斯·马尔凯利努斯（Ammien Marcellin）、萨勒维安（Salvien），还有使用 6 个假名写作《罗马帝王纪》的神秘匿名作者。然而，在当时，大多数人看到的只是一个象征的被亵渎，并且错误地认为，亵渎它的是那些效忠于帝国的人。

这就是灾难在无论是受害者还是被噩耗打击的人身上引起的本能反应：要在尘世找到原因，如果有必要的话，到天堂或地狱中去找，最重要的是找到该为此负责的人。200 年前，德尔图良对将气候失常的原因归咎于基督徒报以冷笑。这一次，情况对异教徒有利：信奉基督教的皇帝们不是禁止了古老的崇拜吗？这座昔日主宰世界的城市的遭劫便被看作是那些失意之神的报复。简而言之，异教徒给出的回答是"我早已告诉过你"，基督徒却回顾布雷努斯攻占罗马以及尼禄治下的罗马大火等事件，认为"根本不是那样"。诸神没有创造奇迹！而且，如果不久以前异教徒拉达盖苏斯（Radagaise，？—405／406 年）①未能夺取罗马，那么，亚拉里克——他手下的粗野军人放了在圣所避难的异教徒一条生路——的成功难道不是上帝造就的吗？不管怎样，事情后来转而变成了被占时期的法国对"谁该为 1940 年 6 月负责"这一纸上谈兵的讨论。

基督徒们自己也并非没有疑问，特别是有关罗马原本指望能够从彼得和保罗之死还有那么多的殉道者的圣髑那里得到的保护。奥古斯丁提到了其教区中一些教徒的反应，他们对自己在公众眼中的形象感到忧虑。他们听到主教在讲道台上轻描淡写地布讲万物皆有尽时，世上没有什么是永恒等话，这些话让他们感到难堪。"我听到周围有人说：'要是他说的不是罗马就好了！'"

奥古斯丁认为，这是提高论辩水准和扩大论辩范围的好机会。但要怎么做呢？

正是在提出这一问题时，奥古斯丁看到了一个自信

_____

① 一位哥特人首领，5 世纪初，他领导了对西罗马帝国的入侵。

奉摩尼教以来困扰了他10年的主题中可以得出的解释：这就是人类境况的二元性。在从前的作品中，他经常提到这一点。无论一个人隶属于哪座"城"（在拉丁语的意义上，即无论他的国籍是什么），在他身上，肉体与精神、善与恶、爱与恨、短暂与永恒，等等，常常发生冲突。根据每个人身上占支配地位的极性——对一些人来说，是自私的固恋（fixation égoïste）与自我的提升；对另一些人来说，是对他人幸福的无私渴望和归根结底对上帝荣耀的热切向往——自世界之始至世界之终，两个潜在的民族就形成了两座"城"。奥古斯丁用一个流传于世的公式（formule）定义了这两座城各自的性质："两种爱造就了两座城。爱自己而轻视上帝，造就了地上之城；爱上帝而轻视自己，造就了天上之城。"（《上帝之城》，14.28）这将是《上帝之城》的主题，奥古斯丁将展示这两个民族在整个人类历史上的共存，他说，这两个民族如同人们所看到的那样交织在一起，就像彼此交错着坐在教堂的长椅上，或者坐在马戏团和剧院的看台上。这些人的命运截然相反，而唯有上帝了解这一切。

从这个角度看，"城"中之重要者，换言之，人的归属，显然是天上之城，而这唯有靠神恩的赐予。既然如此，亚拉里克事件就恢复了它应有的比例：它只是最后的审判来临前，世界漫长历史中的众多插曲之一。事实上，再过20年，奥古斯丁将在被围困的希波与世长辞，而这一次，围困希波的是汪达尔人。而此时的西罗马帝国距离末代皇帝罗慕路斯·奥古斯都（Romulus Augustulus）被日耳曼人奥多亚赛废黜仅剩46年。

第4章 基督教的边缘

灵知派的奥秘

教派的扩散并非我们这个时代特有的现象。就连那些结构最稳固的社会亦未能幸免于这种诱惑，这一现象于古有征。

公元2世纪，基督教已在罗马帝国立稳脚跟，尤其是在东部：希腊、埃及和小亚细亚各省。当然，它仍遇到了阻力。普通民众对基督徒仍抱有敌意，他们对基督徒知之甚少，认为基督徒的感情和日常生活方式与一般人相差太远。知识分子则素来倾向于藐视这种被认为不可与伟大哲学同日而语的学说。至于政治当局,他们时不时用怀疑的目光盯着这个令人难以捉摸而具有征服性的团体,视这些团体为引发祸乱者的巢穴。尽管存在着零星的迫害,基督宗教始终坚持着自己的立场。2世纪初,塔西佗称尼禄时期的基督徒为"数量可观的一群"(《罗马帝国编年史》,15.14),2世纪和3世纪,正是由于它的扩张,基督教为一场激烈的内部危机所震荡,甚至更加严重,因为它可能颠覆自己的根基。

第一代基督徒几乎完全由犹太人主导。使徒保罗急欲向非犹太人传教,在他的影响下,新生的教会很快就与犹太教会决裂了,但基督徒仍受到当时犹太教的影响,这种犹太教有时是非正统的,深受希腊文化的浸染,非常重视上帝就其秘密所给出的启示(révélations):"les *apocalypses*"[启示;揭蔽](该词来自希腊语"*apokalupsis*",意为揭露、发现)。正如庇护十一世的名言,基督徒"在精神上是闪米特人":他们的信仰、他们的祷告和他们的文学都明确地提到《圣经》中记载的以色列历史,而耶稣的降临,也就是应许给选民的弥赛亚,在他们眼中即是这段历史的应验。因此,对于早期的基督徒来说，他们的宗教被充分地框定在信奉普救论的希腊化了的新犹太教之中，而正统的犹太教团体对此显然提出了强烈的质疑。《使徒行传》（成书于约公元80—90年）和苏厄托尼乌斯的《罗马十二帝王传》（成书于约公元120年）都提到了这些团体间的冲突，这些冲突往往会引发小规模的争斗，民政当局则对此粗暴地施以镇压。

由于罗马帝国的世界主义（cosmopolitisme），它将那些在文化、宗教情感和生活方式上迥然有别的民族汇聚成一个集合体（mosaïque），尚处于脆弱阶段的基督教不可避免地遭遇了其他的思想流派以及其他构想世界和体验神圣事物的方式。基督徒几乎遍布各地，他们在生活中所接触的人们对事物的看法不同于《圣经》和福音书，就有关命运、生命、死亡、神明等无法避免的问题，他们给出了另外的回答。2世纪，许多人着迷于来自东方的思潮，这些思潮更多是精神性的，而并不带有哲学色彩；这些思潮尤其来自宗教故乡埃及，也来自弗里吉亚（Phrygie，位于安纳托利亚[Anatolie]北部）、巴比伦尼亚（大致相当于今伊拉克和伊朗），甚至也许还来自印度。

这是一种更为隐蔽的诱惑,因为这些思潮与其说诉诸理性,不如说是诉诸感性,甚至是诉诸感官的,它们易于吸引更广泛的拥护者,这些拥护者都不怎么爱好哲学。这套神秘的东西、秘传的蛊惑人心的宗教崇拜和玄奥的思辨——在我们看来,它们在下面这关于或善或恶之精神元素的事上往往是不明确的:据说,这些或善或恶的精神元素之中充斥着无形之物(l'invisible),并且,它们会朝着或好或坏的方向影响世界的进程——给人以希望,吸引着人们。

一些基督徒开始怀疑,《圣经》即使不是假的,至少也是不完整的,它只不过提供了对世界和人类命运的片面看法。就这样,一种外来的、令人难以置信的奇妙启示为所有事情带来了最终的说法,抱着能够接受这种启示的希望,一些虔诚而又亲如兄弟的小团体形成了秘密教派(sectes d'initiés)。这些人接受这种启示不是为了补全《圣经》,填补空白,而是为了将他们的信仰(foi)置于各地信仰(croyances)所组成的统合诸说的(syncrétique)总体之中。总之,东方带来的"附加优点"是为一个整体[的到来]带来了希望,而这场宗教热潮在当时正全面扩张的基督教会内部引发了一场名副其实的文化大革命。

造成这种精神状态的原因可追溯到 5 个世纪前亚历山大大帝的征服。那时，人们已然从一种自治城邦的文明——它以一个人们熟悉的聚居地为规模，令人安心，一切都在熟人之间得到解决——进入了一个世界性的文明，希腊化时代的人们身在其中，感觉到自己迷失在帝国之中，这帝国的体量全然不同于其幻想中的规模。公元前 1 世纪，罗马的征服已经持续了半个多世纪。城邦失去了重大事务的管理权，沦为单纯的市镇（municipalité）；而那些直接涉及民众的决策则由其他地方更高层级（的权力机关）作出。在 2 世纪，对于外省人来说，罗马似乎很遥远；而在罗马本地，权力也被认为是遥不可及的，行使权力的人有着本质的不同，在这些人的眼里，没有人觉得自己很重要。从共同经营管理一个群体的命运的操劳中解脱出来后，个人需要学会独自为自己而活，这引发了前所未有的焦虑。每个人的命运都成了只有自己才能破解的谜。世上的恶无法再以同样的方式来解释。身体、身体的欲望、身体的痛苦和身体的衰退对幸福与永恒之渴望构成了绕不过的限制，因为最终只有死亡才是赢家。然而，谁知道死后会发生什么！

因此，人们渴望从这一切中解脱出来，拯救自己。哲学在希腊城邦时代，本质上是政治性的，现在，哲学已成为一个事关个人生活的问题，如何应付这一问题，取决于个人的良心（conscience）。曾为公民共同体广为接受的传统崇拜已无法满足那些发现了独一无二之灵魂的人。那些脱离了自己所熟悉的环境的人转而信奉"神秘"宗教，被接纳入教的信徒们共享着来自充满希望的团体的温暖：库柏勒①、伊西斯（Isis）②、得墨忒耳，等等。一些人转向犹太教，另一些人则转向基督教。在罗马、安条克③、亚历山大里亚等国际大都市，这种现象最为明显，一种非常古老的信仰正在以全新的形式复苏，影响着几乎所有圈子，无论是在异教徒还是在基督徒之中。这种信仰可以简单概括为：灵魂得救只能来自一种我们所不了解的知识（希腊语"*gnôsis*"，法语"gnose"），这种知识只向被选中的人传递有福的秘密。因此，"灵知派"（gnos-

---

① 弗里吉亚地区（今土耳其中西部）所信仰的地母神。
② 古埃及宗教信仰中的一位女神，对她的崇拜传遍了整个希腊—罗马世界。
③ 其遗址位于今土耳其境内。公元 1 世纪，耶稣的门徒被称为基督徒，便是从这里开始的。

tiques)这一名称被用来称呼当时大量出现的小教派的追随者，他们大多是受到启发的基督教徒，每个小教派都认为自己掌握着万事万物的最终决定权，是唯一的拯救者。

与此同时，一大批秘教作品应运而生，它们得到了相当有信誉的宗教人士的注解，尽管有时较为牵强。他们认为，《圣经》或者福音书远未说明一切。他们声称自己接触到了迄今为止未经公开的原始文献：著名的伪福音书（来自希腊语"apocryptô"：隐藏）和各种有关末世论的作品，符合晚期犹太教[的观点]。夏娃、圣母玛利亚、使徒多马和马提亚，等等，我们非常需要详细地揭示他们那些至今未宣的隐秘，以便理解一切并确保我们今生与来世都能得到救赎。这种启示的兴盛可以与古代常见的托名之作（*pseudépigraphie*）的生产相比较。原创性在当时是不被提倡的，故而为了传播新的信息，最好的做法是将其署名为一位其著作已经佚失或尽管保存了下来但仍然等待着有一天重见天日的古代作家。

以此为基础，在大教会（*ecclesia magna*）①的边缘形

---

① 该词在早期基督教史学中被用来指大约 180 至 313 年这段时间，介于原始基督教时期和罗马帝国基督教合法化时期之间。

成了无数的小团体。其中据 4 世纪的一位主教萨拉米斯的厄皮法尼欧斯的统计，有 60 个这样的小教会都声称是基督的信徒。大教会的教父们有时把这些小教会比作所罗门王的无数妻妾，与《圣经》中他唯一合法的妻子相对。这是对唯一之基督教会的形象写照，将许多敢于宣称自己是基督教会的教派贬为低位的妻子。每个小团体都有自己的圣经（Saintes Écritures）、教级（hiérarchie enseignante）、仪式和教条，圣经中的先祖们（patriarches bibliques）、圣母玛利亚和耶稣本人都被卷入了令人难以置信的形而上的奇遇之中。

灵知派苦心编造的形形色色的复杂理论足以让饱学之士望而却步。巴西勒伊得斯(Basileides，约 125 年活跃于亚历山大里亚)①、瓦伦提努斯（Valentinus，100—153年，约 140 年活跃于亚历山大里亚及罗马)②，玛尔奇翁(Marcion，约 85—160 年活跃于小亚细亚)③以及玛尔库

①　一位早期基督教哲学家和神学家，于 2 世纪初在亚历山大里亚传教。

②　早期基督教神学家，曾在罗马创办学校；早年受当时罗马基督教正统派的排挤。

③　早期基督教的神学家，第一位《新约圣经》的编辑，亦是第一个被教廷判为异端的派别领袖，创建了一个与罗马教会平行的教会组织，并自封主教。

斯(Marcos,活跃于 2 世纪中叶)[1]——更不用说拜蛇教（ophites）、赛特派（sethiens）[2]和芭尔贝洛派（barbélognostiques）[3]了——他们的理论令人费解，使人无法进行任何总结，并且将在未来很长一段时间里引发诸多论题。灵知派以一种古怪但逻辑严密的方式，将多个传说中宇宙起源的事实与对《圣经》和福音书的思辨相结合，大做文章：十几个同心圆，由凶恶的阿尔科恩（Archontes，一种特殊类型的天使，源于希腊化的犹太教）[4]守护着的一连串天体，这些纯粹精神的实体按照细微的等级差异层层排列，在星际范围内构成了规模巨大的活动的背景，宇宙完成了射精和交媾，最终诞生。父神、母神、男女神灵竞相斗智，确保在最后一战中称霸天地。

---

① 瓦伦提努斯的弟子。

② 塞特(Seth)是《旧约·创世记》中亚当与夏娃的儿子，该隐与亚伯的弟弟，是亚当与夏娃的儿子中除该隐与亚伯二人以外唯一在《圣经》中被提及名字的一个。根据《创世记》4:25，塞特于该隐杀害亚伯后才出生，而夏娃则相信神"另立一个儿子(塞特)代替亚伯，因为该隐杀了他(亚伯)"。

③ 芭尔贝洛(希腊语"Βαρβηλώ")，灵知派宇宙论中上帝的一种形式，是一个雌雄同体的存在。

④ 希腊语"ἄρχων"，意为"统治者、管理者"，看起来凶神恶煞，"拥有女性和男性的身体，以及野兽的面孔"，他们控制着地球和人类的许多思想、感情和行为，协助他们的主人(亦即造物主)创造了世界，并继续协助统治。

耶稣经常出面以出人意料的方式拯救那些祂认为可以得救者，异于福音书的记载。例如，巴西勒伊得斯指出，耶稣在各各他山脚下让古利奈人西门代替自己爬上十字架，因为神不能受苦，更不能死亡。如同一切无所畏惧的教条主义者，灵知派乐于将他们所坚持的观点推向逻辑的极限。瓦伦提努斯不怕嘲笑，指出耶稣的吃喝皆按《圣经》的规定，但是他的精神性使他免于排泄（转引自亚历山大里亚的圣革利免，《杂缀集》[①]，3.6.59）。

如果不是因为一些思想境界很高的片段时有出现，反映出人们真正希望从哲学和宗教两方面深入探讨我们所知道或我们认为知道的东西，人们很可能会把这些胡说八道的书看成拙劣的恶作剧或出自精神错乱者之手。但遗憾的是，这些理论家的观点并不一致。士麦那的圣爱任纽（约 132—208 年）叹道："要找到两三个说法相同的人是不可能的。"（《驳异端》[*Adversus hæreses*]，1.11.11）

然而，除了细节上的差异外，灵知派所谓的启示可以

---

① 原书法语作"*Stromates*"，希腊语即"*Στρωματεῖς*"，意为"拼凑而成"。

简单归纳为四点。

一个所有人共有的基本直觉是，现世是不可接受且毫无价值的。这是一个残忍的噩梦：事事阻碍、事事窘困、事事都在限制我们追求幸福的冲动。这一点本身就提出了世界起源的问题：如果世界如此糟糕，它就不可能是一位好神创造出来的。犹太人和基督徒也考虑到了恶，对此，他们给出了这样一种解释：创世之初在本质上是好的，但由于其最美好的元素，亦即天使们的叛乱——其中一些天使想要与上帝平起平坐——而被破坏。落败的天使们翻身掉进冥府，不甘心自己输了争取独立的战争，直到拖着人类一起堕落才肯罢休。由于受了蛇的欺骗，亚当和夏娃以为自己可以摆脱上帝的监护而获得自由：这正是致使他们被驱逐出伊甸园的原罪。从那时起，果实里就有了虫子。基督徒补充说，耶稣，上帝之子耶稣降世为人，用自己在十字架上牺牲的血为人类赎罪，但这只是一种希望。相反，对于灵知派而言，人类在这场灾难中是无可指摘的：他不过是一个受害者，恶是从外部强加给他的。既然没有谁询问过他的意见，人类就绝非罪人。因此，如果恶是事出有因的，那么我们就必须追究更高层级的责任。

世界理所当然地是由一位好神按照自己的形象设计的。理想的人类应该永远幸福快乐地生活在一个与他的美好愿望相一致的宇宙中。在这个幻梦般的世界里，没有人受苦，更不会死亡。但不凑巧的是，这个崇高的计划遭到了一个或多个相互竞争的纯粹精神的力量的阻碍，由于愚蠢的骄傲，这些力量自以为精明能干。他们想要越过上帝，攫取祂的计划，亲自创世，以便独揽大权。当然，他们的企图失败了，这导致精神垂直坠入物质之中，困于其中，变得混浊。从他们的笨手中诞生的不过是理想人类的可悲流产，发育不良的人类注定要在灾难丛生的世界里以各种形式败坏。根据灵知派的文献，《旧约》中的上帝总是被视为邪神之一，制造事端又无力控制，搞砸了世界的创造。因此，上帝不被认为是真神：犹太人和基督徒可要稍加注意了……

那么，我们要如何摆脱这个困难呢？灵知派认为，人类必须认清自己的处境，而人类远未做到这一点。大多数人在那些对待烦恼痛苦泰然处之的哲学和宗教的错误引导下，安于这种[不自知的]状况，好坏都将就。幸运的是,仁慈的上帝看到了人类在险恶的环境中苟延残喘的可笑模样,产生了怜悯之心。上帝将其神圣生命的萌芽存入了人类的灵魂,这粒永恒的种子唯待开放。有了它,人类才能认识到自己并非这个世界的人,并启程重返失乐园。

灵知派规定了利于回归[乐园]的条件:入教者在这个世界上作为陌异的外来者过流放的生活;与其他人类保持距离并尽可能地避免繁衍后代,以免混乱的局面永久地持续下去。总之,入教者必须在不断的超越中消除外来的影响,在教派领袖的指引下,将灵魂从黑暗导向光明。具体而言,这些规则首先意味着一种于定律外逆流而行的义务:灵知派是叛逆者,一种形而上的拒绝服役者。没有自由,还有什么道德而言? 恶就在我们身边吗? 管它呢! 让我们通过作恶来把恶消耗殆尽,最坏的经历会是最好的经历,因为从黑暗力量中有这么多东西可以夺取! 在某些教派中,性欲尤其不应受到任何压制,而是恰恰相反。但是,被选中的真福者也必须遵守教规参加礼拜仪式,没有这些仪式,救恩就无法实现。这些仪式通过一整个象征体系介入为原始之恶所残害的存在的不同层次。举行这些圣事是为了纪念创世之初那次严重的沉船，以此克服它并灭除其影响。

根据灵知派的文献，由于世界的奥秘是宇宙生成过程的一部分，这些祭礼往往注重生命的性的维度，可能具有淫秽乃至赤裸裸的色情性质。至少在我们看来是这样，而从信徒的角度看，神圣经文（textes sacrés）为这里的每一件事都提供了基础和证明其有益的依据。

通过观察这些宗教活动，我们可以了解这些团体的教义中所包含的直觉，这些教义往往是神秘难解的，在这些救赎宗教的结构与实践中，没有一处怪异是无根据的，因为它们吸收了有时非常古老的象征，根据自己的观点加以调整。例如，拜蛇教赋予蛇（希腊语"ophis"）在世界体系中以优越的地位。著名的衔尾蛇（serpent Ouroboros，即咬住尾巴的蛇）象征宇宙的圆满：圆环最终闭合，从"一"至"整全"，复从"整全"至"一"，永恒永久地循环，开悟者声称他们能在宇宙的不同层次上辨别这一点。根据拜蛇教的说法，《创世记》中的蛇先后令夏娃和亚当晓谕人事，让他们在获得肉体欢愉的同时也获取了知识。拜蛇教没有放过由此开辟的任何视角。圣蛇的主导地位体现在他们的圣餐仪式中。面包和酒摆好后，主祭人会从盒中取出这神圣的动物，将其放在祭坛上，而与蛇接触者就这样被祝圣了。随后，领圣餐前，信徒们会用嘴唇来接受蛇的和平之吻。

亚当派（adamites）也同样重视与创世神话相符：正是出于对我们始祖最初之纯真的怀念，信徒们一进入教堂就脱掉衣服，赤身裸体地祷告、讲道、举行仪式。教堂因此代表了最初的不幸之外的复乐园。

更难解释的是童贞女芭尔贝洛的追随者们礼拜仪式的象征意义。芭尔贝洛身份不明的父亲是第一位神，身为其女，她成为了世界的管理者（gouverneurs du monde）、天使阿尔科恩的最高管理者（rectrice suprême），但这一职位被她的儿子邪恶的创造者（le mauvais créateur）撒保斯（Sabaoth）所取代。为了弥补篡位造成的恶果，芭尔贝洛不得不一个接一个地引诱阿尔科恩们，以吸收他们的精液。她毫不犹豫地这样做了，因为这是恢复她被非法玷污的权力的唯一途径。芭尔贝洛派的共祭以一丝不苟的精确和虔诚纪念这一功绩；他们在淫秽的圣体仪式中总是念念有词地口说耶稣的话："这是我的身体；这是我的血。"

相比之下，灵知派的玛尔库斯制定的圣体圣事礼仪就显得格外单纯。他将自己调配的起泡粉与圣杯中的酒混合，延长祝圣仪式的祷告，直到混合物起泡并溢出祭台，作为基督真实存在以及主祭玛尔库斯代祷之有效性的明证。其他灵知派教徒使用的可疑制剂或多或少具有令人兴奋甚至催情壮阳的作用。教父们找不到足够严厉的措辞来谴责教堂里的这些闹剧和诡计，尽管这些在当时颇受欢迎，但它们显然扭曲了圣事的精神。然而，如果我们仅仅注意关于这些礼拜仪式的轶事传闻，并反感于其离奇古怪讨人厌，那就错了。这些做法是一种总体性的信仰的一部分，涉及人类活动的各个层面：精神、情感，甚至感官。这些礼拜仪式在某种程度上同时也模仿了有益身心的超自然活动，这种活动本应将人类从事与愿违的恶果中拯救出来，使其恢复原有的贞洁。总的来说，这类仪式中必然会经历的暴烈和堕落带给人们的损害与赎罪行为所能带来的益处是不相上下的。

然而，大教会的主教、教士和信徒却生活得艰难竭蹶，他们的信仰要求他们付出如此之多，有时甚至是殉道的英雄主义，他们眼睁睁看着自己所信仰的对象遭到严重的歪曲,道德沦丧于不体面和淫乱之事,耶稣的名字被搅入比起祭台看起来更像在妓院的仪式之中。事实上,威胁来自多个方面。首先是宗教方面:在2世纪,基督教的教义还远未明确,这种可塑性使得这一轮廓和界限不够清晰的信仰变得脆弱。实际上,灵知派教义背后的精神部分地影响了某些教父的著作,亚历山大里亚的圣革利免(2世纪)和俄利根(2—3世纪)即在此列。一些近代人甚至在《新约》中保罗和约翰的身上发现了它的雏形。在教义模糊不清的情况下,了解异端邪说或单纯的轻率究竟始自何处仍然是必要的。假如异端运动蔓延开了,那么,整个的基督教岂不是在冒险,而丧失了正身地位吗?

除了这种来自内部的危险,还有来自外部的威胁:异教徒对基督教本就不怀好意,加上灵知派在精神和礼拜仪式上的别具一格造成的冲击,基督教声名狼藉,大受责难。某些异教徒哲学家——刻珥苏斯①(Celse,约178

① 哲学家,生活于2世纪下半叶。他很可能在马可·奥勒留统治时期写了反基督教的《真教义》,今已失传。他熟悉犹太教与基督教经典,捍卫罗马传统多神教。他以传统价值观和古代宗教的名义以及罗马政府所要求的公民职责来反对基督教,同时为哲学理性高于基督教信仰辩护。

年)、普罗提诺(约 205—270 年)和波菲利(约 234—310 年)——的一些文字证明他们对这种差异并不敏感。波菲利为其在罗马的导师所作的传记《普罗提诺的一生》中写道:"在他那个时代,基督徒中出现了一些新的宗派,他们欺骗了不少人,他们自己也误入歧途。"这类糊涂行为,难道不会为那些四处传播的关于基督徒及其所谓不道德行为的卑鄙故事提供话柄吗? 这随时可能导致与世俗权力的关系再度紧张,而后者是不可能理解其中细微差别的。

所有这些担忧迫使教会高层亲自处理这些问题,并迅速向教士(pasteur)和信徒们发出警告。这显然不是借助[教皇]通谕[各地主教]的现代方式通过唯一普遍施行的纪律措施来完成的:当时的教会尚不具备随时间推移逐渐形成的中央集权结构。当时所能见到的只是一些主教或者教士获悉这些异常情况后在迫切需要时采取的零散举措。里昂主教圣爱任纽于 180 年写下《对所谓灵知的揭露与反驳》(*La Soi-disant Gnose exposée et refutée*),这部作品以简写的拉丁文标题《驳异端》(*Adversus hæreses*)流传至今,换言之,他反对一些人对教会所承认的真正信仰对象做自作主张的选择（choix，希腊语"hairésis"）。这一驳斥实际上是对整个基督教教义的大量阐释中的一部分。这部综合性的著作极具独创性，爱任纽可被视为第一位基督教神学家。

俄利根也反对灵知派的怪诞立场，由于他自己在阐述对堕落和拯救的看法时也没能逃过这种微妙的诱惑，因此他驳斥得更为老练。令人生畏的护教士德尔图良偶尔也会用尖刻的讽刺攻击这些教派，尽管他本人也绝非正统……到了 3 世纪，还出现了一部名叫《对驳》（Réfutation，希腊语"elenchos"，意为"辩论"）的作品，其更为人熟知的名字是《驳一切异端》（Philosophoumena）①，该书的手稿直到 1851 年才被发现。学者们先是将此书归于俄利根名下，后来又认为是罗马殉教者圣希波吕托斯所作，最后终于甘心放弃，不再执着于找出真正的作者。这位护教士在论证中掺入了他自己的个人观点，而这些观点并不总是符合当时教会中的主流。最后，375 年左

----

① 《驳一切异端》（希腊语"Φιλοσοφούμενα ἡ κατὰ πασῶν αἱρέσεων ἔλεγχος"；拉丁语"Refutatio Omnium Haeresium"），亦称"Elenchus"或"Philosophumena"。这部 3 世纪初的基督教论战著作对异教信仰和 33 个被希波吕托斯视为异端的灵知派基督教体系进行了分类。

右,圣厄皮法尼欧斯撰写了《良药匣》(*Panarion*,字面意思是"药箱",言下之意就是要"预防异端疾病")。书中有许多细节值得商榷,需与其他资料作核印。据称,我们的这位圣人年轻时有过一段难以忘怀的经历。他被一些青春貌美的灵知派女信徒(很可能来自芭尔贝洛派)吸引,在一次仪式中误入歧途且似乎沉湎于中。从性的狂欢中逃出来后,他急忙跑去主教那里把看到的一切都告诉了主教。

异教徒的这套系统的说法必然会渗透进来,在此我们必须提及265至266年间普罗提诺所作的一篇有力的哲学驳论(《九章集》,2.9),这篇论文的主要目的在于使他学生中那些受到诱惑而入教者远离该教派。普罗提诺解释说,感性世界并非某个低劣工匠的作品,而是一个本身就具有理性的心智世界的流溢。世界上存在着恶,这是毫无疑问的,但恶只是善的匮乏。我们每个人都有责任通过禁欲主义和哲学沉思来摆脱这种恶,而不是委身于靠不住的幻影蜃景,这些幻影在哲学家看来只是一种精神上的招摇撞骗。

至少持续了两个世纪的官方教会的警告证明了灵知

派运动的活跃及其对基督教发展的重要影响。教会的反应与其面临的危险是相称的：激进，绝不妥协，毫不含糊。遭到反对的灵知派进一步将自己边缘化，而大教会的绝大多数信徒则团结在合法教士的周围。教会纪律得到了加强：警钟已经敲响，从此以后，教会高层将密切关注信仰的内容及其阐释。原本表述模糊的基本概念变得明确，正统性得以确立，谁若想自称是基督徒就必须确认——必须"信仰告白"（confesser）①的内容是严格规定的。恪守道德[的必要性]得到了重申。最后，人们从众多以这个或那个使徒或圣人的名义不正当地传播的福音书和启示录中选出了公认的真本：人们称之为《圣经》"正典"（canon，即"标准"），其他的则被视为异于教会最古老的传统而被抛弃。神启实际已随最后一位使徒的去世而完结了。

4 世纪，当君士坦丁和他的继任者们将基督教确立为国教时对仅存的几个教派使用了武力。这么一来，在

---

① 该词一般译为"忏悔"，如圣奥古斯丁的《忏悔录》，但在《旧约》中，该词（希伯来语"yadah"）主要意指承认神的名，赞美和感谢神的慈爱和救恩；但该词也有"认罪"之意。

此之前没怎么受过迫害的灵知派团体——可能是由于他们不忌讳尽一尽向帝国众神献祭的义务——失去了安全感，几乎被赶出了国界。此后，他们在东方强撑了很长一段时间，留下了能够表明其研究精神的令人印象深刻的证据。

1945年，在上埃及的拿戈玛第，人们发现了一整个的灵知派纸莎草图书馆，它属于4世纪的一个修会。这些用科普特语①写成、跨越了两个世纪的文字已被部分译出；这一发现更新了我们的认识，特别是它揭示了灵知派的犹太—基督教渊源及其哲学借鉴的重要性。其中，启示这一传统主题被保存在一个安全的地方，直到诺曼底登陆日才被重新发现。据说，亚当的第三个儿子赛特从上帝那里得到了启示，他把启示记录下来刻在石上，就有了塞特三石碑。据说，洪水来临之前，塞特将这无价的启示埋藏了起来，等待一个叫多西忒欧斯（Dosithée）的人在一个定好了的日子发现它。尽管这个多西忒欧斯很可能是神话人物，但人们把他视为灵知之父；据说，他是《使

① 晚期阶段的古埃及语，形成于纪元前。

徒行传》第8章中行邪术的西门的老师。

根据这段文字，《圣经》中的上帝远在他的时代之先。他给予塞特的那些启示反映出传授于公元前1至公元3世纪期间的柏拉图主义的某些洞见(intuition)：超越于一切物质形式之上、精神与生命之所从出的原初之"太一"与根据希腊化犹太教精神编排的《圣经》构想相结合。这一发现证明了灵知派的思辨水平已经达到了相当高度，而哲学彼时已渗透到各个圈层中。

尽管历史学家注意到灵知派随着时间的推移渐趋失去势头，最终在4世纪末叶消亡(至少在帝国领土上如此)，他仍然必须考虑灵知派继续存在的可能性。事实上，支撑灵知派大规模起义的精神基础似乎长期以来在这个或那个灵知派运动中都有所体现，在各大宗教内部孤立地存在。一些专家认为在基督教(保罗派、波格米勒派及卡特里派)、中世纪犹太教(卡巴拉)和伊斯兰教(伊斯玛仪派和德鲁兹派)中发现灵知派的影响。

数个世纪以来，直到今天，这股精神上的冲动一直支撑着绝对之物的追求者们——炼金术士、神智学家(théosophe)和各种神秘学家(occultiste)——矢志不渝地探索，他们对尚待发现和解释的秘传之知满怀信心。他们中的许多人仍然相信，他们可以在官方科学和各种神学的边缘找到世界之谜、特别是恶之问题的答案，但最重要的是，他们会找到与他们的焦虑不安及反抗相应的希望。

因阿利乌斯而起的纷争，持续了两个世纪

根据福音书的记载，耶稣曾对使徒们说起过他在天上的父，一旦祂死而复生，他就会升天回到父那里去，并且，祂很快会向他们派遣圣灵。第一批基督徒正是凭福音书中这些非常简单的事实生活了很长一段时间。他们所爱的上帝是圣父、圣子和圣灵，而并没有设法深入研究什么，而且，在受迫害的年代，许多信徒在未思虑过神学问题的情况下就作为殉道者牺牲了。那时的人们过信仰的生活而不思考信仰，没有人想过三位一体中圣父与圣子间可能存在的等级关系，也没有人想到去探究他们间的主次问题。

直到 2 世纪末，才出现了纷争。一些人的看法不同于教会，他们试图让自己的"偏好"（"hérésie"［异端］一词即是从希腊语"*hairesis*"［选择；倾向；意向］而来的）占上

风。例如,土麦那的诺厄托斯①认为有必要区分圣父与圣子。他的弟子撒伯流(Sabellius)在罗马世界传播了这一理论,甚至明确指出,上帝在《旧约》中以圣父的身份显现,道成肉身时以圣子的身份,在五旬节则以圣灵的身份。这就是撒伯流主义,直到 4 世纪末都有撒伯流主义的支持者。

320 年左右,亚历山大里亚一位名叫阿利乌斯(拉丁语"Arius")的博学神甫大声疾呼,反对将圣父与圣子混为一谈。相反,他意欲强调两个位格之间的区别。耶稣不是说过"父是比我大的"(《约翰福音》14:28)吗?浸淫在柏拉图主义传统中的阿利乌斯坚持认为圣子是永恒地受造于圣父的,而圣父作为第一原则是非受生的(希腊语"agenetos")。因此,圣父凭其自身显现为完全的上帝,圣子只是圣父与世界之间的中间人,世界由圣子代为管理。这一切都直接来源于亚历山大里亚新柏拉图主义哲学家的宇宙等级观念。但是,以这种方式将哲学应用于信仰

---

① 约 230 年小亚细亚教会的一位长老,因其观点被当地长老们逐出教会,这些观点主要是通过他在罗马的同时代人希波吕托斯的著作而为人所知,他在罗马定居并拥有大批追随者。

的对象上,阿利乌斯冒了很大的风险,其后果将在未来很长一段时间内产生影响。

假如亚历山大里亚的主教没有将阿利乌斯斥为异端邪说,事情可能就到此为止了。其他教士很快加入进来。一夜之间便形成了两个派系,在此基础上,它们又因在另一点上的分歧而形成新的分裂……如今,除非政党相争,否则我们很难想象这种混乱的局面。作为结果,在这座聚居着各国人民、汇集了多种文化、[遇到什么事]总是能够迅速活跃起来的大都市里,人们热情高涨。论辩已化为争吵,迅速蔓延并波及整个教会,损害了教会的团结与帝国的团结,而此时的帝国已经因为蛮族入侵而变得脆弱。

自君士坦丁皈依基督教以来,他的眼睛一直盯着天上,双脚却牢牢地踩在地上。他的反应是理智的,在给对立双方的信中,他写道:"当初最好就不要问这样的问题……"(优西比乌斯,《君士坦丁传》,2. 64)。由于未能弥合裂隙,皇帝主动召开了一次大公会议,会议于325年5月30日在距离君士坦丁堡仅咫尺之遥的尼西亚召开。这样一来,君士坦丁即使不是教会的监护人,也成了教会的保护者,这背后并非没有隐藏的动机。无论如何,在尼西亚,在同一基督教信仰表面上的统一之下是两个世界的交锋:西方与东方,它们在语言、心态和文化上都如此不同。

分歧很快就出现了,但在君士坦丁的顾问科尔多瓦的主教霍西乌斯(Hosius)的压力下,西方教会的立场占了上风。阿利乌斯被斥为异端,为了结束争论,大公会议宣布圣子"与圣父同体同质"——希腊语"*homoousios*",记着这个词!东方教会不得已接受了这一教义,感到自己中了计。君士坦丁随后将这一教义推行至整个帝国,用他本人的话说,他成了"教会外的主教"。

然而,高级教士(prélat)们刚一回国,论战就又开始了,而论战的焦点便是这个著名的 *homoousios*,即"同体同质"(consubstantiel)。尽管整个西方教会都认可这个形容词,但在东方,一些人认为应当明确指出圣子"在本质上与圣父相似"——希腊语"*homoiousios*①"。失之毫厘,差以千里!② 一些人则主张说圣子"与圣父相似"——*ho-*

---

① 原书作"*honoiousios*",误。
② "*homoousios*"与"*homoiousios*"这两个希腊词的拼写之间只相差一个字母——i。

moios。这遭到了另一些人的抗议：根本不是这么回事！既然圣子是受生的，圣子就"不与圣父相似"——*anomoios*……如此，除了忠实于尼西亚信经的基督徒外，又冒出了本质相似派（homoïousiens）、相似派（homéens）、本质相异派（animéens）等等，所有这些教派都同样确信自己掌握着真正的教义。他们各自都有自己的领袖、狂热的追随者、打手，同时也有权贵阶层（nomenklatura）中的支持者和反对者。他们走上街头，高呼口号。阿利乌斯甚至创作了《举杯欢宴》（*Thalie*），一支神学小曲儿，码头工人一边游行，一边唱着这首歌。争吵打斗已数不清了，如果尼撒的圣额我略（约 335—395 年）的话是可信的，全城的人只谈论一件事："你要是问市价，买办就会开始和你谈受生与非受生；你要是想买面包，面包师会跟你保证圣父比圣子重要；你要是问洗澡水是否准备好了呢，你的童仆就会肯定地告诉你圣子是无中生有的。"

一些大人物也都声称自己属于这两个阵营。圣亚他那修是尼西亚信经的捍卫者，为之倾尽一生，我们都可以根据他的生平写部间谍小说了。具有里程碑意义的《教会史》的作者该撒利亚的优西比乌斯、尼科米底亚的优西比乌斯和基齐库斯的厄乌诺米欧斯则站在另一边。后者认为圣子在各个方面都有别于圣父，同样，圣灵在各个方面也有别于圣子，这让事情更复杂了……这些人在本已宏富的论证中引用了大量《圣经》和哲学的典故，花费了非凡的辩证法和修辞学知识，却无法说服对方。甚至，随着时间的推移，阿利乌斯派和反阿利乌斯派这两大阵营内部也出现了裂痕，形成了相互革除教籍的新派别，对社会政治格局产生了实实在在的影响。即使帝国元首间也存在显著的分歧。起初，君士坦丁放逐了阿利乌斯，但后来又将他召回，这让圣亚他那修非常愤怒。不过，他规定了尼西亚信经必须得到遵守。相反，他的儿子君士坦提乌斯二世却支持阿利乌斯派，也无意追究第一次尼西亚公会议。那一时期的历史给人们留下一种前后不一的奇怪印象。总之，人们与《使徒行传》中基督第一批信徒的"一心一意"（《使徒行传》，4：32）已相去甚远了。

阿利乌斯危机扰乱了基督教的教会生活将近一个世

纪,加剧了东西方教会间的矛盾,致使帝国在困难时期的管理变得更加复杂。基督教世界最终恢复统一还需归功于西方教会几位文化修养极高的主教——普瓦捷的依拉略、该撒利亚的巴西流、尼撒的额我略和卡帕多西亚的圣额我略·纳齐安——智慧而执着的行动。在381年的君士坦丁堡会议上,所有人最终一致同意了"一性三位一体"(une nature, trois personnes)的教义。

然而,阿利乌斯事件因大规模的外敌入侵而延长。事实上,在"温和的阿利乌斯派"主教乌尔菲拉的倡议下,阿利乌斯派传教士使数量相当可观的野蛮人皈依了基督教。他们甚至不厌其烦将圣经翻译成了哥特语!阿利乌斯主义由此成为了哥特人、阿勒曼尼人、勃艮第人和其他一些汪达尔人信奉的宗教。

不久以后,野蛮人就涌向衰弱的帝国,常常攻击尼西亚基督教的信徒。410年,亚拉里克率军洗劫了罗马3天,令帝国深感耻辱。亚拉里克是一个阿利乌斯派的西哥特人,曾一度与罗马结盟,如今却自立门户。这些粗野的蛮族士兵杀人、抢劫、强奸,一如往常。直到6世纪末,蛮族人才皈依天主教。

多纳图斯与环仓者运动①

在 313 年李锡尼(Licinius)颁布赦令②、君士坦丁皈依基督教之前,基督教在帝国境内一直是被禁止的,原因是基督徒拒不参加公共祭仪。在一个政教合一的世界里,这种拒绝不仅被视为冒犯神明,而且也被认为是敌视国家的行为。基督徒的忠诚度因此受到质疑,特别是当皇帝认为国家处于危险之中,颁布法令要求向众神献祭,考验民众的忠诚度时。拒绝献祭或交付基督教典籍给警察是构成犯罪的,可判处死刑。

在所有这些令教会血流成河的迫害中,有人殉道,但

① Les circoncellions,指 4 世纪由逃亡奴隶、破产农民和北非的非罗马人口组成的多纳图斯派的一支,来自拉丁语"*circum cellas vagare*",意为"在粮仓周围游荡的人"。

② 指"米兰赦令"(Edictum Mediolanense),该赦令宣布罗马帝国境内可以自由信仰基督教,并且发还了已经没收的教会财产,承认了基督教的合法地位。米兰赦令是基督教历史上的转折点,标志着罗马帝国的统治者对基督教从镇压和宽容相结合的政策转为保护和利用的政策,从被戴克里先迫害的地下宗教成为被承认的宗教,而基督教也开始了与帝国政府的政教合一。公元 380 年,罗马帝国皇帝颁布萨洛尼卡赦令,确立基督教为国教。

无疑也有人因为害怕落得一个不好的下场而屈服于国家的命令。3世纪，迦太基的圣居普良（Thascius Caecilius Cyprianus，约210—258年）①为基督徒争先恐后排队参加祭仪而痛心。这些堕落的人被称作"*lapsi*"[宁愿否认自己的信仰，也不愿受到迫害的基督徒]，甚至有些主教也包括在内。假如他们与帝国当局合作，交付（*tradere*）圣书，人们就把他们称作"*traditores*"[背义者；通敌者]，法语"*traîtres*"[叛徒；变节者]一词就是由此而来的。不难想象这些"合作者"同一些幸免于难的"抵抗者"之间会有怎样或明或暗的斗争。后者凭借他们或真实或假想的英雄主义声称要掌控一切教会事务，教会从此将成为纯洁、被拣选者的团体，鹤立于一群得过且过乃至假冒的基督徒中。主教多纳图斯·玛格努斯（Donatus Magnus，约273—355年）②认为，那些犯了错的神职人员和主教已自绝于他所设想的教会。他们从此就是罪人了，不宜授之以洗礼、圣餐、圣职等圣事。不得不说，多纳图斯认为自

---

① 迦太基教会主教，基督教会殉教圣人，其教会合一观念是促成拉丁教会统一在罗马主教之下的重要思想力量。

② 北非阿尔及利亚多纳图斯派的领袖。

己有资格这么想：他受其先辈圣居普良观点的启发，圣居普良则受到德尔图良的影响，后者的狂热最终使他被排斥在罗马教会之外。

这正是错误之所在：普世教会的教义指出，圣事的有效性丝毫不取决于其施行者是否圣洁抑或罪过，而只取决于上帝的恩典。因此，没有必要为希望回归教会共融的变节者或通敌者再施洗礼，也没有必要以某位主教的神品晋升是由一个与行政部门合作过的高级神职人员授予的为借口而认为是无效的。

帝国当局始终关注着新的宗教理论对社会的影响，这使得多纳图斯遇到了种种困难，但他从未打算放弃自己的观点。作为本土人士，多纳图斯认为自己在非洲是享有盛誉、备受尊敬的人，他也确实得到了教区的热情支持。当时的非洲，尤其是努米底亚，十分同情殉教心理乃至自愿殉教的理想。君士坦丁的一个多纳图斯派信徒佩提珥利阿努斯（Petillianus）说："基督教的进步全靠信徒们的牺牲。"在这些地区，人们对《启示录》中的形象也异常敏感。罗马的政务官，尤其是税务官，被描绘成敌基督者。最后，非洲各省还存在着广为人知的沙文主义，人们乐于拥护多纳图斯成为当地伟大宗教人物的接班人。

然而，当他与君士坦斯一世支持的另一位主教发生冲突时，情况就变得不妙了。多纳图斯被勒令辞职，但他非常傲慢，如此质问皇帝的使节："皇帝与教会何干？"这话不假，却是鲁莽之辞。城市和乡村爆发了骚乱，多纳图斯仍被判流放，最终在流放地死去。无论是多纳图斯的被逐还是死亡都没有影响其运动的活跃性，这一运动遍及罗马治下的整个非洲。由此，又一个加入了摩尼教的平行教会成立了，这使得天主教的主教们和行政管理的工作变得更加复杂。事实上，多纳图斯派很快就成了一场反对乡村贫困的抗议运动的精神托词，其成员要求地主和罗马官员承担责任，并且采取了行动。这些人被称为"环仓者"（circon-cellions），因为他们 *circum cellae*［在贮藏室周围］转来转去，在谷仓和货栈附近徘徊，手拿武器，占其存货。

这类运动往往是为了追寻理想。对于这些人来说，多纳图斯派为他们提供了意外的机遇：他们成了真正的教会，成了纯洁而坚强的教会的武装力量。他们甚至将自己视为基督光荣的殉道者，战胜了魔鬼的爪牙、敌基督的官员，他们必须尽快消灭所有这些人。在这些被社会遗弃的人当中,包括了来自另一教会(即信奉异教者的教会)的神职人员和信徒。因此,环仓者们的行凶、劫掠有上帝做担保。

事实上,我们从米拉的欧璞塔图斯①,尤其圣奥古斯丁那里了解到的关于这些虔诚的强盗们的情况并不怎么鼓舞人心:他们所干之事乃是武装抢劫、谋杀和搞破坏。奥古斯丁作为当地人,有过不止一次的机会与多纳图斯派接触和驳斥他们教条主义的立场。虽然他似乎总是以开放的态度进行对话,且反对任何针对该教派信徒和神职人员的暴力镇压,但必要时,他也会毫不犹豫地向当局呼吁,尤其是为了制止环仓者们的横行霸道。对于他们因行政管理的疏忽或干预手段的不得力而逍遥法外,奥古斯丁感到非常不满。奥古斯丁是促使多纳图斯运动逐渐衰弱的主要原因。他的学识与人格常常赢得多纳图斯追随者的青睐,而天主教会也扩大了其影响力。此外,由于多纳图斯派遭到国家的禁止,其同党可能被流放,许多人认为加入官方基督教是明智之举。尽管如此,多纳图斯派一直存续至 7 世纪末,到那时,由于阿拉伯人的入

_____

① 人们对他所知甚少,他是《反多纳图派》的作者,并被收入罗马殉道者名录。

侵,整个基督教在非洲几乎完全被抹除了。

伯拉纠,或不可解的诱惑

这一切都始于一场思想运动,而这场运动发端于伯拉纠,这场运动在他所居住的罗马和意大利传播,然后蔓延到非洲。伯拉纠反对当时仍为数众多的摩尼教徒粗浅的决定论,他认为人的命运掌握在人自己手中。每个人都有责任使用上帝赋予他的自由来遵守上帝的诫命。按照伯拉纠的说法,亚当违背上帝的意愿旨意固然犯了严重的过错,但这是他自己的事,不会对他的后代产生真正的影响,只不过他树立了一个坏榜样,人类会受到诱惑而去模仿。无论如何,他的罪并没有损害人类的本性,没有削弱上帝赋予人的自由,也没有波及他人。此外,伯拉纠作为超前于他那个时代的康德主义者认为,如果上帝要求人类遵守祂的诫命,那是因为祂通过自由的恩赐赋予了人类服从祂的命令的手段。14 个世纪以后,康德说:你想,所以你能(Tu dois, donc tu peux)。简而言之,个人如果犯罪,那是因为他想要犯罪,而一个人完全可以没有过失地度过一生。永恒的救赎归根结底是善的意志的问题。至于赎罪，基督是作为神命（先是摩西律法，然后是福音）的传道者实现的。基督教的这一观点通过伯拉纠、卡厄勒斯提乌斯（Caelestius）[①]和埃克拉诺的朱利安（Julianus Æclanensis，约 386—455 年）[②]的言论和著作在罗马传播，备受欢迎。这样一种人类学吸引了对哲学感兴趣的文化人。这种虔诚的唯意志论（volontarisme）体现出一种严肃、负责任的支配个人生活的方式。这令很多人想起了长期以来影响着罗马人中杰出者心态的廊下派。

直到 411 年，一切都还正常：教会方面并没有借审查来打击后来被称作"伯拉纠派"的人提出的论点。尽管卡厄勒斯提乌斯的著作震惊了教会中的一部分人，但并没有发生什么严重的事情。但在别的地方，事情出人意料地变坏了。410 年，亚拉里克对罗马的洗劫引发了大家族成群地逃往非洲行省，许多人打算在那里定居下去。

---

① 伯拉纠的弟子。
② 埃克拉努姆（位于今意大利贝内文托附近）的主教，5 世纪伯拉纠派的杰出领袖。

伯拉纠、卡厄勒斯提乌斯和埃克拉诺的朱利安就在其中。据说，伯拉纠本人在中转希波时停留了一段时间，等待前往圣地的交通工具。因此，他本可以在那里见到主教奥古斯丁，但是后者，按照我们今天的说法，正在休病假，所以他们错过了彼此。后来的事件表明，他们既不曾相互理解，也没有达成一致。

在非洲，天主教会已不得不应付摩尼教和多纳图斯派了，伯拉纠及其追随者的到来也无济于事。这群紧密团结的罗马难民毫不掩饰自己的观点。更有甚者，卡厄勒斯提乌斯居然（他的著作已经扰乱了一些严谨之人的思想）在迦太基竞选圣职！因此，对于许多人认为与传统相悖的理论的传播，教会不能再坐视不管了。一场激烈的纠葛随之而来。411年，414年，417年，教区会议和大公会议相继举行，直到418年，在迦太基大公会议上，伯拉纠和卡厄勒斯提乌斯先是被定罪，继而平反，但最终又被定罪。事实上，由于此事起始于罗马，教宗之间的矛盾时有发生……直到419年，皇帝霍诺留（Honorius）插手干涉，伯拉纠主义被彻底定罪，再无翻案的可能。圣奥古斯丁当然也参与了这场辩论。多年的彷徨使他对人的罪行和上帝之爱的绝对无偿尤为敏感。在他看来,亚当的罪行确实污染了他的后代,损害了人性。从此以后,人没有能力正确地使用自己的自由,陷于一种无法服从上帝所不断下达的命令的境地。人没有出路,除非神恩援救,而唯独上帝能够决定是否赐予这一恩典。一言以蔽之,这与伯拉纠的立场截然相反。

因此,这场论争持续了20年,双方互不相让,也就不足为奇了。奥古斯丁控诉伯拉纠派自以为是的唯意志论,他们低估了耶稣被钉十字架的意义。他们将救世主基督贬低为道德楷模,就像异教徒崇拜的伟大历史人物一样:热古路斯(Marcus Atilius Regulus, 约前 267—前 248 年)①、加图……假如原罪就是这么回事的话,那么,正如圣保罗所说,"基督就是徒然死了"(《加拉太书》,2:21)。伯拉纠派则为奥古斯丁对自由的漠视而愤慨,他们指责其宿命论:宿命论解除了善的意志。如果一切都是预先决定的,甚至可能预先就是了无希望的,那么追求尽善尽美又是为了什么? 新的问题在争论展开的过程出现

---

① 古罗马执政官和将领,第一次布匿战争时期的统帅,后远征非洲。

了,尤其是关于预定论的问题。假如上帝通过恩典拯救了祂所拣选的人,那么其他人呢? 是否存在塞尔日·朗塞勒(Serge Lancel,1928—2005 年)[①]所说的"神的 *numerus clausus*[最高限额]"? 然而,谁又能告诉你,你是否被判了缓刑? 论战双方在机敏和论证的严谨性上相匹敌。奥古斯丁尤其感到有必要澄清自己在自由意志和恩典问题上的立场,遗憾的是,他的立场恐怕比他原本希望的更加强硬,以至于许多人错误地将此视为其著作的精髓。

反对伯拉纠的论战引出的关于原罪、人的自由、上帝的恩典,预定论的问题道阻且长。数个世纪以来,种种的危机会重新将它们激活。但正是难解的问题最能在未来大放异彩。

------

① 法国考古学家、历史学家和语言学家。

第5章 现代

孤独与平庸之间，柏格森的平庸哲学

似乎从未有人对柏格森关于"平庸"（banal）这一概念的使用产生过兴趣。然而，如果我们从这个角度重新阅读他的作品①，则不可能不对平庸在其中的重要地位

---

① 原书中后文所引柏格森著作名缩写如下，其后的页码根据作者生前出版的最终版本（1939—1941）给出：DI:《论意识材料的直接来源》（*Essai sur les données immédiates de la conscience*）；MM:《材料与记忆》（*Matière et mémoire*）；R:《笑》（*Le Rire*）；EC:《创造进化论》（*L'Evolution créatrice*）；ES:《心力》（*L'Energie spirituelle*，或译《精神能量》）；DS:《道德与宗教的两个来源》（*Les Deux Sources de la morale et de la religion*）；PM:《思想与运动》（*La Pensée et le Mouvant*）；EP 则表示由莫塞- （转下页注）

感到惊奇。柏格森不仅频繁使用这一概念——其形容词形式 banal 出现了不下 20 次，名词形式 banalité 则不少于 5 次——而且，他还为这一主题的系统化研究提供了必要的条件。当然，这并不是说他自己曾阐明这一教导：人们发现它分散地存在于他的全部作品中，而在涉及语言、涉及其性质、作用及其加诸精神生活的状况（régime）时，最为集中。我们希望揭示的正是这种隐含在柏格森书中的平庸哲学，因为这既缘于我们对柏格森研究本身的兴趣，也是因为考虑到从中可以获得的更广泛的效用。

首先，我们需注意的是柏格森将"平庸"（le banal）作为一个事实来谈论。平庸影响着行为，也影响着记忆、情感、描述、过程、句子。这一事实蔓延甚广，以至于"日常的对话很大程度上是由对平庸问题（questions banales）的现成回答构成的"（《心力》，第 168 页）：平庸与平庸的交换（échange de banalités）取代了个人看法（observations personnelles），无论（话题）是关于女性的（《道德与宗教的两个来源》，第 41 页），还是关于别的什么。至于思想、观

（接上页注）巴斯蒂德女士（R. M. Mossé-Bastide）收集的 3 卷本《文集与讲演录》（*Écrits et paroles*），罗马数字表示卷，阿拉伯数字表示页码。

点和哲学见解,它们在发展中逐渐从矛盾走向平庸,对此,柏格森作出的大量而精确的暗示不容忽视,这一观点应当成为他思想中为人熟知一点。

当我们阅读这些文本时,很显然,平庸对于柏格森来说属于那种无可争议的事实:事情就是如此,他有时表现出一丝恼怒,有时也欢迎它。平庸是既定事实(une donnée)。它是人类——*Homo faber*,*sapiens*,*loquax*[有技艺、有智慧、能言谈的人]——处境的一部分,正如他至少重复了 58 次的常识一样,不管愿意与否,人们必须重视和充分利用这一点。这并不是说平庸应该在那种常见的、认为其与文化相对立的意义上被看成是出自自然的:在柏格森的作品中,现实从未被说成是平庸的,我敢说,无论现实作为整体,还是作为局部,法(droit)都从不认为现实是平庸的——没有什么比这种不自然的分类更违背柏格森主义了,这种分类的便利性为它赢取了常识的认可。① 在柏格森的作品中,平庸总是作为对现实某种形式之注视的内容、作为人类自然地可以完成的活动的产

_____

① 直译:这种分类的便利性解释了它在常识上取得的成功。

品或者副产品而出现。如果平庸是自然的一种既定事实（une donnée），我们便可以猜出，值得研究的恰恰是现实在人的注视下变得平庸的过程，既然没有更恰切的词，我们将称之为"平庸化"（banalisation）。

对于这种平庸化的形成，似乎必须将语言（le langage）考虑为直接因素。事实上，如果我们再次查看柏格森对"平庸"一词（无论是形容词 banal，还是名词 banalité）不同用法的清单，我们将惊讶地发现，在其对这些字眼 25 次的使用中，有 13 次相关于直接涉及语言的语境，而这还是在不计入未使用"平庸"一词的同一种语境的情况下。上文提到了柏格森关于对话之通常性质的说法。在别处，他列举了这样一些例子，对于一些我们听惯了的、平庸的、普吕多姆式的①语句或句子模式，机械性本身就足以产生喜剧效果（《笑》，第 86 页）。但事情未

---

① 普吕多姆是 19 世纪法国剧作家亨利·莫尼埃（Henry-Bonaventure Monnier）在 1857 年创作的《约瑟夫·普吕多姆先生回忆录》（*Mémoires de Monsieur Joseph Prudhomme*）一书中的典型人物，此人腹内空空，但异常自负，说话装腔作势，充斥着陈词滥调。作者所言柏格森这里所举的例子是普吕多姆说的一句法语：Ce sabre est le plus beau jour de ma vie[这把剑是我一生中最光辉的日子]，而"le plus beau jour de ma vie"是一个现成的句子结尾，法国人对之已经习以为常。

止于此,柏格森用另外的篇幅向我们表明了平庸化本身是通过语言(verbe)的部署而发生的。这有时涉及我们的认知、感觉和情绪,语言通过使它们适应于其平庸的形式而落入俗套;有时涉及我们的观点,至少是我们珍视的那些,倘若我们试图将之化作文字,它们便会呈现出这种同样的平庸的形式(《论意识材料的直接来源》,第96页,第100 —101页)。这是因为语词(le mot)在本质上是"平庸的和社会的",它"只记录事物最一般的功能和它的最无关紧要(banal)的方面"(《笑》,第117页),因此,如果没有个性化的活力(souffle personnel)来将那些仅仅要求接合在一起的链条打破,那么描述的冷漠和平庸就总是可能的;如果一种伟大的艺术,才智与耐心的结晶,不去抓住(tirer parti de)语词固有的平庸,那么一切对于思想和最原始的内心生活的表达都会变得平淡乏味(《文集与讲演录》,第2卷,第386页;《笑》,第119页)。

但是,如果语言——作为词汇——只能规定爱、恨或其他情感普遍的(commun)、一般的(générique)、无个性的(impersonnel)方面,这是因为缩减是绝对必要的:语言——作为一种表达的、因此也是讲求实际的意图——

是一种简陋但使用方便的符号,用于替代丰富而无法言传的现实,这种替代如此成功,以至于它导致意识滥用自己的阴影:我们只能通过语词来觉察我们的在本质上流动不居的内心状态,这便解释了它们在我们看来何以如石头般不可推转,一劳永逸地被认识、被分类,而从不重复(《论意识材料的直接来源》,第98—99页,第103页)。"即使是我们自己的个性也是为我们所不认识的。"(《笑》,第118页)至于事物,我们则不再看到它们,我们看到的只是它们被贴上的标签而已。当我被送上一道菜并得知它的令名时,这一字眼完全有可能将它的威信植入我的感觉与我对它的意识之间(《论意识材料的直接来源》,第98页)。根本的我之情感的独特性消失于常规之我的运作中,直觉穿上了现成的服装。这便是平庸的统治,没有理由结束其统治。难道我们曾一度相信某个词汇(lexique)有着如此的威力吗?

如果说语言做了这样一种缩减,它只是用它使现实所蒙受的缺损——尽管令人惋惜,但也是无法避免的——换取了它赋予现实的那种可传递性。这些缺损是我们为了社会生活必须付出的代价,因为社会生活比起我们的个体生存更具现实意义，宽泛些说，这些缺损是为了适应必付的代价，这样一种为了适应而做的努力是作为一种绝对之必然的生活强加给我们的。在这个如此构成的、概括性的和符号的世界里，现实折射并为行为提供支点，我们的力量被其他力量有效地衡量。这符合我们的利益，这是我们最大的财富。因此，语言在平庸化中所负的责任只是工具性的：[语言]只是作为一种服务于智能的工具，它只服务于[智能所产生的]意图，储存智能据其需要而生产出来的概念，这些概念是对现实之有效划分的回应。如果意识经历了这样的变化，如果意识以这种方式被更改，这是因为我们的感官被我们的需求的紧迫性和连贯性催眠了：决定和行动每时每刻都成为是非此不可的。行动的必要性以及深思熟虑地行动——在新的处境中任何处境都是新的……——皆有赖记忆—习惯的准确性，记忆—习惯会积极回顾近似的先例，以便从中汲取特定的知识，使这些知识为某种倾向或需求服务。从前的直觉成为了一种判例，优先于并取代和解释了当前的直觉（《材料与记忆》，第 30、61、68、147 页）。于是，发生于时间—质量（temps-qualité）中的绵延（la durée）投射到时间-数量（temps-quantité）上。我们的记忆及状态的内在世界根据空间的不同框架进行自我分配，从而自我简化、自我概括，这些框架则乐于接纳它。总之，只要我们的内在世界变得更接近于行动，它就会变得平庸："我们的记忆（souvenirs）……随着回忆（mémoire）的缩减而呈现出更平庸的形式，随着回忆的扩展而呈现出更个性的形式。"（《材料与记忆》，第188页）余下的事我们都了解。我们在此发现了柏格森主义的基本论点，并在它们的直接线索中找到了其不带幻想的结论：柏格森一再反对加重那鉴于人之所是归根结底不过是某项有益行为的消极后果——对于过去的无法摆脱的恐惧，谨小慎微的守旧厌新，机械行为，行动污染思辨、材料污染精神、机械污染生命、空间污染时间……

在得出方才所说的结论之前，进一步的观察是必要的。让我们暂且回到对这一转变——这一庸俗化——的讨论上来，这一转变发生在语言的层面上，而行动的必要性同智能的本性最终要对此负责。我们不无兴趣地注意到，柏格森用于表明正在发生之事的性质的这些形象，都让人联想到暴力、粗野的行动，对内心世界所造成的伤害和对其丰富性的掠夺。这事关语言的要求,语言要求用粗暴之词挤压敏感微妙的内心状态,用程式冻结它所传译的思想,用文字扼杀、用词语反对精神,这事关一种为语言所愚弄的、粗劣的心理学(《创造进化论》,第96、98页)。这种语汇,即压迫性的语汇的使用,通过披露其情感氛围,进一步强调了柏格森反复重述的断言,根据这种断言,"思想(la pensée)仍无法以语言(le langage)来衡量"(《论意识材料的直接来源》,第124页),因为语言是为对话而非为哲学而产生的,其功能是使必要的交流成为可能,而非呈现内心生活的敏感微妙(《论意识材料的直接来源》,第10页),或表达个人的精神状态(《笑》,第119—120页)。柏格森所用暴力和不忠的比喻让我们看到,对于言辞,他远未给予完全的信任,因此,不难了解,柏格森未曾掩饰对"健谈之人"(l' *Homo loquāx*)的反感,这种"聪明人"擅长似是而非地谈论一切,他们是平庸的主要消费者和生产者,柏格森对之所抱的这种反感从未减弱。

从刚才关于柏格森思想的论述中,我们可以提炼出几个命题,在我们看来,这几个命题构成了他的平庸哲学。

首先，让我们重申，不存在处理现实的人性化方式之外的独立的"自然的"平庸。不存在脱离现实的领域，不存在本质平庸的事物。就其本质而言，无物相似，假若所有事物都可以彼此相似（《思想与运动》，第 56 页），那是谁的过错呢？同样，正如一个人只有在他不复是其自身的那一刻才变得可被别人模仿（《笑》，第 25 页），现实只是通过我们的精神习惯的贫乏视角才改变自己而变得平庸。这时，世界阴云密布，鬼魂环绕四周。然而，一切总都可以复活。即便我们对一切皆有所预见——皆有所缩减——现实仍充满惊喜，带给我们那"不可预见的、改变一切的小微者"（imprévisible rien qui change tout）（《思想与运动》，第 99—100 页）。试着"从时间的角度"（*sub specie durationis*）看待现实，一旦赞同这种"心灵转变"（*métanoïa*）①，你就会看到轻者重获其重，并在事物不断变化的独特性中发现它们的真实存在。

　　然而，考虑到精神的入不敷出状况和精神的社会状况，平庸是一个不可避免的事实。平庸是行动（agir）之必

----

　　① 来自希腊语"μετάνοια"，意为"心灵的转变"，尤指"精神上的改变"。

要性强加给人的代价,沉重而不可抗拒。外在的生活使语言成为是必然的,语言则反过来向生活提出一组问题,柏格森主义的全部目的——正像我们知道的那样——正是要回应这些问题。平庸自身没有调节原则。话语不断为之提供现成想法,这些现成的想法就像成熟果子般诱人:你只需做一个简单的动作:伸手。不过,果子很快就会干瘪。平庸是一种持续的诱惑,我们必须不断拒绝这一诱惑,而不要希望有一天将其完全摆脱。

还应当指出的是,对于柏格森来说,思想、直觉、内心状态,如不冒一两次平庸的风险,将永远无法汇入社会生活之流。首先,就表达而言,若非经过智能之滤器及其概念、图式和文字的装置,所要表达的内容便难以传递。说真的,我们能确定我们所想已化作所说吗?(《文集与讲演录》,第 3 卷,第 455 页)其次,就接受而言,透过磨砂的玻璃膜纸,透过文字所形成的积满灰尘的屏幕——柏格森就是如此来形容的——人们很难感知到某一学说的精神以及那将独特性赋予这一学说的直觉的焦点。柏格森论及贝克莱(Berkeley)的体系时曾表明:"我们能够重新抓住这个直觉本身吗?我们只有两种表达方式:概念和形象（image）。体系正是在概念上发展的，而当人们把体系推向它所来自于直觉的时候，它就会在形象上缩小：如果人们想要通过回溯到比形象更高的位置来跳过形象，那么人们必定会重新落到概念上。这些概念比人们之前寻找的图像和直觉更模糊，且更普遍。如果人们重新采用这个形式，堵塞直觉的来源，那么原始直觉看起来将会更乏味、更冷酷；而这就是平庸本身。"（《思想与运动》，第131—132页）在一篇写于40年前的文章中，我们发现，对于伟大作品的传承，弟子——即便是弟子中之最优者——抽象、简单、清晰的逻辑与导师"个性的、深刻的逻辑"间存在着的对立终究是分析不尽的。当面对某种残酷地证实了其观点——这些观点可能掀起的浪潮让柏格森感到忧虑——之正确性的柏格森主义时，柏格森会作何想……？

由此可见，人的处境，尤其爱好思考之人的处境使他置身于孤独和平庸之间，他既无法逃脱孤独，也无法幸免于平庸。一方面，交流（communion）是费力的、随机的、从根本上不完美的。哲学家唯一所要言说之物，是他的核心的、原始的、无限简单的直觉，而惟其无限简单,他并未真正说出[这一直觉]:他试图将它说出,这足以让他一生都有话可说,因为直觉的无限简单性只能靠近似的无限复杂性来恢复(《思想与运动》,第118—123页)。另一方面,交流成为是非此不可的,并要求直觉臣服于通用语言。如果好思者希望自己有机会得到理解,他就必须放弃行话,而采用通用的语言。甚至"文字的平庸会是让文字更加适于表达原始思想的那样东西"(《文集与讲演录》,第3卷,第487页)——只要人们真的费了心思去思考。我们仍有必要允许真正的思想带来的延迟。但是,在柏格森看来,哲学家并不总是具有这种耐心,沿用那些以固态在语言中铸造和交付的概念对于哲学家来说似乎更为容易。我们都清楚这样做的结果。此外,我们还需注意,假使身处我们赖以生存的社会,人们在为了维持生命而必须作出的适应上可以不那么努力,这样一个社会既不利于好思者美德[的增长],也不利于其使命的完成。它往往会将好思者幽禁于孤独之中,同时促使他们趋向平庸。实际上,这种社会总是以其惰性的巨大力量阻碍任何创新(《道德与宗教的两个来源》,第179—180页),并且我们可以想象,其阻力足以打消任何自我突破的念头。此外，这种社会有着将一切化约为同一立场的自然倾向，这迫使好思者为了使公众听取自己的声音而迎合平庸，因为"大多数人的个性是片面的，也就是说，是贫乏的"（《文集与讲演录》，第2卷，第355页），为了有效地工作，就必须与之共存而无法避免被卷入这一切的风险。

因此，好思者在孤独和平庸之间身处一种吃力不讨好的艰难境况中，对于柏格森来说，为了摆脱这种处境，除却努力、耐心和才华，似乎别无他法。如今的流行看法将柏格森的思想视作是浅易和自鸣得意的。倘若人们记得纵容人类处境之悲剧——文人之悲剧——的这一阴影从未荫蔽在柏格森主义之中，且那其中的困难总是被看作必须克服的，那么人们将会在作者所有的庄重和质朴中发现这番教诲。

弗拉基米尔·扬科列维奇作品中"将死的自我性"（*ipseitas moritura*）主题

人们总是为一本有价值的书得以出售——这正是

《死亡》(*La Mort*)①的情况——而感到欣喜,其中夹杂着些许恶作剧式的嘲弄,因为人们已经开始想象假定的读者在好奇心的驱使下预备未来认真研读的情形,诚然,好奇心一度激起了一阅究竟的欲望,但这多半难以持久。而那些熟悉扬科列维奇作品的读者在这本书中则会找到既令人着迷又令人恼火的东西。首先是一种哲思,在哲学工作者们似乎多为没能或无法(n'avoir pu ou su)成为物理学家、数学家或统计学家而感到遗憾的时代,哲思是一样珍稀之物。不过,扬科列维奇身上却寻不到这种毕达哥拉斯情结的踪迹。扬科列维奇的思想在宏富的文字下未失其严峻,有人想抓住它的错漏;有人于时移世变中期待它会出现:机巧、才华,一切都为之增光添彩,而当"美丽新世界"到来之际,我们所读到的将同最后那个聪明人一起消失。

"死亡"这一主题量身定做般与作者的风格相吻合:死亡是一种唯实论的现实②,然而却是人们无法看见的;我

① 原书注:弗拉基米尔·扬科列维奇,《死亡》(*La Mort*),弗拉马利翁出版社,"新科学丛书"(Nouvelle bibliothèque scientifique),1966年。

② 原书作"réalités réalissimes",其中"réalissimes"疑为"réalismes"误写。

们至多只能隐约瞥上一眼,扬科列维奇选择谈论的一切莫
不如是。谁会去谈论死亡本身呢?常言道:"我们用很长
时间去死。"死是要不了多久的,死只在瞬间。而关于这一
经历,假使它有什么值得说道的地方,也没有人能够汇报
给我们,因为超验—经验时刻一旦过去,就不再有任何向
我们报告这一时刻的人。因此,谈论死亡必然意味着围绕
着它来谈论,设法呼召(évoquer)那死亡时刻。否则还有
别的什么做法?无论你多么紧赶慢赶地去谈论这个时刻,
你都会被甩在后头:你的速度无法追上它。在它的虚空
中,形式与内容之间人所共知的著名区别得以显现:扬科
列维奇流动、闪烁、看似简单易解而实际招式频出的文风
完美地契合于他的暗示性手法。这种乍看之下显得奇异、
令初次接触它的人感到不快的语言,对最后的柏格森主义
者来说,却是柏格森主义所赋予的近于完美的工具。这并
不是说扬科列维奇有着柏格森的风格或气质,但正是语句
本身,以及它那不断创化的流动性,一种引向普遍性的流
动性,让我们与正在流逝的一切步调一致。它使读者处于
这样一种状态:准备着向那骤然出现而永不回返之物投去
一瞥。轻松的语调,诙谐的讽刺,所有这些都不会误导人,

当然，要除去那些执意认定自己受骗了的人，以及更广泛些说，那些不管怎样都会上当的人。对于我们，这就像一部有待破译的乐谱，必须反复演奏方能释放它的魅力。我们开始阅读，隐约瞥见，而后，鲜花凋零，我们想要知道为什么不能够延长这接触。普罗提诺的声音传来："我们为什么没有留在那里呢?"①

　　第一次系统性地论述自己对死亡的看法，这一思想的重大主题贯穿了整部作品，其赋格般的文风（style fugué）使我们能在千人中一眼将他认出。因此，我们认为，《死亡》的读者对这些主题有一个发生学的视野（vue génétique）可能是有益的，正如本篇组织和编排的那样。

　　事实上，有关死亡的思考在扬科列维奇的作品中无处不在，至少是以一种松散的方式［普遍地存在于他的作品中］；某个暗示，或阐述间的几句话，都总是足以展现出死亡作为所有迫近之事中最可预见也最令人惊异者。而这一点从他最早的作品中就可以看出，亦即写于战争和可怕岁月之前的那批作品。1948 至 1966 年间甚至有 5

---

　　① 　原书未给出出处，该句出自普罗提诺《九章集》6.9.10"论至善或太一"。

次明确的关于死亡的沉思，①读者在其中根据不同角度——这些角度有时大相径庭——会辨认出某一独一的直觉的对象，这一直觉自 1930 年代以来始终保持同一，现在我们必须重新找到它。这一思想蕴含着 6 个主题，它们几乎随处可见，我将依照一定的次序来介绍这些主题。

首先，要指出的是，不可知的死亡（la mort inconnaissable）这一基本主题，早在 1938 年就已出现，并且贯穿了所有作品。我们不会睁着眼睛进入死亡，也无法冲破我们的有限性。当然，没有什么比死（mourir）更能摸清死亡（la mort）的底细了。但这就是"二选一法则"（loi de l'alternative）② ："知识只存在于我们精神中介于以下两种

---

① 原书注：扬科列维奇，《美德专论》（*Traité des vertus*），博尔达斯（Bordas）出版社，1948 年，第 745—753 页；《第一哲学》（*Philosophie première*），大学出版社（PUF），1953 年，第 46—61 页；《莫名之物与几乎什么也不是》（*Le Je-ne-sais-quoi et le Presque-rien*，je-ne-sais-quoi 直译为"某种说不上来的东西"），大学出版社，1957 年，第 177—183 页；《纯净与不洁》（*Le Pur et l'Impur*），弗拉马利翁（Flammarion）出版社，1960 年，第 68—81 页；《冒险、无聊、严肃》（*L'Aventure，l'Ennui，le Sérieux*），奥比耶（Aubier）出版社，1963 年，第 16—23 页。

② 法国哲学家和逻辑学家罗伯特·布兰奇（Robert Blanché，1898—1975 年）提出的"二选一法则"出自"矛盾律"（亦称"无矛盾律"）和"排中律"的结合，后二者共同建立了所谓的经典数理逻 （转下页注）

不可能之事之间的令人眩晕的摆动之中：重合（la coïncidence）——距离（l'éloignement）。前者也许是真实的（véridique），但并不存在；后者是冷静的，却也是迟滞的，且是一种骗人的回溯。因此，认识是一场同难以捉摸之物的游戏。而这便是死亡全部的不可思议性（……）：言者不知，因为，准确地说，唯有死亡本身可以提供情况——而那些可能了解[真相]的人却不发一言，毕竟他们已经死了。如此一来，我们来得总嫌太早或太迟"（《二者择一》[L'Alternative]，阿尔康出版社，1938 年，第 13 页）。从一部作品到另一部作品，这一思想将愈见明了，并且任何一点都将得到再次确认；没有什么能够削弱这种从一开始就获得的确定性。因此，死亡即如艺术，乃至爱情："那实行它

（接上页注）辑，可参 Robert Blanché, *La logique et son histoire d'Aristote à Russell*, Armand Colin, 1970, pp. 41—42。排中律认为，两个互相矛盾或者具有"下反对关系"（两个命题不能同假，必有一真，可以同真，由其中一个命题的假，可以必然推出另一个命题的真，但由其中一个命题的真，却不能必然推出另一个命题的假）的命题，不可能同时为假，必有一真。矛盾律认为，两个互相矛盾或者具有"上反对关系"（两个命题不能同真，必有一假，可以同假，由其中一个命题的真，可以必然推出另一个命题的假，但由其中一个命题的假，却不能必然推出另一个命题的真）的命题，不可能同时为真，必有一假。排中律是矛盾律的另一种表达，断言任何命题必然为真或为假，没有可能的中间值。

的人不同于谈论它的人"（《美德专论》，第 111 页）。死亡是"典型的超经验之谜"（《恶意识》[*La Mauvaise Conscience*]，第 2 版，普弗出版社，1951 年，第 87 页)，即便它似乎始终处在完全的经验主义（empirie）之中。直至[生命的]最后瞬间，我们对死亡的体验仍纯然是经验论的。死亡无可知晓："死亡不具本质(……)。一言以蔽之，每个人都不幸地答非所问。"（《第一哲学》，第 149 页）

话虽如此，我们总是可以就死亡对我们意味着什么来谈论死亡。从它的迫在眉睫（imminence）入手，即有百般可说。这便是第二个主题："**人必有死**"。动听的陈词滥调呵！人人都有权自称太过了解这一点。然而，确切地说，仅仅知道太多，并不意味着知道得足够清楚或刚刚好，也就是说，并不意味着正确地知道。于是，必定会如一切人类一样死去的确定性被无限期地推迟了；死的确定性就这样与不可想象的时间尽头相混淆，成了并非指日可待之事……以至于出现了下面这种矛盾的情况：人们总是对本应再知情不过的事感到惊讶。早在 1938 年，这一想法便已出现："我们这些活在不耐烦中的人，草率地度过了一段漫长而美好的时光……，注定被死亡吓一

279

大跳;我们将在百岁之时向刽子手先生乞求[再活]一小会儿……因为死亡,无论它是多么自然的事,都总是让我们措手不及"(《二者择一》,第218—219页)。这就是说,尽管死亡是确定的,其时间、地点和方式却都不是:"我会死在自己的床上吗?还是在走路时死去,抑或领军行进时死在马背上?"(《冒险》,第22页)。尽管去了解吧!"谁又能知道自己是否会在今天下午吃草莓时噎到呢?"(《死亡》,第127页),*Mors certa*,*hora incerta*[死亡是确定之事,时辰则未知];事实上,唯有当那一时刻到来时,我才会知道那人所共知的概念上的普遍的必死性[具体]是多么不同,因为,那时我将会"意识到",如同人们所说,一切结束在瞬息之间,而死亡不会只发生在别人身上。

如此我们便可以理解——第三个主题——受到这般威胁的人们会用哲学的全部力量保卫自己,种种智慧将尽其所能平息死亡的丑闻。我们当然会死,但这又有什么大不了的呢?首先,死亡并不如人们想象得那么严重。就像让·热内(Jean Genet,1910—1986年)①的戏剧中那

————

① 法国作家、诗人、剧作家。

样，[死是]一面要去打破的屏障①："我们为死这件事编出了这许多话!"自 1947 年以来，扬科列维奇以各种形式来追求这种"由不动心(apathie)、无罣碍(ataraxie)、无知觉(anesthésie)、无痛苦（analgésie)、空 的 智慧（sagesse dokétiste)做成"的智慧(《恶》[*Le Mal*]，第 116 页)。这在《美德专论》一书中被提及不下 7 次，谴责了古代智慧的简单性(facilité)，这种智慧只是"将死亡置于次要地位"，从而使死亡变得毫无价值。同样的主题出现在了此后的每一部作品中。首当其冲的便是苏格拉底的唯理主义(intellectualisme)。苏格拉底之属的轻盈(légèreté)几乎令我们感到震惊。在死亡的边缘，苏格拉底仿如安睡在床，围绕其旁的友人们却一刻也无法松懈："啊! 卓越的雅典式死亡，一切都为辩证法和精妙的谈讲席卷而去，在悲剧性

---

① 《屏障》(*Les Paravents*)，让·热内发表于 1961 年的戏剧作品。20 世纪 50 年代中期，阿尔及利亚民族解放阵线兴起，热内根据一个阿尔及利亚泥瓦工的故事起草了一份手稿，这个泥瓦工被抢走了所有的积蓄，只能买下村里最丑的女子与之成婚。随着戏剧逐渐高潮，场景的设置也越趋复杂，情节则朝向死亡的结局发展，最终，在一群死者中间，所有的仇恨皆烟消云散。我们应当注意《屏障》的献辞："献给一名死去的年轻人"(À un jeune mort)，热内固执地要为一切的死者献上演出，"打破将我们与他们隔开的屏障"。

的时刻来临前,没有片刻的缄默与孤独的冥思(recueille-ment)"(《美德专论》,第 344 页)。但有什么值得惊讶的呢? 只要我们重新阅读《高尔吉亚》和《斐多》,从整体上把握柏拉图⋯⋯从身体—坟墓(corps-tombeau)是人必须逃离的第一个洞穴的这一观点来看,人的降生的确是一种因禁。*Soma sema*[身体即坟墓]:在这种情况下,死亡是一次意义重大的净化,让我们获释出狱,重新成为纯粹的思想。更妙的是死亡最终作为哲学的高度之顶点的出现,当《斐多》向明智的人们建议对死亡保持习惯性的沉思时,便发挥了这方面的作用。普罗提诺式的净化对于那些将来世视为真正家园的人具有同样的作用:"在对庄严盛大的净化之死的期待中,不洁的人在此世便可着手死亡"(《纯净与不洁》,第 75 页),既然这一期待使"死成为某种难以言喻的生,而生成为缓慢的死:因为,毫无疑问,存在的腐败蜕化的概念(conception thanatomorphique)与非存在的生物形态的表现(représentation biomorphique)之间具有一致性"(《第一哲学》,第 18 页)。这一点同样适用于"伊壁鸠鲁主义的幻术(illusionnisme)"(《美德专论》,第 125 页),它不断重复[以使人们相信]死亡与我们毫不相干。

廊下派亦如此,"它将死亡归入非个人的范畴"(《美德专论》,第 474 页),并以一种大彻大悟的态度慷慨地安慰斯巴达的寡妇。所有的转世轮回说亦如此,它们将死亡视作一个单次显发事件(événement semelfactif),"一个频发事件,永恒的背景下一个平常的、周期性的、无关痛痒的插曲"(《纯净与不洁》,第 83 页)。最后,社会下层的礼仪亦如此:"公告、讣文、悼念仪式有利于我们淡化死亡[的伤害]……在含蓄地被称为'过世'(décès)后,死亡摇身变成某种世俗事件,就如同'庄严盛大'①的婚礼或者游园会。"(《莫名之物与几乎什么也不是》,第 183 页)简而言之,这是一种"充满智慧地将死亡的最大不幸降低到徒有其表"的策略(《恶意识》,第 2 版,第 79 页)。

但是,应该做的恰恰与此相反,死亡并不是一桩需要掩饰的丑事,死亡的危险"揭露了我们的命运",并揭示了其形而上的层面。这就是第四个主题。早在 1933 年,在谈到不可逆转性和"无法挽回的时刻"时,死亡时刻就被认为是一切未来性的瓦解。一切都远去了,今生不复再

①　这里是呼应前文"庄严盛大的净化之死",作者两处所用之词同为"gránd"。

来。然而，令今生的时间如此庄严盛大者，恰恰是其不可逆转性。正是死亡促使一些事的发生，让我们对时间的不可逆转性有所意识。正是死亡令今生的时间悲怆动人："由于不得不像放弃幻想一样放弃'*bis*'［第二次机会］，当下已有的成果便更加激动人心、使人狂热"（《恶意识》，第 2 版，第 55 页）。这种不可逆转性也是使一切冒险成其为冒险的原因，哪怕［所谓冒险］只是顺势而为。更广泛些说，"生命……是一个有活力的而又受到局限的结构，它的轮廓映衬在死亡的无有穷尽中"（《音乐和不可言喻》［*La Musique et l'Ineffable*，A. Colin，1961，pp. 163—164]），如同音乐划破寂静。"受限的造物从头到脚浸透在它的有死性中，就如浸透在那先于生命而在并为之着色的先验（*a priori*）之中"（《纯净与不洁》，第 191 页）。死亡是一种悲剧性的否定，是"存在于存在（l'être）中心的根本的非存在（non-être）"（《冒险》，第 50 页），死亡使我们变成了没有未来的存在，而这是一种更为严重的状况。因此，死是存有（l'existence）唯一绝对真实的行动，在这一行动中，绝对的在（présence）变为绝对的非在（absence），这一行动不带来任何的"后续"，这一行动赋予

284

那将要执行它——或许 5 分钟后，或许 50 年后——的人的独一命运以一种不可思议的、本体论的密度。因此，在被揭示的有限性的启示下，任何时刻，任何 *kairos*［时机］，都 *apax*［仅此一次］：只发生一次。而死亡最终将每个人的生命揭示为连绵不断的 *apax*。

因而，死亡的事实——第五个主题——是作为人的"无与伦比的个体性（haeccéité）"和无复数性的、数个世纪都不复再现的自我性（ipséité）的消极面而出现的。早在《恶意识》第 1 版中，30 岁的哲学家就已经预感到了一种当时的索邦大学里很少有人相信的真理："一种神秘的本能提醒我们，我们的每一次经历都是独一无二的，都是一件永不会再度发生的奇迹。而这些经验并不局限于快乐的事，也包括我们生活中的种种内容和事件：个体自身整个地承担着某种异常的或灾难性的东西，这些东西是仅此一回地一次性给定的，并且是真正的绝对之物。"5 年后，这一主题保持了它的连贯性："人不就是独一性（singularité）的极限（……）、不就是那如此稀见的（rare）稀见之物（rareté）吗？ 人是如此独特（exceptionnelle）、如此畸异（aberrante），以致世上不存在两个同样的人——总之,人不就是典型的 *apax* 吗?(《二者择一》,第 212 页)。

战争的悲剧外,这样一种对个人的独一无二性(unicité)的肯定将引起悲剧性的共鸣并在死亡的背景下格外引人注目。因为,正如你设想的那样,自我性是必会消亡的:自我性逐渐消逝,它是那"仅此一次(la seule fois)",整个的永恒之中的独独一次(la très seule fois)。《恶意识》第 2 版因此将以小调①和一种令人心碎的方式[再度]阐述独一无二性这一 18 年前阐明的主题。*Ipseitas moritura*[将死的自我性]正是悲剧性之所在,因为[一个人]必定要么是独一无二的(être unique)而不[会]死,要么是有死的(être mortel)而不会意识到独一无二性……难道不是这样吗? 然而,这独一无二性,这"无以计价的"单子②之无价,恰恰在于其迫在眉睫的消亡,因

---

① 小调是调性的一种,通常用以表达较为负面的情感。尽管许多学者认为这种叙述不妥。

② 具有"17 世纪的亚里士多德"之称的莱布尼茨(Gottfried Wilhelm Leibniz,1646—1716 年)的《单子论》(*La Monadologie*)作为阐释其晚期哲学系统的代表性作,讨论了"单子"(Monade,来自希腊语"μονάς",意为"独自的、单个的"),一种形而上的粒子。早在 1696 年,莱布尼茨已开始使用这一名词和概念。单子是一切事物最根本的元素,不可再分,不具备一般物理粒子在时间、空间上的延展性,是一种抽象的存在。每一单子与其他单子互异,宇宙间没有两个完全相同的单子。

为"个人自我性的绝对事实(le pur fait)将不复存在于永恒之中"。*Never more*[永不复焉]。

扬科列维奇自此以后的每一部作品都用人们难以忍受的不祥火焰锻造[死亡]这个谜语诸面孔中的一副,我们不乏引文可供读者参考。"夏至周而复始,壮年却不再(……)。生命之夏仅此一回,在这短暂而光辉灿烂的生命之夏,造物们倾尽全力或一无所为。不要错失这生命中独一无二的六月!"(《论质朴》[*L'Austerité*],第38页)人目睹着一切新的开端,知道自己永不能重新来过。那么,何必等到为时太晚才去重估时间的价值?

早在1938年,扬科列维奇就注意到了塞内卡的格言:"把每一天安排得像是最后一天(*Omnis dies velut ultimus ordinandus est*)。"①更好的说法是:"[把]我们生命中的任何一天[过得]仿佛这一天本身便是我们整个的一生。"(《二者择一》,第218页)战争和日常的生活并未改

————————————

① 出自塞内卡《论生命之短暂》,全句为:将自己的时间为己所用的人,总是把每一天安排得像是最后一天的人,他们既不渴望又不惧怕明天的到来。不过,更早说出这句话的人似乎应当是古罗马拉丁语格言作家普布里乌斯·西鲁斯(Publilius Syrus,约前85—前43年),他的作品现仅存残篇。

变这条启示的内容，但细心的读者会留意到它们已悄然改变了它的语气。

第六也是最后一个主题，是接续前一个主题而来，在没有确保其目标的情况下，让希望有了可能：死亡将生命中的一切化为乌有，只有一样东西幸免，那就是生命已经存在过（la vie *a été*）的事实：那独一无二的自我性，无法解释地，在时间中走了几步，"兜了几圈，然后离去"。奇怪的是，这个主题直到1947年前后才出现在扬科列维奇的作品中，死亡在这一时期的每部书中都掷下了阴影，并且随着时间的推移，呈现出越来越坚定的一致性。他在《美德专论》中写道："我们只被给予了一次生命，[生命]没有第二次。自我性之独一无二，如批量生产的商品那样重现或多次发行，这是不可理解的。"然而，我们又该如何理解这自虚无中仅仅出现一次的存在，如何理解这伟大瞬间——永恒怀抱中的完整一生？的确，"这独一无二、不可复制、无可比拟、不可替代的存在的片段，从永恒的虚无中毫无缘由地出现，若干年后重返原处，这样一种存在的片段，是一抹形而上的幽灵幻影"（《第一哲学》，第245页）。万事成空，坚不可摧的是这样一个事实：*已经*

存在过(avoir été)。实际上,死亡至多仿如未曾有过生命:"也许死亡会勾销所有的痕迹,甚至勾销降生为人的记忆。但死亡并不意味着未曾有过生命,并不会令普遍生命的事实变得无效,一如某人不曾存在、不曾犯错、不曾悔恨、不曾受苦、不曾永远地消失。"(《纯净与不洁》,第90页)这一切并不足以确定除此而外的任何事情,不足以给人希望,但是足以让人无限地沉思。

至此便是扬科列维奇思考死亡时散乱而一再重申的主题,本篇通过将它们汇集在一起,使之成为一种学说。因为重新发现或看到它们彼此强化都不会令我们感到惊讶:这一思考是如此深深地扎根于时间之中!事实上,正是其中的主题之一,即不可知的死亡这一主题,为本篇提供了写作提纲:"根据时间(Temps)的三个阶段(temps)",死亡究竟是怎么一回事呢? ——回答是:"在死亡这一边的"死亡,"正当死亡的"死亡和"在死亡另一边的"死亡。

事实上,此前有关死亡的哲学或者是一种伪思想(pseudo-pensée),或者是一种生命寓言(allégorie de la vie)。人们认为哲学家和修道士应当将死亡作为沉思的主题。但严格来说,沉思死亡究竟是什么意思呢? 实际上，我们必须承认，"这颗智慧的头脑空空洞洞，一如它所用以沉思的颅骨"。[①] 乌有之思(pensée du rien)即是一无所思(rien de pensée)，如此沉思只是"种种昏睡"。我们能做的是围绕着它来思考，或做有关于它的思考，在它附近(peri)思考。对于死亡，没有任何哲学是可能的，除非是否定的(apophatique)哲学。但是，既然死亡无可争辩地是"一切存在的非存在(le non-être de tout être)和本质的无意义(le non-sens de l'essence)"，那么，这种绝对消极的否定哲学(philosophie négative)难道不是成了一种赌注吗？因为这消极性的黑暗不泄露[任何秘密]，不同于伪丢尼修"超出理智的黑暗(l'obscurité supra-lumineuse)"。死亡远没有赋予生命以意义，而是对生命意义的误解，死亡是"生命意义底部藏匿着荒诞的无意义；必死性的深度远非意义丰厚的深度，而是一种空洞的深渊"。出生的目的(finalité)由此遭到动摇，"总的来说，[死亡消解了]生命带我们穿过虚无的无止境中的那次小小的漫步"。毫无疑问，这是死亡所能承担的唯一意义，死亡又

---

① 原书注:此处引文及其后所引皆出自《死亡》(前揭)一书。

以一种非常间接的方式恢复了这一意义："通过在存在的核心挖掘无意义的空洞，死亡迫使我们为这一存在找寻绝对的基础……紧闭之门令人遐想这扇门背后来世(l'au-delà)的开启。"但我们仍需考虑到，死亡，亦即毁灭(annihilation)，限制、灭绝一切，就连思想，那能够思索超越于毁灭之上之事的思想，也难逃此劫。如果说 via negationis[否定之路]将上帝设想为不可言说之事是出于其优越性——如果我可以这样说的话，那么，死亡之不可言说则是由于它的空洞。关于两种沉默——人的沉默(silence mortel)和神的沉默(divin silence)，arreton[不堪言说的]和 aphaton[无以言说的]①——的比较，有一些新的

————

① "arreton"转写自希腊语"ἄρρητος"，其英文释义为"unspoken[未说出口的；不言而喻的；心照不宣的]；that cannot be spoken or expressed[无法说出／表达的]；unspeakable[不可说的，不应被讲出来的；不堪入耳的]；not to be spoken／divulged[不可吐露的]"。"aphaton"转写自希腊语"ἄφατος"，英文释义为"not uttered or not named[未被说出的，无名的]，nameless[不可名状的]；unutterable[说不出的，难以言表的]，ineffable[(美好得)难以形容的，不可言喻的；因神圣而不容称呼的，需避讳的]"。可见二者均为"不可说""说不出口"之意，其中的差异似乎在于前者在色彩上较为负面。根据语境不同，除去如前面英文释义所表明的意思之外，"arreton"另有"可怕的""骇人听闻的"(unutterable, horrible)、"难以启齿的"(shameful to be spoken)的意思；"aphaton"则有"不可能说清的""说不上来的""不可思议的"的意思。对于"ἄρρητος"一词，王焕生先生在《奥德赛》14.466 行将其译为"不该向人述（转下页注）

291

精彩篇章值得推荐给那些——假设今天他们不在少数——对本体论感兴趣的人。在这之后，我们便可能足以说死亡"是我们整个心身全然的空无"了。至此，所能说的我们都已说了。但我们真的说出什么了吗？"对必有一死之先验其歧义性（amphibolie）视而不见是过于简单化的做法。然而……生命尽情表现，不顾死亡的反对和挑战，但是与此同时，从同一角度看，生命之有活力（vitale），只是因为它注定要死；死亡是生命的器官—障害（l'organe-obstacle）。"正是回归于无形的威胁支撑着生命的张力。但是，"当活着的人通过否认死亡的非存在来表现自己，这本身就是一种渐进之死……那几乎不存在之物（le quasi-inexistant），不断变得愈加[鲜明地]存在，同时朝着不存在进发"！这就是我们最终必须接受的，尽管未来的废止压抑了我们的意识：时日将尽，届时，我

_____

（接上页注）说的"，罗念生先生在索福克勒斯的《俄狄浦斯王》第301行将其译为"不可言说的"（暗指乱伦之事），在第465行将其译为"凶恶的"（指弑父），而在《俄狄浦斯在科罗诺斯》第1001行将其译为"说不得的"（指不道德之事）；至于"ἄφατος"一词，罗念生先生在《俄狄浦斯在科罗诺斯》第1464行将其译为"难以形容的"（称宙斯的雷声），由于译者没有把握是否正确地传译了这两个词，故在此列出前例，以供读者参考。

们不再需要重设前景，也不再需要于时间性（temporalité）中开辟最后的一小段道路。天使再不能阻止那必须发生的事，明日无多。时辰已到（*Hora est*）。

那些希望寻根究底的人欲从死亡时刻得知一切。徒劳呵！"以垂死之人的直觉又怎能定睛凝神注意那顾名思义不可能与之共时（contemporaine）同延（coextensive）的一道闪光或某个暗号（signal）呢？"活着的人在垂死者（*moribundus*）作最后的挣扎（*agon eschatos*）时照料他们，他们陪伴亡者（*mortuus*）进入他最后的安息之地。但那濒死者（*moriens*），当他过世之时，谁又陪伴着他呢？"支离"（dépareillé）便是死亡时刻（l'instant mortel）。它不可归类，避开了所有的概念化。它并非无（rien）；它是"近乎无"（presque rien）；"死亡时刻的近乎无[居于]两个世界[之间]的门槛而同时不属于任何一个世界：它既是或此或彼（*utrumque*），又是非此非彼（*neutrum*），它是我们传记中的一个日期，却致力于一切编年史的毁灭"。人只会死一次——这恰当合宜：没有什么能够延长这一时刻，哪怕是以微乎其微的方式。"死亡的虚无化（nihilisation）将一切隐蔽的持续性和一切的暗中贮藏拒之门外。"虚无

(néant)旋即展开,由于再也不会发生什么,虚无将永远持续下去,假设我们可以说无(le rien)永恒永久地存在的话。对此,我们无需逃避,亦不必淡化(banaliser);一旦我们理解了,一切教义便不是昙花一现。我们也不难理解"分离"(l'Adieu)何以自古便是哀歌与抒情诗的主题。这是因为"分离"是死亡的暗喻:"离别的细小痛苦是死亡幽明永隔之阔别的略影(ellipse)。"生命是一次"短暂的相逢",一场单次显发的冒险,那起始的时刻同终了的时刻为它在两端标定了边界。另一边(au-delà)……"另一边"是什么意思?"是成年人在永远抛弃了小孩子的甜蜜幻想和童话故事后必须面对的苦涩而严肃的真相。"

那么,对于在死亡另一边的死亡(la mort au-delà de la mort)[①],有什么值得说的呢?[另一边,]是[留给]思辨的时间——是[属于]未亡者(survivants)的时间:这是对不朽唯一的渴望,这渴望超越了死亡,一直坚守到未来。但独燕不成春,光是想望,那是造不成未来(futur)的。离弃历史的时间(temps de l'histoire)是为那将来的

————————

① 指来世。

[事]（avenir）求原谅，所以，请不必惧怕来世。然而，我们的恐惧并不终结于理性（raison）的宁静和平。让死后的继续存在（survie）跨越了死亡的空洞去接替我们那已成为过去的现在，这样一件事当然是荒谬的。那么，要复活的是什么呢？是那个能思想的本质（essence pensante）吗？抑或[继肉体死后]继续存在的灵魂？"如果灵魂死后无处可去，那是因为，说实话，它生前就已无处可去。"但是，如果死后继续存在的说法是荒谬的，那么，虚无化同样也是荒谬的，除了一小部分唯理主义者，亦即那群"相信这些"、热烈地相信虚无一如他们的同行信仰上帝及其死而复生的人之外，虚无化无法令任何人满意。"乞灵于虚无化就是放弃了秘密。"我想说的是，仅仅是开始存在（commencer d'être）这一事实，就确立了理性的权利——确立了对自然或者说对造物主的义务，否则[事情]便如加缪所言，是荒谬的。不幸的是，情况就是如此！能思想的苇草很清楚自己正死去，帕斯卡在它身上看到了一种优越性，但是最终，他那根优越的苇草毕竟死了，更令人不平的是，它是在知道自己正死去的情况下死去的！人类为此叩问天地，自然默然不答，

而诸神众说纷纭。如果阿尔墨尼奥斯的儿子厄尔①向人们那么详细地讲述了他与死者共度的时光，甚至说这景象值得一看——那便证明了他从未到过那里……旁非利亚人什么都没看见，既没看见拉撒路走出坟墓②，也没看见耶稣从坟墓中复活——况且，旁非利亚人也什么都没说。自有人类——而人是会死的——以来，秘密一直被保守得很好。上帝能否亲自为使我们理解做些什么吗？"我们有充分的理由相信死亡是必然的，但对于一位始终隐藏起来的上帝的存在，我们却无法得出任何结论……施救者与遇难者是不同的。"死亡同永生一样难以理解：至少这是我们说得出的真相。这一点并非微不足道。因为"毫不夸张地说，虚无的不可理解是我们最好的机缘，[是属于]我们的隐秘机会"。在此，我再次指出，即便死亡摧毁一切，它也并不能将存活过这一事实化作虚无。"即使生命转瞬即逝，生命昙花一现的这一

---

① 厄尔的神话来自柏拉图，《王制》(10.614—10.621)。厄尔(希腊语"Ήρ")是潘菲洛斯家族的阿尔墨尼奥斯的儿子，死于战斗。他死后10天尸体仍不腐烂。两天后，厄尔在葬礼上复活，向其他人讲述了他在来世的旅程。

② 《约翰福音》第11章，耶稣使病死的拉撒路复活。

事实仍是永恒的事实。"因此,"生与死是发生在同一个晚上的唯一的奇迹"。

《死亡》正是以这番话结尾的,这本书在形而上学的层面实现了 30 多年来我们一直追随其成长的那一思想所承诺的东西。它极大地慰藉了我们,这着实不可多得。平心而论,它带来的慰藉与它带给读者的领悟是同质的。如许甘美是独独为这样一种程度的苦涩准备的,这近在咫尺的光亮只留给那些在沉沉黑夜中走了如此之远的人们。

1971 年:和睦时期

今年春天,我们得知党卫队上级集团领袖(*SS-Obergruppenführer*)拉默丁(Lammerding)在度过了执行完各项任务的一生后离开了人世,过早地被夺走了亲信们对他的爱戴和德国人对他的好感,过去他们很高兴能在他手下工作。庄严肃穆的葬礼上,人们毫不迟疑地将他视作无畏无瑕的骑士。在过去的几天里,我们还了解到,上巴伐利亚某处的罗森海姆曾举办过一场盛大的庆典,大约 300 名"帝国"装甲师的幸存者在那里组织联谊。我们了解到有关这场纪念性集会的所有情况,甚至包括年度会费的数额。一份周刊还向我们展示了其中几位的面孔——如果人到了天命之年就真的必须承担责任的话,这[报道]将是大有教益的——这些退休重臣们已[改行]在杂货店、公共工程或公共交通部门工作了 30 年。多走运啊,战士们!多年以后,仍享有在雪茄的烟雾中一起回忆奥拉杜尔①的美好岁月的乐趣。真伟大的国家!能够心安理得地,为它的那些失了业的精英们提供如此高效的再就业机会。像这样,每个人都拥有他所能招募到的骑士团和他所应得的神马巴亚德(Bayard)②,开杂货店的也有自己的承包商:这种时候就由不得人挑三拣四的了。况且这并非问题的关键。令人惊讶的是,这些值得关注的信息今天在莱茵河的这一边几乎没有引起

① 奥拉杜尔大屠杀(Massacre d'Oradour-sur-Glane)是 1944 年 6 月 10 日由隶属于武装党卫队第二师"帝国"(Das Reich)的第四装甲掷弹兵团"元首"(Der Führer)第一营在法国距利摩日约 20 公里处的奥拉杜尔村庄犯下的罪行,这是德国军队在法国实行的最大规模的平民大屠杀。

② 或译"贝亚尔",中世纪和文艺复兴时期诗歌中一匹神奇的马。

任何反响。一些人认为，这一切已是陈年旧事，倘若有人对 1940 年代的日子依旧耿耿于怀，当务之急就是忘掉它们。另一些宅心仁厚之人则认为，在被迫接受凡尔赛条约的严厉制裁（*Diktat*）后，德国人毕竟已为一时的迷误付出了高昂的代价：德国人只是把票投给了一位救世主，这位救世主暂时地给予了他们希望，难道不是这样吗？对此，我想说，人人都有他的救世主，尽管只是一时的。[忘掉过去，]接下来呢？未来有待建设，欧洲有待打造，伙伴关系有待建立，贸易有待发展……

我十分清楚，30 年来，不断出现的新的紧急情况让世界始终警惕。我也同样清楚，记忆会消退，许多起初发自内心的忠诚会随之散失。沉默最后总是占据上风，受害者及其亲属们将自己的悲伤封藏，这时，那些得到宽赦的罪犯们至少可以选择不再抛头露面。对于受害者及其亲属的沉默，刽子手们必须予以尊重而借着这沉默销声匿迹。既然并不存在一位能勾销他们罪行的上帝，那么至少叫他们藏形匿影吧！希特勒起码已自杀了。还有海因里希·卢伊特波尔德·希姆莱（Heinrich Luitpold

Himmler, 1900—1945 年)①, 这个家禽养殖户②, 在马丁·海德格尔担任大学校长的国家当上了盖世太保监查官和全国警察总长, 自杀了。政治宣传的天才戈培尔③, 也自杀了。但你瞧, 这个集团的余党竟还设法联谊! 这些遭天谴的人还谈论着他们的理想! 我们竟不知可憎者能够荒诞无稽至此。

---

① 第二次世界大战期间纳粹德国的一名重要政治人物, 曾担任纳粹德国内政部长、党卫队全国领袖, 纳粹大屠杀的主要策划者。二战末期, 希姆莱企图与盟军单独谈和, 失败后, 被希特勒免除一切职务。德国投降后, 希姆莱逃亡失败并被盟军拘捕, 服毒自杀, 终年 45 岁。

② 第一次世界大战结束后, 希姆莱于 1919 年春天在慕尼黑北方的因戈尔施塔特一家农场找到一份工作, 但因为一场严重的斑疹伤寒而无法再从事体力劳动, 休养一段时间后, 希姆莱于 1919 年 10 月 18 日考入慕尼黑工业大学, 主修农学。1928 年 7 月 3 日, 希姆莱与一名利珀自由邦布隆堡(Blomberg)的地主之女玛佳莉特·玻登(Margarete Bode)结婚, 玛佳莉特是一名护士, 拥有一家小诊所。当时德国物价飞涨, 希姆莱光靠 200 马克的月薪不足以生活, 之后他们卖掉了诊所, 在慕尼黑郊区盖了一间小木屋和养鸡场, 但经营没多久就破产而关闭。

③ 保罗·约瑟夫·戈培尔(Paul Joseph Goebbels, 1897—1945 年), 1921 年毕业于海德堡大学, 获哲学博士学位, 曾担任纳粹德国时期的国民教育与宣传部部长, 擅讲演, 以铁腕捍卫希特勒政权和维持纳粹德国的体制, 在希特勒自杀后继任帝国总理, 从而成为第三帝国末代总理。1945 年 5 月 1 日, 自杀身亡。他生前于 1933 年加入纳粹党, 后被任命为在柏林地区的领导人, 在任期间充分发挥了他的宣传技能, 在纳粹报纸和纳粹准军事组织冲锋队的帮助下, 与当地的社会主义和共产主义政党联合。希特勒及纳粹党执政后, 他又被任命为宣传部长。上任后, 他做的第一件事即是将纳粹党所列禁书焚毁, 开始了对德国媒体、艺术等的极权控制。

然而,正当张张合影和绿色花环点缀着此次日耳曼人的再聚首,一部百页小书——《宽恕否?》(*Pardonner?*)①——问世了,却几乎没有人关心过问。诚然,作者以哲学家的身份在这部书中讨论的是一个当前不宜触碰的话题。《宽恕否?》是弗拉基米尔·扬科列维奇的新作,据我所知,这也是第一部为纪念纳粹野蛮行径的悲惨受害者而写的真正意义上的哲学作品,尤其为了纪念被杀害的600万犹太人,他们就这样在那场我们遗忘了的战争中死于德国人的集中营。我想要谈论这个作品,恰恰是因为它——如此执拗、如此伤痛,一意孤行地——让我们无法像今天很多人所希望的那样,转而去关注其他主题,对于全心全意生活在全新时代的人们来说,这些主题具有更大的吸引力。我们必须感谢扬科列维奇,在吸引人的和睦气氛(Amicales)形成之际,他再一次阻止了我们过早地遗忘过去,而急于谈论别的事情。

人们可能会问,哲学又与此有何相干呢? 我会告诉他,这里的一切都事关哲学:在奥拉杜尔被子弹穿透和烧

---

① "Pardonner?"是扬科列维奇出版于1971年的《不享有刑事时效的罪行》(*L'Imprescriptible*)一书中的一部分。

焦的不幸尸体,在蒂勒(Tulle)被绞死的人①,像兔子一样被射杀的孩子——而他们这样做只是为了消遣自娱,医学实验,地窖里的逼供,还有那座遗骸堆成的巨山,没有人能再复活……假如哲学与此无关,那么我就无需在这里白费口舌了。但在这短短的几页中,哲学无处不在,它会揭示出这些无名恐怖的一个人们未曾料想的维度:形而上的维度,亦即希特勒的 *non licet esse vos*〔你被禁止存在〕(在此我们借用尼禄的话)在解决我们所知的"犹太人问题"方面确切的本体论意义;严格来说,揭示出纳粹罪行在追溯时效上的不受约束性(caractère imprescriptible),揭示出罪犯及其后代的良知(亲睦的友好关系呀!)以及那些"与之无关者"——说得真好听呵,好像真的有谁在这件事上可以是无关之人似的!——道德上的不一致性(inconsistance éthique),反对作者自己

---

① 蒂勒大屠杀(Massacre de Tulle)是 1944 年 6 月 9 日,也就是诺曼底登陆 3 天后,武装党卫队(Waffen-SS)第二师"帝国"(Das Reich)在法国蒂勒市犯下的罪行。在围捕 16—60 岁的男子后,党卫军和保安局判处 120 名蒂勒居民绞刑,其中 99 人被处决。在接下来的几天里,有149 名男子被驱逐,其中 101 人丧生。此次暴行总共造成了 218 名平民受害。

的论点中最存在的、最站不住脚的矛盾。作为作者于
1967 年出版的另一部震动人心的作品《宽恕》(*Le Par-
don*)充满悲剧意味的续篇,《宽恕否?》这本小册子造成了
与过去那些论点最具存在性的(existentielle)和最为难人
的矛盾。然而,弗拉基米尔·扬科列维奇并不畏惧,因
为他是这样一位哲学家,他以鲜少再有人采取的方式,
让自己的思想经受这样一种考验,严厉而没有任何回旋
的余地,就像神明的裁断(ordalie);这一考验是他对自己
的自我考验。要宽恕吗?——"集中营后,宽恕已死(le
pardon est mort dans les camps de la mort)"。这便是为什
么,如今,由于我们无所作为,"在爱的法则之绝对性与
恶的自由之绝对性之间存在着一道无法完全弥合的裂
缝"。他说,"我们并未寻求调和恶的非理性与爱的无所
不能"。在扬科列维奇痛楚的沉思之后,我想,不会再有
人做这样的思考。

弗拉基米尔·扬科列维奇:绝对之一瞥

假如柏拉图不曾遇见苏格拉底,他将会是怎样情形?

同样地,假如锡诺普的第欧根尼不曾遇见安提斯泰尼
(Antisthenes,约前445—前365年)①呢? 没有伊壁鸠鲁,
就没有卢克莱修的《物性论》。没有阿摩尼乌斯·萨卡斯
(Ammonios Sakkas),就没有《九章集》,多亏了他,普罗提
诺对柏拉图才有了更好的理解,而被奥古斯丁称为“柏拉
图再世”。这类交会,还有许多其他的例子。即便每一种
哲学都因其——在此我引用扬科列维奇的话——源出于
一个自身在时间和在永恒性中都独一无二的自我性
(ipséité)而是独一无二的,这也并不意味着有哪一种哲学
是无中生有地(ex nihilo)自发产生的。无论多么有限,我
们总是可以受到某些哲学家的启发。扬科列维奇受到柏
格森的影响,而柏格森本人则受到普罗提诺的影响,1924
年,扬科列维奇为他的高等教育文凭(相当于今天的硕士
学位)提交了以“普罗提诺《九章集》1.3论辩证法”为题
的论文。74年后,这项研究由两名女学生出版,由我为
其作了序。是的,扬科列维奇是一位大师。我们无需将

---

① 古希腊哲学家,生活在雅典,比他年长20岁的苏格拉底是他的
老师,柏拉图和他是同代人,他是犬儒学派哲学家锡诺普的第欧根尼的
老师。

自己与我提到的这些哲学之神相提并论，那将是滑稽的，但我可以实实在在地说，如果没有他，我们的"世界观"（vision du monde），我们的 *Weltanschauung*①——我在此借用海德格尔的语汇只是为了好玩，因为扬科列维奇并不十分认同我们这位思想家——将有所不同，至少我的会是这样。

因此，弗拉基米尔·扬科列维奇也在那些让交会决定了一生的人之列；一个人应当永远是自己（être soi）又有自知之明，正如德尔斐的铭文要求的那样，"认识你自己"。这可不是扬科列维奇在《美德专论》中所说的"安于现状的愚蠢自负"。但我不妨直言，他的哲学是无法被总结或剖析的。在此我能做的只是展现他的哲思所具有的格调，希冀着你能够沉浸其中，从而成为自己，成为更好的自己。

对于发现了它的人来说，这种哲学似乎产生于同一天：当你阅读 1936 年出版的《讽刺或善意识》（*L'Ironie ou la Bonne Conscience*），你会感到它与《美德专论》

①　德语"weltanschauung"一词由"welt[世界]"和"anschauung[观点、见解]"构成，意为"世界观"。

的两个版本（1949 年版和 1978 年版）是同一时期写成的；而当你埋首于 1953 年出版的《第一哲学》和 1957 年出版的《莫名之物与几乎什么也不是》——这两部作品在我看来是必读的——你会有同样的感觉，你会在似曾相识中发现一些前所未见的东西。根据柏格森的说法，真正的哲学家所要言说之物唯有一件，为了将其说出，用尽一生也不嫌多。[①] 当一切向你言说的是同一件事，你就会立刻明白这便是唯一重要之事情，这是一个伟大的时刻：只要涉及的是绝对之物，理性在朦胧之中就能够知足。对于绝对者，我们仅仅能得一瞥。"哲学的直觉就是这于同一时刻集中在一起的、经过复写（instantanéisée）[②]而成为了那原原本本地翕合于圣意主

---

①　参见柏格森，《思想与运动》，以及本书第五章第一节。

②　"instantanéisé"是动词"instantaniser"（或写作"instantanéiser"）的分词形式，其法语释义为"rendre instantané, reproduire en un instantané[使成为快照]"，而"instantané"（对应于英语中的"snapshot"），快照，其实是一个从摄影术语借用而来的计算机术语，意为整个系统在某个时间点上的状态，它储存了系统映象（System image）。而快照功能通常是以写入时的复制（Copy-on-write，简称 COW）技术来实现的。如果有多个调用者（callers）同时请求相同资源（如内存或磁盘上的数据存储），他们会共同获取相同的资源，某个调用者试图修改资源的内容时，系统会复制一份专用副本（private copy）给该调用者，而其他调用者所见到的最初资源仍然保持不变。

旨者（fiat initial）①之表象的、无穷微小的思想。"（《第一哲学》）我们所能企及的永远不会比"接近于知道"更远。对于绝对者的完全的领会是我们所不能指望的。

因此，不要将扬科列维奇留给我们的作品分成大类：事物之本质、道德、美学，当然，还有形而上学。对于这最后一点，他本人以自己的方式劝阻人们："请问，什么样的立场会促使物理学转向形而上学呢?"（《第一哲学》）至于形而上学，那是你一直要做的事，只要你意识到一个偶然的世界出现在你眼前，这个在理性上毫无道理的时空，意识到"在"（la présence）——但这"在"能持续多久呢？——意识到永恒之中独一无二的自我性，你自己的，在无数他人的自我性中间依然独一无二的自我性。

对你我来说，本体论的时代已经一去不回了，那时，

_____

① "fiat"一词具有宗教意涵，是指圣母玛利亚的德行。玛利亚本为村女，因对天主的信靠，喜乐地秉行主旨，终成为救世主之母；此后虽然面对种种大难，但圣母始终翕合主旨，常怀希望。圣母领报的事迹主要记载于《路加福音》第一章，说的是天使加百列向圣母玛利亚告知她将受圣神降孕而诞下圣子耶稣。《路加福音》1：37 说："因为出于神的话，没有一句不带能力的。马利亚说，我是主的使女，情愿照你的话成就在我身上。"这里应当指的是对"绝对存在者"（l'Absolu）本身分毫无差的领会，但这是不可能做到的。

人们探究一切，却依旧如坐云雾；一连串未经困惑之阴影遮盖的确定性，"长于思想的思想家们（penseurs sachant penser）"的词义之争（logomachies），终致师心自用。但是，你会产生这样一种希望，你会希望在刹那间瞥见那一切不可思议之事之所从出的绝对者。某种简单（simple）的东西，"出奇地简单……以至于我们会在知道［真相］的时候自怪怎么没能早点想明白"（《死亡》）。

修士间的谋杀：关于翁贝托·埃科

"卡特里派（cathares）、约阿基姆派（joachimites）、韦尔多派（vaudois）、贝基诺派（beguins）、巴塔里亚会（patarins）、波格米勒派（bogomiles）、小兄弟会（fraticelles）、多尔契诺派（dolciniens）？导师，我真是什么都不明白了。"见习修士梅尔克的阿德索如此向巴斯克维尔的威廉[①]坦白，后者曾是宗教裁判所的审判官，因顾虑而辞去了职

---

① 原文作"Guillaume de Baskervill"。德语"Wilhelm"源自原始日耳曼语"Wiljahelmaz"。"Guillaume"和"Guglielmo"分别是其法语变体和意大利语变体。

务。这就是翁贝托·埃科(Umberto Eco)在《玫瑰的名字》(*Le Nom de la rose*)中描绘的 1327 年末的气氛,侦探情节与神学辩论在小说中交织在一起。事实上,基督教世界的这种动荡起于此前的两个世纪。随着社会的发展变化,城市和贸易的兴旺,农民、商人、教士、贵族间生活水平的差异日益凸显。加之平信徒(laïcat)①的出现,教会的纪律松弛引起了人们的愤慨:竟由富有的圣职人员向穷人们宣扬美德……就是这时代上演了如此多的可怕之事、如此多的末日审判,如此多的平民、贵族和教士被魔鬼送往地狱。人们于是奋起对抗,要求过艰苦的生活(pénitence),呼吁原始教会的神圣性,米兰的巴塔里亚运动②(约 1055 年)即为一例。其他一些异教运动对这一名称的借用加剧了局面的混乱程度。卡特里派提出了同

---

① 平信徒指基督教中除了神职人员及教会所认可的修会人员之外所有的基督信徒,又称教友、会友、信友、俗家弟子、在俗教徒。"Laïc"一词起源于拉丁语"laicus",该词是从希腊语"λαϊκός"而来,意为"出身平民",后来指"神的子民"。到 1 世纪末,"Laïc"一词衍变为"没有学识的""世俗的"之意,这种转变可以通过神职等级制度的发展来解释。

② 巴塔里亚运动(pataria)是 11 世纪发生于天主教米兰总教区的一场宗教运动,目的是改革圣职人员以及教省管理机构,并支持对贩卖圣事以及圣职人员结婚和婆妾进行教宗制裁。

样的诉求,但这个古怪的教派自成一类。作为一个二元论教派,卡特里派拒斥肉体,故而也就拒绝道成肉身,拒绝基督是恶之黑暗中的光与慰藉。另一个二元论教派(即保加利亚的波格米勒派)持同样观点。但是,即使在教会内部,也出现了革新的意愿。隐修教士菲奥雷的约阿基姆(Joachim de Flore,1135—1202 年)声称他通过《启示录》来揭示《圣经》的含义。他将世界分为三个阶段:圣父时代、圣子时代和千禧年之后的圣灵时代。他甚至明确指出,圣灵将于 1260 年降临。届时教会将面目一新,和平治天下的皇帝与天使般的教皇将统治世界。1155年被处以火刑的修士布雷西亚的卡农·阿诺德和他的追随者们(即阿诺德派)也是热忱而强力的政治和宗教改革者。彼得·韦尔多(Valdès,约 1140—1217 年)同他的追随者们——韦尔多派,或称里昂的穷人(pauvres de Lyon)——亦在此列。他们居无定所,靠施舍为生,以他们心目中使徒的方式上路传教,拒绝来自腐败教会的一切,包括圣礼。伦巴第的卑贱者(humiliés de Lombardie)也有同样的动机,他们有时加入韦尔多派,或混迹于乞丐僧(bégards,或写作 beguins)中,后者是一群安贫乐道钟爱圣洁生活的手工业者,圣职人员和世俗权力都并不希望他们的改革运动成功。

亚西西的方济各(François d'Assise,1182—1226 年)宣扬福音书的贫穷,并创立了小兄弟会(ordre des frères mineurs,或称"方济各会"),使天主教教会得以重新控制这些颇为混乱的活动。然而,此时,在这期间已获得了相当重要性的修会的内部,一些修士对贫穷的要求甚至变得更加激进。他们将之视为绝对:根据他们的观点,基督从未拥有过任何自己的东西。他们被称为"属灵派"(spirituels),其中有伯多禄·若望·奥利维(Pierre Dejean-Olieu,或写作 Pierre de Jean Olivi,卒于 1298 年)、安杰罗·克拉雷诺(Ange Clareno)和卡萨莱的乌贝尔蒂诺(Ubertin de Casale,约 1259—1328 年)。这批修士得到了教宗策肋定五世(Célestin V)个人的支持,但随后这位神圣教宗自发自愿的辞职让他们在卜尼法斯八世(Boniface VIII)和若望二十二世(Jean XXII)在位期间陷入了麻烦,对这两位教宗来说,贫穷没有什么吸引力。除此之外,许多被称为"小兄弟"(fraticelli)的、或多或少有着方济各会起源的团体,比起危险,只能说较为鲁莽。

更令人不安的是帕尔马的杰拉德·悉加列利(Gérard Segarelli de Parme)及其追随者们——使徒兄弟会(apostoliques),人们也称他们"假使徒"(pseudo-apôtres)。悉加列利重拾约阿基姆的预言,坚信1260年是人类末世,引领人群走向最终的解放,到那时,圣灵将把一切许给重生了的兄弟们。悉加列利被烧死后(1300年),帕尔马的多尔契诺(Dolcino de Parme)接替了他。据他说,末世已近在眼前。因此,必须从教会的圣职人员和信徒开始,清除所有预先已被排除在世界的新时代之外的人,为圣灵的降临做好准备。直到1307年,多尔契诺派才被十字军彻底镇压。可以想象,在这样的混乱中,宗教裁判所不会闲着,四处搜寻,把些异端邪说张冠李戴、凭空捏造。欲加之罪,何患无辞。况且,"世俗权力"(bras séculier)总是从中协助,方便宗教裁判所获得详细的供述,从而缩短程序。《玫瑰的名字》中的审判官贝尔纳·古伊(Bernard Gui)并非一个虚构的人物。他的那本名为"搜查和审问异教徒、信众及其同伙的方法、技术和程序"(*Méthode, art et procédés à employer pour la recherche et l'interrogatoire des hérétiques, des croyants et de leurs complices*)的指导手册现已发行了双语版本，人们可以从中了解到更多的信息。

古吉，黄金与石头

亚里士多德会说①，黄金和石头是天才可以赋之以形式的质料。古吉（Goudji）的雕刻作品便是黄金和石头的天才之作。就"天才"一词的原初含义来说，天才能够从那些我们习焉不察之物或视而不见之物中取出旁人连想都不会去想的东西。"一心一意，非创造而不为"，正如斯特凡·巴赫萨克（Stéphane Barsacq）在谈及父亲时所说，天才从我们司空见惯的东西中变出我们前所未见、自此不会遗忘的东西。凝视一件古吉的作品，就是发现物体倏忽实现了［它的潜能］，你感受到并跟从（consentir）②一种牵引着你的、你未曾设想的动力（dynamisme），你与

————————

　　① 原文"dirait"，是条件式现在时，表示推测。亚里士多德并没有真的讲接下来的这句话。

　　② 这里的"consentir"显然有一种朱光潜在《诗论》中所说的"物我的回响交流"，故直译为"同意、赞成"是不妥的。出现于 12 世纪的古法语"consentir"［同意；顺从］源自拉丁语"consentire"，意为"同意、一致"，字面意思是"共同感受"，由"com"［与；一起］和"sentire"［感受］组成。

313

这在空间和时间上互相追赶的延续不绝的运动相伴随。因此,当我注视着《火鸟》(*L'Oiseau de feu*)、《鸟儿给它做向导的小金母马》(*La Haquenée d'or à l'oiseau*),还有克莱尔沃修道院院长圣莫里斯的权杖时,我感到自己不由自主地进入了每一个造物出落在我面前的生成之旅中……进入这些造物所经历的、从一切皆可能到唯一的真实存在的途程,从有限走向无限,从在某处走向无所不在,从当时当刻走向永恒。那种直觉又回来了,如此古老又永远新鲜,就像圣奥古斯丁说的那样,世界从一个我所无法设想和言说的本原中流出,就这样出现在我的眼前。用柏拉图的说法,这"超越了本质"。我们的世界不是从别的什么之中而只是从它对万物之所从出的那个超越者的向往中获得了它的存在。古吉用这种方式将我们唤醒,令我们惊奇——这是哲学的开端,柏拉图如是说。在古吉的作品中,我们会明白,没有什么是固定的,没有什么是过时的,没有什么是静止的。对他来说,过去从来只是一种我们并不知晓或尚不知如何破译的未来。至于那些将机缘(le sort)或曰命运(la fortune)交给古吉让他在那里成就其创作的自由的国家——人们可能会说到雅典和罗马——的文化，则是彼此有所交集而并不混同的。这些文化以其差异性及其在艺术家头脑中刹那间的贯通而彼此激活。我想说的是，古吉能够从康德所谓先验感性的直观形式（即空间和时间）中，摄取瞬间之物（l'instant）的这一无所不在（omniprésence），埃及法老的灿烂光芒、神圣罗马帝国的威严和对伯里克利理想时代的悠悠怀古之情都于此际在你身上蓦地回光返照。所有的独特性在这一瞬间化而为一。一种喷涌而出的自由的绝对性使你化身千亿，四方云游，昨宵今日，不为夏炉冬扇、离奇荒诞所蔽。这正是许多神秘主义者心之所向的与永恒的刹那交会（tangence①）。驻留在你心灵深处的每一造物，以其自身非凡独特的美，使我们如第俄提玛对苏格拉底所说的那样"上升到自体自根的美"。正如柏拉图一再表明的那样，"时间是静止之永恒的运动着的影像"。而古吉，这个"平庸之敌"（anti-banal），总是敦促我们在一切事物中寻求绝对之物。通过自己的艺术，他让我们得以及时瞥见那个圣奥古斯丁称之为"上帝之今日"的永恒。

———————————

① 直译为几何学之"相切"。

第6章 杂谈集

美好的希望①

　　日夜等待奥德修斯归返的佩涅洛佩嗟叹道，"人生在世颇短暂"。② 人类的生以死为底色：终有一天要离开这个世界，这本身已不是什么令人愉快的前景。加上死后未知的未来，忧惧之中更添焦虑。人类自古就向神话中寻找关于死亡的答案，冥府正是这样被想象出来的。在古波斯人那

---

　　① belle espérance，这个短语出自柏拉图《王制》6. 496e：καλῆς ἐλπίδος。

　　② 这句话在《奥德赛》10.328，这里采用了王焕生先生的译文。

里,恩启都的亡灵向尚在人世的朋友吉尔伽美什讲述阴间的生活:"那地方的居民被夺走了光明,糊口的食物是尘土,面包用粘土做成。像鸟一样,他们身披羽毛,不见阳光,在黑暗中住着。"在埃及,人们通过许多宗教仪式和法术确保自己在可怕的来世继续生活。木乃伊祈求保佑:"愿我的身体安好,永不至毁坏、永不至湮灭于亡者的国度。"

在希腊和拉丁文学中也有不小的冥府情结。荷马将《奥德赛》整个第 11 卷专门用于描写冥府中事。特洛伊战争结束后,奥德修斯希望尽快返回自己的故乡。然而,天神间的积怨使这个愿望的实现与否成了变数。奥德修斯因而想要求问特瑞西阿斯,但这位神圣的预言者已不在人世。要怎么去到冥河阿刻戎另一端的冥府里找到他呢? 通晓草药魔力的神女基尔克指点奥德修斯越过基墨里奥伊人——这个难寻的部族——国土的边界:在地图上可是找不到冥府的。奥德修斯于是得见亡灵,想要拥抱母亲却是枉然:冥府中的魂灵也如梦幻飘忽飞离。① 但至少他的母亲告诉了他妻子的消息, 尽管求婚

---

① 这里给出王焕生先生所译《奥德赛》相应诗行(11. 218—222):这是任何世人亡故后必然的结果。这时筋腱已不再连接肌（转下页注）

人将她围困,佩涅洛佩依旧忠实。奥德修斯在那里也见到了因不敬神而被判终身苦役的人的亡灵:坦塔洛斯忍受着饥渴,而西绪福斯摆脱不了巨石和腰痛……多亏了先前特瑞西阿斯的叮嘱,奥德修斯最后安然回到了阳间。

大约公元前 700 年,赫西俄德在《神谱》中也提到了"黑暗夜神乌云遮盖的家","死亡的兄弟地下神"哈得斯和他的妻子珀耳塞福涅,还有刻耳柏洛斯这多头的恶狗,摇耳摆尾,逢迎人们进来又阻止他们折回。200 年后,冥府被搬上了舞台。在《七雄攻忒拜》中,埃斯库罗斯这样表现冥河阿刻戎:桨声汩汩,驶向"等待着我们每一个人的暗无天日的河岸"。稍后,冥府的影子也出现在他的两个年轻的肃剧诗人同行索福克勒斯和欧里庇得斯的笔下。至于谐剧,在《蛙》中,阿里斯托芬为戏剧之神狄奥尼索斯写了一出好戏。这位神要去找一位[真正的]诗人:狄奥尼索斯要去冥府把过世了的欧里庇得斯带回阳间,冥河的艄公卡戎已撑船等在那里。但阿里斯托芬插科打诨,赚足了噱头:他让狄奥尼索斯拦下一个出殡的死人并

(接上页注)肉和骨骼,灼烈的火焰的强大力量把它们制服,一旦人的生命离开白色的骨骼,魂灵也有如梦幻一样飘忽飞离。

雇他做挑夫；而卡戎和他的小舟又叫人不禁想起马塞尔·巴纽（Marcel Pagnol）剧作中艾斯卡德费戈（Escarte-figue）的摆渡船；还有那些活该受罚的人被扔在大粪坑里……总之，最后同狄奥尼索斯共返阳间的是埃斯库罗斯，毕竟，从政治的角度来看，埃斯库罗斯是最稳妥的。

这些神话也为柏拉图的对话作品所采用。在《斐多》中，死后经过审判的灵魂恰如其分地被送往各自的居所：至恶者会被扔进冥界深渊塔尔塔罗斯，而至善者将栖息在《高尔吉亚》中的"福人岛"上。《王制》第10卷中，厄尔证实了这一点，这个战死的人复活后，宣称自己所见到的正是那番景象。

那么，希腊世界成为罗马领土以后，事情又是怎样呢？人们没有忘掉冥府。维吉尔的《埃涅阿斯纪》接续了荷马史诗。特洛亚战争结束后，维纳斯与安奇塞斯之子埃涅阿斯在大海漂泊流浪，直到受享着乐土福林永恒假期的安奇塞斯以幻象出现在他眼前，奉众神之首朱庇特之命将要事嘱托。获准通行后，埃涅阿斯随卡戎渡过斯提克斯河，来到亡灵聚集的灵泊 [①] ，见到了迦太基的女王狄多，这位他

[①] 原书作"les camps de l'après-mort"［死后的营地］，想必是指《埃涅阿斯纪》第6卷中"*limbo*"一词，杨周翰先生将其译为"林 (**转下页注**)

曾经的情人，因遭离弃而在绝望中殉情，如今隐退于凄凉黯淡的浓荫。然后，他来至福林，一如奥德修斯，无法拥抱父亲，却被告知朱庇特交付的使命：缔造罗马。多美的复仇呵，特洛亚人的后裔将有一天统治世界。在维吉尔的《农事诗》第 4 卷中，，俄耳甫斯在冥府中见到欧律狄刻的喜悦并不长久，他用声音迷倒了下界的王，却因心急又一次失去了所爱，她曾因蛇咬倒地而亡。在《变形记》中，奥维德让俄耳甫斯走过成群漫步的鬼魂。普鲁塔克在《道德论丛》(Moralia) 中讲述了在死后第三天复活的忒斯皮奥斯 (Thespius)[1]见到的景象：死去的人没有重力，悬浮着等待判决，其罪当罚者落入火的深渊，而那些可被救赎的则在净化后飘游天宇。再后来，萨莫萨塔的琉善讲述了他的福人岛 (l'île des Bienheureux) 之旅、他对监禁地的访问和不敬神岛 (Impies) 上被迅速平息的叛乱。在另一部书中，他引用了智者德摩纳克斯 (Demonax，约公元 70—170 年)[2] 的话，当被问及如何看待下界时，这

(接上页注)勃"。林国华先生在其《在灵泊深处——西洋文学史发微》跋文中对该词中文译法做了很好的探讨，这里采用的是他的译法。

　　① 　希腊神话人物，忒拜国王。
　　② 　一位希腊犬儒派哲学家，生于塞浦路斯，后迁至雅（转下页注）

位智者回答琉善说："你且待我到了那儿写信与你！"

希腊—罗马时代的人们就是这样来谈论阴间地府的。但人们果真相信它的存在吗？神话讲述一切：生、死、城邦，都有其意义，善恶有报，如此等等，神明为之担保。另一方面，如何谈论、背景的差异和用于化解恐惧的幽默都决定了对这一问题的回答既是肯定的，又是否定的。或因循传统态度心怀虔诚，或不受任何教条的约束，或仅仅满足于行礼如仪，信或不信是个人自己的选择。

事实上，最早的一批哲学家已在公元前6至前5世纪挑战荷马与赫西俄德的神话。公元前5世纪，毕达哥拉斯也曾在轮回转生间下过地府，并声称……见到了荷马和赫西俄德在那里备受折磨，为他们竟敢谈论神明而赎罪！赫拉克利特对这些神话也同样不以为然。但是，赫雷基乌姆的塞阿戈奈斯（Theagenes of Rhegium）[①]有不同的看法，他认为这些故事不是从字面上能够理解的，

（接上页注）典，其智慧及平息争端的能力赢得了雅典人民的钦佩。德摩纳克斯曾是琉善的老师。他死后，雅典人为他举办了一场隆重的公开葬礼。

① 生活于公元前6世纪前后，古希腊学者之一，同时也是一位擅常于叙事诗创作的诗人。他著有一部反映古希腊盲诗人荷马生平事迹及对其作品进行评析的学术著作，是古希腊解释寓言的第一人。

必须破译出它们的含义。这些故事作为寓言,许诺给异教徒、犹太人或基督徒一个光明的未来。而这正是柏拉图已然做了的事:天堂和地狱应被理解为经过开示的灵魂所孕育出的"美好的希望"的象征。走出洞穴后,灵魂将与神明共享永恒。更激进的是伊壁鸠鲁的原子论,后来罗马人卢克莱修阐发了他的理论。阴间的恐怖是一种宗教骗局。"当我们活着的时候,死亡尚未来临;当死亡来临的时候,我们已不复存在。"同样,在《论诸神的本性》中,西塞罗指责荷马把属人之事迁移到神明那里。① 至于冥府,"连愚痴老妪都不会信以为真"。尤维纳利斯,另一个罗马人,他的《讽刺诗集》第二首便写道,地下王国、冥河、卡戎,如是等等,"就连男童们都不相信,除非他们还是些进不了浴场不足龄的黄口小儿",伏尔泰在《论宽容》中尚且记了这首诗一笔。

冥府的意象普遍存在于文学之中,故而它并非一个固定信仰的对象。但人们对死亡的恐惧依然存在,甚至

---

① 西塞罗对荷马的这一批评确实可在《论诸神的本性》中见到,具体的文本位置在 2.70,但原书作者这句更直截了当的总结性的话其实出现在《图斯库鲁姆论辩集》1.65。

有人"因怕死而死",令尼禄的老师塞内卡失笑……事实上,欧里庇得斯早就说过:"好死不如赖活。"①然而,正如他在《赫拉克勒斯的儿女》中说的那样,"死亡是苦难的最大解脱"。有时,显而易见的事实反而会被人们忽略。

从一时一地到一切时空

此时此地:机缘(le sort),偶然性,必然性,随你怎么说,它为每个人的存在在时间和空间中划定了位置,又允许他来去自由。古人对这种决定论——*eimarmenè*[命运]、*ananké*[必然]或 *fatum*[宿命],他们称其为"命运"——的意识更为清晰,因为他们的时日如此短暂,而旅途如此危险。品达的《涅嵋凯歌》(*Néméenne*)第 6 首②

① 原书作"se charger de deux maux au lieu d'un",字面意思是"承担两害而非一害"。我们很难明白这句话想表达什么意思,也不清楚作者所引用的这句话对应的是欧里庇得斯哪一部作品中的哪一行诗。根据上下文,欧里庇得斯的肃剧《伊菲革涅亚在奥利斯》中的"祈求死亡的人是疯了。好死不如赖活呀!"放在这里或许是合理的,这句话是不愿赴死的伊菲革涅亚向父亲哭诉时所说的。

② 原书作第 5 首,误。刘皓明先生依据数种校勘与笺注本所译品达《竞技赛会庆胜赞歌集》将之归为第 6 首,题为"庆爱琴纳人阿尔基米达少年角抵赛得胜"。

写道："人,眇乎小哉,青铜般的天空亘古不移;朝生暮死,不知命运规定我们向何处奔跑。"①专写谐趣诗和爱情诗的卡图卢斯(Catulle)对此深有体会:"*Nox est una perpetua dormienda ...*[夜是无尽沉睡⋯⋯]太阳升起又落下。对于我们,短暂的光亮一旦褪去,漫漫永夜,唯有长眠。"

加诸人类的"此时—此地"(ici-maintenant)很快就被看成是必须适应的一种必然,但它也是——文学证明了这一点——我们渴望在精神上超越的限度。于是,这样一对问题反复被提出:此时此地以外的时空,是什么样的?

自古以来,旅行和旅行者的故事总能引发人们的兴趣,甚至是激情。人们怀着复杂的心情想象着山、海、城

---

① 原书作"Nous ne sommes rien;le ciel de bronze toujours demeure inébranlable. Nous vivons tout juste un jour sans savoir vers quel but le destin écrivit qu'il nous fallait courir",可直译为"我们什么也不是;青铜色的天空不可动摇。我们只活一日,不知道命定我们跑向何方。"这与刘皓明先生的译文内容有较大出入,这里给出刘译:"人为一族,神为一族;我们二类/得接呼吸却本自同一位母亲;是能力隔离了在一切之中/早有分别者,因为一为无,一为/作为坚稳的栖处永存的/铜铸天空。然而我们却或在伟大的/心智上或在肉体上多少类似不死者们/虽然我们不晓得,命运规定/我们跑向哪条/白日里或黑夜中的终点线。"

324

墙或市镇乡野之外的地方：既忐忑，又想去一看究竟，在那些地方，人们的死生各个不同。古希腊和古罗马的人们便爱这样的体验，数代的学生都梦想着奥德修斯的游历。公元前5世纪，希腊人希罗多德讲述了他在埃及的见闻，罗马人对这个神秘莫测的世界想入非非到了埃及狂热（égyptomania）的地步，尼禄时代便是如此。100年后，马萨里亚的皮忒阿斯（Pythéasle Marseillais）沿着大西洋海岸航行，远至英国和极北之地图勒（Ultima Thulé），那里的阳光一直照耀到午夜，《浮士德》中的玛格丽特犹在歌唱这片世代被理想化的神秘土地……

商业和行政方面受到的限制反而促使人们发挥聪明才智，想象力也不断膨胀。1世纪，老普林尼撰写了《博物志》，据说，有些地方的天上什么雨都下：牛奶雨、血雨、金属雨、蜂蜜雨，甚至砖头雨。3个世纪以后，我们就能读到一个神秘的东方人所写的《全世界及各民族说明书》（Expositio totius mundi et gentium）——真是一项巨大的工程！——书中描绘了地球上所有的国家，哪怕是作者从未踏足的那些国家。这本书包含我们在指南中可以找到的一切：值得一看的景点，美食，诸如此类。据说，在安卡拉（Ancyre）①，面包配得上作神明的餐食，亚历山大里亚哲人遍地，而贝鲁特满街律师。在每天都下面包雨的伊甸园里，想要找到跳蚤和臭虫是徒劳的。如此，大旅行家的记闻都真假混杂、虚实相生，糅合了平淡的现实与神话，叫未来数个世纪的人们为之着迷。其中较为可信的，有马可·波罗、麦哲伦、拉·彼鲁兹伯爵（La Pérouse）、库克、杜蒙·德·于尔维尔（Dumont d'Urville）、让-马丹·夏尔科（Charcot）、保罗-埃米尔·维克多，不消说还有儒勒·凡尔纳和丁丁②，直到今天，他们的游记仍在为那些感到自己所居住的一方世界过于狭小的人和那些渴望在别处过另一种生活的人提供新奇的异域风情。怀有这样一番憧憬是颇有裨益的：在躲进安乐椅里休闲幻想外，对异域事物的兴趣能够使人免于将一己的生活方式、他的无关紧要的想法、习惯和规则绝对化，简而言之，它使人不再把[古希腊的]集会（agora）、[古罗马的]集议场

---

① 今土耳其首都，历史上曾是加拉太（Galatia）的首府。

② 《丁丁历险记》（*Les Aventures de Tintin et Milou*）是比利时漫画家乔治·普罗斯珀·勒米（Georges Prosper Remi，1907—1983 年）以笔名埃尔热（Hergé）创作的漫画，自 1920 年代问世以来，先后被译成 70 多种文字。

（forum）或村子里的广场当成世界的中心，换句话说，免于夜郎自大。人们常说，旅行"使人年轻"，使人怜悯那些不得不或甘愿围于一隅的人，认为他们是些没见过世面的井底之蛙。

我们方才谈论的空间的"他处"也同样适用于时间。我们总是乐于了解最遥远的过去。首先，是圣经、赫西俄德和其他许多人笔下的开端——"在那个时候"（en ces temps-là），在我们的这个仅仅是作为其结果才得以出现的时代之外。开端的威望经久不衰！同样地，人们开始记录君主、军事首领和开国建城者的事迹。自公元前5世纪的赫卡泰乌斯（Hecataeus，前550—前476年）[①]以来，修昔底德、波利比阿（Polybius，公元前200—前118年）[②]、凯撒、李维，塔西佗以及许多其他人都曾致力于呈现过去了的、不引人注目的"现在"（un présent révolu mais toujours à l'arrière-plan）：存在过（avoir été）也是存

---

① 古希腊历史学家，通过散文记述往事，写成历史学和地理学作品，曾为希罗多德所引用。

② 或译"波利比乌斯"，希腊化时代的政治家和历史学家，以《通史》一书闻名，原书40卷，只有前5卷和其他部分的一些片段传世，从第一次迦太基战争（前264年）开始铺陈，至第三次迦太基战争结束（前146年），记述了罗马帝国的崛起。

在(être)的方式之一。小至妙语、轶闻趣事、细枝末节,辑录者们都仔细收集,热心誊抄。对于瓦勒瑞乌斯·玛克西穆斯(Valerius Maximus)①,奥路斯·革利乌斯(Aulus Gellius,约 125—180 年)②和玛克若比乌斯(Ambrosius Theodosius Macrobius)③、普鲁塔克和伪阿忒奈欧斯来说,与朋友共进晚餐,需得重温已然成为了过去的时光。一切过往都是不会遗失的:没有过去,哪里又会有未来呢? *Historia magistra vitae*[历史乃生活之师]。自绝于往事无异于斩断根基,离弃祖先,自立开端(poser un nouvel instant premier),一如神明,肆行无忌(*Hybris*),是一种不可设想的过度。

中世纪同样重视传统。既然得到权威(*auctoritates*)

---

① 拉丁语作家,生活于提比略统治时期。著有《嘉言懿行录》,是一部关于罗马人和外邦人(主要是希腊人)的历史逸闻汇编,凡 8 卷,目的是为演说家参考之用。逸闻按主题分类,在中世纪非常流行。

② 罗马作家和语法学家,以《阿提卡之夜》(*Noctes Atticae*)闻名,这是一本语法、哲学、历史、古物学和其他主题的笔记汇编,保存了许多今天可能不为人知的作家的作品片段。

③ 生活于约公元 5 世纪,古罗马哲学家和语法学家,写有《西塞罗〈斯奇皮欧之梦〉注》(*Commentarii in Somnium Scipionis*)、《神农节》(*Saturnalia*)和《论希腊语和拉丁语动词的异同》(*De differentiis et societatibus graeci latinique verbi*),现已失传。在中世纪,他的作品在传播古代知识方面发挥了重要作用。

的支持是必要之事，人们便将古人的话记在心中，而在逻辑上做文章，就像阿道司·赫胥黎在《阿多尼斯与字母表》(*Adonis et l'alphabet*)①中说的那样。

文艺复兴的到来将这种局面改换一新。蒙田懂得"不要仅仅因是权威之言就记在头脑里"②(《试笔集》，1.26)，但他十分偏爱普鲁塔克，他"通过历史，同最好时代的伟大心灵"相往来，这些伟大的心灵作为守护神般的存在，是为了成就卓越的新人，而非为了给那些只是想要把头脑塞满的人提供榜样。

在随后的那个世纪，现时代的智识之光鼓舞人们吹灭过去时代的光亮，那些年月的昏惨油灯照出的阴暗角落催生了太多因理性的沉睡而出没的怪物。人们回视过去，而非[以避而不谈来]驱散黑夜，这标志着蒙昧主义已远去了。过去作为一种反衬被研究，只是为了对那些本不应进

---

① 此书乃赫胥黎的一本散文集。赫胥黎始终关心现代人与过去、现代技术以及不祥的未来的关系。作为一个人文主义者和神秘主义者，赫胥黎在这本散文集中不带幻想地审视过去、不怀绝望地看待未来，为人类指出了一条通往新的综合的道路。

② 这一章的题目是"论对儿童的教育——致迪安娜·居松伯爵夫人"。完整的引用如下：教师要让学生自己筛选一切，不要仅仅因是权威之言而让他记在头脑里。

入思想和言行的事物予以否定。具有讽刺意味的是,过去也许从未如此沉重过。接着,良知为一种主要体现在技术上的进步所吸引,事实上,一些纯朴的乃至于过分幼稚的心灵竟认为可以彻底否定过去的一切,值得关注的唯有未来。但就在我们自谓明日之歌就在耳畔之际,《科学的未来》(*L'Avenir de la science*)的作者欧内斯特·勒南(Ernest Renan,1823—1892年)①在其《回忆童年与青年》(*Souvenirs d'enfance et de jeunesse*)的序言中这样写道:"真正追求进步的人是那些以对过去的深切尊重为出发点的人。我们所创造的一切、我们所成就的一切,都是百年历史的结晶。"

因此,人们向历史回归——假使我们一度疏远了它的话——了。不过,人们处理过去的方式变得不同以往:"众所周知,"瓦莱里说,"路易十四死于 1715 年。但是,1715 年还发生了许多其他可察之事……"(《杂谈》[*Variété*])史家凭其巧技变换和拓宽了的视角让那些字

---

① 19 世纪法国著名哲学家、历史学家和宗教学家。早年在家乡的神学院学习,22 岁时,因信仰危机背弃天主教,成年后在政治上和信仰上倾向于自由主义、在宗教上倾向于怀疑论。著有《宗教历史研究》(1857)、《道德批判短论》(1859)、《基督教起源的历史》(共 8 卷,1863—1883)、《科学的未来》(1891)等,表达出以历史原则和人文主义方法研究宗教的心得和感受。

字千钧的"大人物"失去了垄断地位。人们开始关注那些默默无闻、没有权势、无所言论而更谈不上著书立说的人——他们浸泡在不断变化的日常经济和社会生活中，从而把这种生活尽可能地复原。一个对这些变化视若无睹的历史学家会被人们惋惜地认为未能走出他的时代，而类似于那些"未曾走出洞穴"的不幸之人。

除去始终保持着清醒的历史研究，虚构作品以小说、电影、电视的方式来也见证了人们对于过去的迷恋。《法比奥拉》(*Fabiola*)①、《庞贝城末日》(*Les Dernièrs Jours de Pompéi*)②、《你往何处去？》(*Quo vadis?*)③，如此多的小说

---

① 《法比奥拉》，或《地下墓穴教堂》(*The Church of the Catacombs*)，是英国红衣主教尼古拉斯·怀斯曼(Nicholas Wiseman)的小说。该书首次出版于1854年，曾三度被改编成电影。

② 原为俄国画家卡尔·布留洛夫（Карл Па́влович Брюлло́в，1799—1852年）的一幅大型历史画，创作于1830—1833年间，主题为公元79年维苏威火山喷发。它启发爱德华·鲍尔沃—利顿(Edward George Bulwer-Lytton，1803—1873年)创作了历史小说《庞贝城末日》。小说以公元1世纪古罗马的庞贝城为背景，叙述了一位双目失明的卖花女奴尼狄娅帮助相爱着的格劳科斯和伊娥涅战胜邪恶和灾难的动人故事。盲女尼狄亚多次挫败奴隶主阿尔巴克斯企图把伊娥涅占为已有的阴谋诡计，并把格劳科斯从竞技场中救出；火山爆发时，又带领他们脱险，但她却怀着对格劳科斯深挚的爱投海自尽。

③ 《你往何处去》是1905年获诺贝尔文学奖的波兰作家显克微支(Henryk Adam Aleksander Pius Sienkiewicz，1846—1916)出（转下页注）

都以人们喜闻乐见的方式展现了各个时期的"古代罗马"。还有许多历史题材的电影,数个小时的情绪感染和年代的倒转,为前来放松的专家提供了极好的消遣。对于这类电影,我们稍后将再做讨论。这一切都表明,或多或少被还原了的过去(l'autrefois)总是萦绕着络绎而来的现在(les maintenant),一如别处(l'ailleurs)总是回环在此地(l'ici)周围。如果说丁丁是在太空扮演自己的角色,那么阿斯忒利克斯(Astérix)①就是在时间里。然而,在我看来,通讯的便利在某种程度上淡化了人们对异域事物的兴趣。每天晚上,人们都能[通过电视屏幕]身临其境地了解西藏或者非洲终端的生生死死。我们从世界各地接收到的明信片、电话、电子邮件都足以说明,在毛里求斯晒日光浴几乎同在谢尔河畔②的维耶尔宗(Vierzon)一样舒适方便,尽管那需要花费更多。而无论好坏,全球化的飞速发展自不待言。一旦了解从图勒到巴黎的

(接上页注)版于1895年的历史小说,小说描绘了罗马帝国时期尼禄统治下的社会。1951年的好莱坞电影《暴君焚城录》即改编于此。

① 《阿斯忒利克斯:高卢英雄历险记》是一套法国漫画,问世于1959年。漫画中的故事发生在公元前50年。

② 谢尔河(le Cher)是法国的一条河流。

戴高乐机场只需花费 3 个小时，人们就不会觉得这个极北之地有多远了。莫里斯·德吕翁（Maurice Druon）曾对我说，今天的人们有必要从时间上离开故土去往他乡（dépayser）。这正是《被诅咒的国王》（Rois maudits）一书的作者所擅长的，我喜欢反复温习他的作品，就像我喜欢重读《玫瑰的名字》那样，每一次都能获得一种在温存梦境中舒展筋骨的快乐。况且，这样一种时间上的环境的变更（dépaysement），这样一种年代上的异域感，能够带给我们的不仅仅是梦想：我们从中至少可以收获一种与空间上的异域感相类似的东西。正如乡镇或都市的广场不再被看作宇宙的中心，现时代（l'heure présente）也不再被当成古今时间的欧米伽点。我们会因相对感的获得而体验到偶然性吗？这将是不小的进步。但这并不是深入那些以别种方式经历的时间和空间的唯一好处，尽管保留下来的、凝固在石头和文本中的只是对于这些时空部分或带有偏见的记忆。

人无法，除非是抽象地来讲，脱离空间或时间而存在，时间和空间彼此也是不能分割的：现在之为现在（maintenant），任何过往（hier）都消散于此（ici），而我们须同时意识到这两者。无论是谈论康德的感性的先验形式，还是柏格森的意识材料的直接来源，我们都必须始终坚持这一基本事实，即时空规定了自我对自我一切形式的存在，也规定了自我对我们笼统地称之为"世界"的存在。我说笼统，因为人们如此频繁地谈论"世界观"，就好像存在着某种本体（noumène）、某个一致的实体（entité）——"世界"，几个世纪以来，我们以不同的方式观看它，并且终有一天会认清它的本质。但托勒密的宇宙（*cosmos*）不同于哥白尼或伽利略的世界，后者是其他形式的直观（intuitions）的产物，决定了别种形式的思想与行动。在另一个层面上，奥古斯都在公元 10 年对"共和"（*Res publica*）的想法不同于公元前 400 年的辛辛纳图斯（Cincinnatus），而公元前 2 世纪的老加图对奴隶也不会和公元 2 世纪的小普林尼有一样的看法。时间是一个重要因素，空间同样如此。在同一时间，一个伊利里亚人、一个亚历山大里亚人、一个（来自耶路撒冷，或流散中的）犹太人和一个地道的罗马人的想法间必定存在着相当的差异，而身份地位的差异会使这些差异更加突出。那创建了特定的时间和空间的是共同体的其他部分，每个人都在其中为自己寻求一方立足之地,表达自己的想法,每个人的为人处事在大体上和大家没有什么两样,那时身份不似今天这样困扰人们,个性就更无关紧要了,因为那时集体[的重要性]总在"我"之上。托名伪作的泛滥足以说明这一点,除非是蓄意为之,这在今天是很难想象的。然而,当普罗克洛斯(Proclus,412—485 年)①一个皈依了基督教的弟子将他的《神学要义》(*Traité des noms divins*)和《天阶序论》(*Hiérarchie céleste*)——确实是非常出色的作品——署名为丢尼修时,情况就不是这样了。根据《使徒行传》,普罗克洛斯的这个弟子曾在亚略巴古亲聆圣保罗传耶稣复活的道,因此被称为亚略巴古的丢尼修。

普罗克洛斯和亚略巴古的丢尼修素未谋面,他们之间相隔了 400 年的历史。总之,大写的古代(l'Antiquité avec un grand A),亦即作为一般概念的古代,同大写的世界(le monde avec un grand M)一样并不存在,除非是在电影院中,在我先前提到的"历史题材

---

① 希腊哲学家,新柏拉图主义的集大成者。

的"大片中,我们会看到诸如"第一批基督徒"面对墙上的十字架跪下祈祷的新姿势。但在尼禄或图密善时代,在家里摆放这种刑具,同在雅各宾专政下房间里摆一架断头台[模型]以此哀悼罗伯斯庇尔及其同党的受害者是一样的不妥。而所谓"第一批基督徒"又是哪些人呢?是《使徒行传》中"一心一意"(4∶32)的那些人吗?还是 2 世纪、3 世纪相互倾轧的教会中人呢?"原始教会"(primitive Église)跨越了 3 个世纪,这期间,它的地位不断变化。同样地,"异教"也被当成是一种不变的本质性的东西,时时处处地存在于 *romanitas*[古罗马精神]之中。然而,事实表明,在西塞罗的时代,怀疑论相当普遍,正如瓦罗指出的那样,人们特别关注宗教的政治层面;而 3 个世纪后,在得奇乌斯①或瓦勒良②统治时期,人们却变得虔诚,甚至笃信宗教。凡此种种。我想要再次强调,"古代"(Antiquités)的数量——如果可以这样说的话——,就拿从荷马时代到我们通常所说的中古早期(haut Moyen Âge)这段时间来说吧,同我

---

① 古罗马皇帝,249—251 年在位。
② 古罗马皇帝,253—260 年在位。

们能够回想起的时间和地点一样多，我们不可将这许多的"古代"①混为一谈，而必须关注每一个已然成为了过去的时空（espace-temps révolu）的特殊性。

　　人们很早就认识到了在其时间与空间的无限多样性中与过去接触的好处。阅读希腊和罗马的史家以及同等重要的编纂者的作品便可以清楚地看到他们对他者在别时别地所历之事的关注。正如瓦勒瑞乌斯·玛克西穆斯在献给提贝瑞乌斯的《嘉言懿行录》中所说的那样，他们希望"从历史中汲取教训"。4 个世纪后，玛克若比乌斯在《农神节》(1.10)中的说法更为明确："[从历史中汲取]任何可以让你的智慧更有活力的东西。"这些作者非常谨慎地将他们所记录的事实和话语放置在[特定的]时间和空间里：希腊、埃及、东方、意大利、非洲。我们能够体会到他们用词的细微差别，每一种语言都是理解事物的独特方式。生活在公元前 3 世纪的恩尼乌斯（Ennius）通晓奥斯坎语、拉丁语和希腊语，自喜拥有"三颗心脏"。随着罗马帝国的扩张和由此产生的不同民族的交融，这种情

---

　　① 　原文为复数。

况更加普遍。在哲学的推波助澜下，许多好人（*vir bonus*）、许多有教养的人都称自己为"世界公民"，而这种知识的世界主义（cosmopolitisme intellectuel）将通过历史的好奇心造成一种时间上的普遍性（ubiquité chronologique）。

如此，即便是在遥远的时代，人们也试图寻求与已然成为了过去的过去（le passé révolu）之间的某种巧合，以此来增强自身在世界上的存在。对古代的研究自古代就开始了。现在，我们有责任接续这一旅程，从而进入，即使不是进入大写的历史，至少也要进入大写历史的小写历史（l'histoire de l'Histoire）中去。

"政治正确"或问心无愧

我对这类说法十分反感。这甚至是我在群际关系中唯一寸步不让的方面。因此，我想要证明这种排斥的反应是合理的，并尝试揭示这种被命名为"政治正确"的社会心理现象的起源。

何以对"政治正确"抱有如此强烈的反感呢？因为我

感到这侵犯了我的社会生活、道德生活和知识生活。我不再有权哪怕是谦恭有礼地表达自己的见解。更糟糕的是，敢于独立思考的人们可能感到难堪，甚至内疚。事实如此，假如我的观点不巧与政治权威的规定有所乖违，我便可能引起公愤。任何问题都是如此，因为一切都事关政治。

有一种正当的观点，希腊语表达为"*orthè doxa*"［正确的意见］，这是一种为一部分人所垄断的正统观念，必要时，这些人有权"*diorthôsis*"（匡正，拉丁语作"*correctio*"［改正；纠正；更正］）。如是观之，意见，即"*doxa*"，必须符合已颁布的法令，符合教义（*dogma*），而教义的卫士们便是检察官甚或宗教裁判所的法官了。

正因如此，有些想法常常不足为外人道（les arrière-pensées），这便是帕斯卡尔所说的"背后的想法"（pensées de derrière）："我们必须留有一种背后的想法，并以这种想法判断一切，而同时却要说得像别人一样。"①私密时间（durée intime）——它总是为某种目的所缠绕，并且是

----

① 这句话出自帕斯卡尔《思想录》第五编"正义和作用的原因"第336章，这里采用了何兆武的译文而略有改动。

在集体思维（pensée collective）中活动的——便通过这种方式得以保存。我们的时间（durée）必然是在两个层面上延续的。在一个层面上是集体时间（durée collective），在集体时间的内部，每个人都产生了自我意识，并最终要么从中脱离而走向——或多或少这取决于个人——独特性（singularité）……要么因为遭受冷遇而不敢[从集体时间]离开。在另一层面上就是个人的、独一无二的时间，我们的自由、我们的自我性（ipséité）形成于此，一个——借用我钟爱的普罗提诺的说法——似乎源出于那超乎存在之上者的内心世界形成于此。是（être）我们[所是]的唯有我们[自己]。这便是扬科列维奇所说的两条腿走路的永恒真理……

一切都在"我们"和"我"这两种时间的相关性中上演。但是，"我"不可避免地呼吸着或多或少为"政治正确"所污染的时代的空气。遇到巨大的文化真空时，这种污染就更容易渗入人们的头脑。文化是唯一能够抵御这种污染的东西。文化使你与其他时代共存对话，而这只能是个人的文化。人们一遍遍谈论大众文化（culture de masse），我们熟知真正的通俗文化（culture populaire），那

340

是一种由常识糅合而成、受口口相传的知识与传统滋养而成的文化。但大众文化是什么呢？我对这[称谓]并不买账。顾名思义，"大众"是紧密、不可穿透的。"社会文化"这个说法更恰当些，因为社会群体间有着交互。那些冒着风险做自己的人只能通过滤器来呼吸这时代的空气，因为时代空气的调节（conditionnement）有损他的健康。

为使每个人都能自发地"正确地"（comme il faut）思考，需要一个调节的过程。文字、图像和口号被用来有效地"巴甫洛夫化"那些善于言辞和思考的公民，简而言之，将他们正统化。我可以举出一些例子：假如新闻报道了一起袭击事件，而"受指控的"（mis en examen）假如不是法国人，那么这人的姓名就不宜透露了，他会被称作一名"青年"。当人们提到一位布鲁斯歌手——也许来自安的列斯、非洲或者巴西——时，无论如何都不应谈及他的肤色。连警察都不敢孤身前往的街区则被称为"敏感"区域。一直到近几年，不发表任何言论都还是最好的做法：记者马上就能将此诊断为"避险强迫症"（l'obsession sécuritaire），这是一种传染性的社会疾病。我始终认为属于个人隐私的性取向问题如今也成了街头巷议的话题。假如广告商想要推销一种奶酪、意大利面或者洗涤剂,他可以请神甫(curé)、修女或修道士帮他宣传,但绝不可以去麻烦一位信仰其他宗教的牧师。凡此种种,无所不有,遍地可察。人人都沐浴在一种具有真正教化作用的社会、道德、政治和语义的氛围中,正如赫胥黎所言:"六万二千四百次的重复造就一个真理。"但是,谁还会阅读《美丽新世界》呢?

"政治正确"的理想是寓于无形,[也就是]在潜意识的层面让讲真话者的听众——多么美好的画面啊——内心产生最严重的负罪感。

既是如此,自发的自我约束其主动性从何而来呢?是自上而下的吗?无论是专制君主,还是民主主义者,当权者所关心的总是步调一致地朝正确的方向前进,也就是朝符合其利益的方向前进。但在今天的法国,这些以"正确方向"为信条的人并不像极权国家那样实行国家审查制度:他们是自封的监察官(censeurs),以自己的意识形态为依据僭取了裁判权。那么,这种任意独断究竟为什么没有遭遇我们所期待的阻力呢?为什么不再有人问

"凭什么"了？为什么甚至连问"与我何干"的人也没有了？

正是这种顺从（complaisance）令我忧虑。这种顺从表现出的是对思想自由与言论自由的放弃。其更严重的后果在于，空想理论家们一旦上台，就会炮制些"塔赫特莫勒法（Loi Tartemol）"来收紧对公民的压制。具有讽刺意味的是，这些空想理论家们嘴上说着"禁止是应当被禁止的"（il serait interdit d'interdire），实际却不断送掉他们每五分钟就伸张一次的自由就不罢休。诚如亨利·德·蒙泰朗（Henry de Montherlant，1896—1972 年）[①]所言："意义缺失处，空话来补救。"

我是否应该大胆地从现象学的角度来揭示"政治正确"之所以产生的意识路径？这是一个很好的论文题目！在此我愿意大致谈一谈这个问题。一般的空想家身上必定都存在着托尔克马达情结（complexe de Torquemada）[②]：我下令，故我在（j'enjoins, donc je suis）。但是，他

---

① 法国散文家，小说家和剧作家，于 1960 年当选法兰西学院院士，于 1972 年自杀身亡。

② 托马斯·德·托尔克马达（西班牙语"Tomás de Torquemada，O. P."，1420—1498 年），15 世纪西班牙天主教多明我会僧 （转下页注）

对"政治正确"的全心投入暴露出一种被压制者的回归，一种要求宣泄的、对过去的清算。在我看来，这是当代对语义衰减（atténuation sémantique）的嗜好：瞎子是视障者，聋子是听障者，残疾人是行动不便者，诸如此类。既然不能给他们带去任何改变，我们这些能看、能听、能走的人就别让他们感到不自在了。对于上个世纪的罪行——在所有这些罪行中，最让我们沉痛的是纳粹屠杀犹太人的浩劫——殖民战争期间的掠夺、人对人的剥削，等等，又何尝不是如此呢？回过头来看，[罗马教廷]圣部（Saint-Office）①把"宗教正确"强加于人[的做法]难道是

（接上页注）侣，西班牙宗教裁判所（天主教会决议处理宗教犯罪的法庭）首任大法官。15世纪末，为了恢复基督宗教在西班牙的地位，托尔克马达说服天主教双王发布阿兰布拉诏书宣布驱逐犹太人。自1492年起，托尔克马达负责驱逐当地的异教徒，或逼迫他们改宗天主教。1480至1530年间，通过信仰审判并最终以火刑处死的异教徒达数千人。托尔克马达的名字经常与宗教迫害、教条主义和盲信等联系在一起。

　　①　教义部是罗马教廷最重要的圣部之一，最早可追溯至12世纪。当时，法国南部一些新兴的教派迅速成长，他们颠覆的理论和行为，严重地威胁到基督徒的信仰和伦理。为此，依诺森三世（Innocent III，1198—1216年）成立了异端裁判所。此后，保禄三世（Paul III，1534—1549年）于1542年发表训谕，成立一个拥有最高监管权、审查和摒绝错谬教理的"罗马和世界宗教裁判委员会"（Commission of Roman and Universal Inquisition）；这一机构于1908年升格为"圣部"（Su-（转下页注）

合乎福音的吗？我们[如今]只挖苦天主教圣职者(ministre du culte)，除非赞美，否则禁用犹太人、阿拉伯人、黑人等字眼，这些做法让我们问心无愧。这样做不需花费什么代价：让别人良心不安去吧。

这在现在已成为常态，我看不出这种前逻辑的、治标不治本的方法如何能够使得情况有所改善。至少，就从学校一直横行到墓地的排犹主义、前文所说的地方性暴力以及由此导致的种族主义和仇外心理而言[，这种方法是极其失败的]。因此，我们与其坚持作为一种虚假宣泄(pseudo-cathartique)的、近乎忏悔的"政治正确"，不如着手大刀阔斧地将它根除，尽管这在空想家们眼中无疑是口出狂言。

今不如昔

鼓角相闻，今年，27 个欧洲国家的军队沿着香榭丽

(接上页注)preme Sacred Congregation of the Holy Office)；1965 年，更名为"神圣信仰教理部"(Sacred Congregation for the Doctrine of the Faith)；1984 年，更名为"教义部"或称"信理部"(Congregration for the Doctrine of the Faith)。

舍大街阅兵游行。正如政界所评论的那样,这是一个"强有力的象征"。当然,也有人对此牢骚满腹。一些人双眼紧盯着未来,担心在这完蛋了的欧洲丧失仅存的独立性,而另一些人缅怀过去,觉得耳边又响起了德国人——是普鲁士人吧?——在被占领的巴黎列队行进的脚步声。人们总能找到理由抱怨,叹惋时异事殊。

上个世纪的前25年,我的学者父亲就曾表示一切都在走下坡路,他的神色表明,他预感到这种情况短期内不会有任何好转。我的祖母也不觉得日子好过。至于我的曾祖父,他服兵役期间曾在圣克卢(Saint-Cloud)①亲眼见过拿破仑三世,我至今仍能听到他断言事情从那时起就变糟了。1870年和1914—1918年的战争坚定了他的看法。他若能见到1939—1945年的战争,肯定会像以往那样惊呼:"瞧瞧,我是怎么对你们说的?"

星移物换,逝者如斯。原始乐园的宁静一去不复返了,奶牛们泰然注目蒸汽火车缓缓驶过的从容亦已不再。人类一旦发现如何言说自我被时间裹挟而去的体

_____

① 法国中北部城市,法兰西岛大区上塞纳省的一个市镇。

验,找到将其记录下来并由此代代流传的技术,这一体验就不容易被遗忘了,继之而来的几代人从一开始就明白这是怎么一回事,失去了仅有的纯真。灵车不独会载走邻人;安然无恙是天赐的好运;面包下落总是涂黄油的一面着地——懂得这些道理永远不嫌太早。这最后一点甚至超出了物理学的范畴。我的一个犹太朋友告诉我,他同他的拉比谈过这件事。后者沉吟片刻,回答道:"孩子,你确定黄油涂在了面包片的正面吗?"尽管如此,对于一个悲观主义者来说,无论发生什么,都可作惊喜。

当当下一味着眼于未来的时候,保持明智并非易事。人们终日谈论的未来昏昧不明,总之是不确定的。如此,我们终其一生都在对未来的预想中度过。根据我们所了解的一切悲剧,我们得出结论,最坏的状况总是会出现。马基雅维利辛辣地指出:"事情通常是这样的:人们在避免一种不利的同时,难免遭到另一种不利。"

我有足够多的证据证明这一点。约摸 3000 年以来,历代几乎所有作家都对爱情、家庭、政治和政客、哲学、宗教颇有微词……荷马、索福克勒斯、欧里庇得斯、塞内卡、但丁、费奈隆（Fénelon）、塔列朗①、夏多布里昂、维克多·雨果、莫里亚克（Mauriac）、齐奥朗（Cioran）等人都是他们那个世纪无可辩驳的见证人，带来了一种世代绵延的悲观主义哲学。无尽的抱怨、抱怨、抱怨……早在 1 世纪，佩特罗尼乌斯就叹息道："唉！唉，世道一天天地坏下去……没人信天国了，没人好好斋戒，人们对朱庇特的关心还没对一根发丝儿的多，人人都蒙头数算着自己有几个子儿……"尤维纳利斯添枝加叶地说："我们的族类早在荷马时代就已堕落，大地如今只生产恶人和微末小氓。"小普林尼则大骂无赖之徒："年轻人一晃儿就成了智者，打一开始他们就什么都懂，他们既不尊重任何人，也不模仿任何人，自己就是自己的榜样。"至少有一点我可以肯定：我们可不是最先一批抱怨今天世风日下的人。

由此，我们也可以看出，人们总把过去的时代视为最美好、最幸福的时代，有时甚至到了荒唐的地步。1975—1980 年代的西班牙人以无人能及的幽默讥讽那些有考

---

① 夏尔·莫里斯·德·塔列朗-佩里戈尔（Charles Maurice de Talleyrand-Périgord，1754—1838 年），法国主教、政治家和外交家，出身于古老的贵族家庭。他的职业生涯跨越了路易十六、法国大革命、拿破仑帝国、波旁复辟和奥尔良王朝时期。

迪罗①情结的人，他们这样抱怨干旱：*Bajo Franco，llovia...*［佛朗哥的时代②不乏雨露……］

　　我们应该明白，无论乐观主义，还是悲观主义，这两种极端的立场都体现不了真相。绝对的悲观主义，真诚一点儿的、极度真诚的、充满激情的悲观，齐奥朗的悲观主义，这些都只是一种姿态："人们迟早会后悔没在年轻的时候死去！"这位《解体概要》(*Précis de décomposition*)和《苦涩三段论》(*Syllogismes de l'amertume*)的作者说得刺耳。让-弗朗索瓦·赫维勒(Jean-François Revel)说："设想一下帕斯卡尔刚刚得知自己输了赌注③的心情，你就

---

　　①　西班牙语"caudillo"，通常指军政领袖或专政元首，多出现于19世纪拉丁美洲脱离西班牙殖民统治、独立建国的时期。

　　②　弗朗西斯科·佛朗哥独裁(Dictadura de Francisco Franco)，指西班牙历史上1936至1975年弗朗西斯科·佛朗哥(Francisco Franco，1892—1975年)实行独裁统治的时期。该时期西班牙的正式国号为西班牙国(Estado Español)。1947年，佛朗哥自任考迪罗，且一直坚定实行经济自由化，使西班牙受益于西欧的复兴跟着成长为工业化的中等发达国家。1975年逝世后，胡安·卡洛斯一世登上王位，实行民主改革，西班牙结束独裁统治。

　　③　"帕斯卡尔的赌注"是帕斯卡尔在《思想录》第233章提出的一项哲学论证。该论证认为，理性的个人应该相信上帝存在，并依此生活。因为一个人如果相信上帝，而上帝实际不存在，那么他蒙受的损失也并不大；而一个人如果不相信上帝，但上帝实际存在，他就会要下地狱。

能明白齐奥朗了。"但是,认为一切都会好起来的狂热乐观主义同样是一种姿态。事实上,许多作家、诗人、小说家、哲学家等等用多种不同的声音——幻灭、愤怒、痛苦、伤感、逆来顺受——表达的东西都表明:恶是不会自行消失的。

啊,乡愁,对黄金时代和巨人时代的乡愁。当然,还有对人类那失落了的乐园的乡愁。诚如我的导师弗拉基米尔·扬科列维奇所说:"乐园除了是一件失落之物外还会是别的什么东西吗?"各人有各人的看法。我们虽看不到了,但总有一天会有人颂扬光辉灿烂的20世纪的魅力,而他们必定有他们的理由。于我而言,我觉得这场21世纪的欧洲游行令人欣慰。

"告诉我,谁是你崇拜的人……"

"告诉我,谁是你崇拜的人……我就能告诉你你是谁。"这话首先适用于民族。狮身人面像和金字塔是献给埃及神明的;雅典的帕特农神庙是献给宙斯之女雅典娜的;巴黎圣母院是献给耶稣的母亲玛利亚的;阿格里帕万神殿是献给住在奥林匹斯山上的希腊诸神的。没有犹太人的神，就不会有希律神庙；没有阿拉伯人的神，就不会有科尔多瓦清真寺。没有那些男神和女神，《伊利亚特》《奥德赛》《埃涅阿斯纪》以及奥维德或阿普列乌斯的《金驴记》就会成为无甚悬念的庸俗读物。假如历史学家、哲学家和古籍编纂者们决意置上天于不顾，他们的作品里将出现大片的空白。[其次,]这句话也同样适用于所有时代。如无上帝作背景，蒙田、笛卡尔、卢梭、夏多布里昂、尼采都将面目全非，至于但丁，我不认为他会凭药剂师的身份名垂青史，但帕斯卡会作为一名物理学家流芳百世。

那么，如何解释文学艺术中神话—宗教的存在呢？这神话—宗教的存在反映在日常生活的方方面面。人类的意识为何如此深入地参与其中？简而言之，意识——集体的或个人的——的何种意向一路催生了自文明诞生以来所有宗教以特定方式塑造的神话？这就是我在《众神从未远离》(*Les dieux ne sont jamais loin*, Desclée de Brouwer, 2002)一书中试图回答的问题——我是说，试图……要言之，人类如此热衷于神话—宗教是因为这些超越经验世界的拟人化形象揭示了人类的在世存在及其面对自身的存在。祖先留下的传说,拔除了人们的恐怖(phobies),驱离了恐惧,赋予了希望以可能性。因此,天界掌管人间,永恒支配着时间不容分说地迈向死亡和来世。每一种文明都会以自己的方式作出回应,同样地,当个体性得到承认时,每一个人也都会作出自己的回应,神话—宗教从根本上决定了后来所谓"民族和个人的文化认同"。我必须提醒各位,罗马人的信仰不同于马可·奥勒留时代对朱庇特的崇拜,这与 800 年前他祖先的信仰不同于伊特鲁里亚①时期是一个道理。同样,今天的基督徒也不像"好王圣路易"②时代的人那样相信耶稣升天。因此,如果考虑到宗教观是伴随每一文明的发展而发展的这一事实,我们就能理解亨利·杜梅里(Henry Duméry,1920—2012 年)③的名言:宗教是一面完美的人

① 位于意大利中部的古代城邦国家,地理范围涵盖了现今的托斯卡纳、拉齐奥与翁布里亚,被认为是伊特鲁里亚人的国家,后被罗马人吞并。

② 指路易九世(St. Louis IX le Prud'homme,1214—1270 年),人称"贤者"(le Prud'hommes),1226 年起,任卡佩王朝法兰西国王,直至去世。1297 年,天主教会封其为圣人。

③ 法国哲学家,巴黎第十大学教授,其著作特别关注宗教哲学和现象学。

类学的镜子。无论高兴也好，难以释怀也好，全都无关紧要：事实就是如此。

在我看来，我们必须从中得出这样一个结论，即宗教的事实应在公共教育中尽可能客观地占有一席之地。否则我们就是在掩盖各民族千百年来的投入，他们有时甚至为此冒了生命的危险。我们以狭隘的眼光看待这些消逝了的时代便是以狭隘的眼光看待并因此歪曲我们自己的时代。我们会因此无法理解过去人们受了何种动机的驱使而卷入了危机和战争：古罗马时期的敌基督的迫害、中世纪的十字军东征、宗教战争，以及发生在自诩为现代的历史时期的纳粹浩劫。对于宗教的研究使我们能够甄别特定文明中的瑕瑜优劣。最坏的情形是什么样的？卢克莱修说得最好："宗教能叫人为恶有如斯之大者。"（*Tantum religio potuit suadere malorum*，《物性论》，1.101）至于最好的情形，使徒约翰表达了这种理想："没有爱心的，就不认识神，因为神就是爱。"（《约翰一书》，4：8）

但是，既然人们更多生活在表面而非深处，从更浅层来看，宗教也是一种文化现象，因此也就是个人成长的事情。这时,忽视宗教现象同样会让我们得不偿失。当我们由于缺乏最低限度的知识而在《最后的晚餐》中看到的只是朋友间的一顿饭、认为《下十字架》(La Descente de croix)①或《基督下葬》(Mise au tombeau)②中的人物和动作同交通事故中能看到的没有什么两样——不都是手忙脚乱的人群围着一个病病快快的人嘛——时,我们从徜徉其间的博物馆是否获得了最佳的文化滋养?另一个房间里画着一只兔子和一堆西红柿的静物画或《圣拉扎尔火车站》(La Gare Saint-Lazare)③的风景正如比奈④所言,的确也是美丽的作品,但我们须得承认这些主题的意蕴并不那么深厚。我们有责任研究宗教的事实,我们绝不应忽视任何人类之事。

---

① 荷兰画家彼得·保罗·鲁本斯创作于 1602 年的一幅油画,现藏于罗马博尔盖塞美术馆。比利时安特卫普的圣母主教座堂保存有鲁本斯另一幅尺寸较大也更出名的《下十字架》。

② 意大利画家卡拉瓦乔创作于 1603—1604 年的一幅祭坛画,原作藏于梵蒂冈美术馆。

③ 法国印象派画家奥斯卡-克劳德·莫奈创作于 1877 年的油画。

④ 阿尔弗雷德·爱德华·路易斯·安托万·比奈(Alfred Edouard Louis Antoine Binet,1857—1911 年),法国教育家和心理学家。

第 7 章　电影谈

《角斗士》[①]

　　随着音乐响起，漆黑一片的影厅滑入半明的幽暗。映入观众眼帘的是明暗的对比：几扇窗户映照出房间里的半身像、帷幔和家具。这是一个夜晚。哲人皇帝马可·奥勒留——也许比起皇帝，他更像哲人——正与儿子康茂德争论继承权的问题。这在此时已不再是人们随

---

　　①　原书注：《角斗士》（*Gladiator*，2000），由雷德利·斯科特（Ridley Scott）导演，美英联合制片，罗素·克劳（Russell Crowe）和杰昆·菲尼克斯（Joaquin Phoenix）主演。

口谈及的或然性问题。在战争中,没有人知道明天会发生什么。

2世纪末,罗马治世的幸福时光已荡然无存。我们看到的是一场混战:折戟沉沙、丢盔弃甲,战马嘶鸣;有人的狞笑被突如其来的撞击打断,有人在咽气前投出最后一瞥。那个时代的战争是短兵相接的战争,没有任何技术为人们的搏杀助阵。这只是众多战役中的一场,大写的历史中的这一时刻被渲染得宏大壮观。那天下午,我竟忘记了自己所处的时代。对于电影制作人来说,这是件好事。

这是奥地利或波希米亚—摩拉维亚一带诸多战役中的一场。同所有文明一样,罗马帝国——地中海周边的330万平方千米——在不知不觉中走向衰落。帝国的繁荣已不如图拉真或者哈德良的时代。在经济不景气和军事懈怠的背景下,边境在官员们心目中不再那么重要。因此,边境便有空子可钻了,这对周边的民族无疑是很有利的,他们相信在罗马生活会更好。

那时,马可·奥勒留又一次击退了多瑙河对岸的敌人。但仍有许多双其他的眼睛虎视眈眈,这一点我们再清楚不过了。这些人被称为"蛮族"，这是从前希腊人的说法：barbaroï，意思是"说话结结巴巴的人"，也就是说不好话的人，因为希腊人听不懂他们在叽里咕噜些什么。如果这一切才刚刚开始呢？哥特人、盖图利人（Gétules）、勃艮第人、汪达尔人、马科曼尼人（Marcomans）、夸狄人（Quades）、伊阿居格人（Yaziges）、匈奴人……一个民族接一个民族，大量人口缓慢而不可阻挡地涌入好客的土地，寻找生存的空间，这个过程将持续两个半世纪之久。但当时的人们何曾料到这些？马可·奥勒留不止一次地在多瑙河沿岸发动战争。在这个好战的廊下派在位的 19 年里，他既关注自己的灵魂，也热心他的职责，他在马背上度过了 17 年，倾其所有保卫这片他将死于其上的国土。马可·奥勒留将在维也纳死于瘟疫，是的，瘟疫。

对于历史学家——如果影厅里恰好能够找出一位的话——来说，[电影]到目前为止还没出任何差错。然而，马可·奥勒留死了……是被康茂德勒死的，后者随后继承了他的王位。你没看错，马可·奥勒留死在了儿子手里！这一点会让任何对历史略有了解的观众大吃一惊。想象一下，4011 年的时候，一部讲述 1939 至 1945 年间出了名的世界大战的电影上映了,4011年的人们仍在谈论这场战争,就像我们今天仍在谈论百年战争或龙塞斯瓦列斯山口战役中的罗兰一样。人们将在这部电影里看到希特勒、丘吉尔、斯大林;登陆的场面被出色地还原:小到一只驳船,大到炮弹如雨点般坠落诺曼底,军队身穿年代感十足的制服走过,等等。然后,突然间,在一个光线昏暗的房间里,戴高乐将军被他的儿子勒死了,他的儿子稍后将出现在香榭丽舍大街上……这可真是叫人大跌眼镜!但我后来明白了。这样的处理方式当然足以令那些对历史不甚了解的普通观众屏气慑息。雷德利·斯科特将自编的故事(histoire)写进了大写的历史(l'Histoire avec un grand H):他想象出的康茂德的故事令康茂德的传奇更遭人厌弃。和尼禄、图密善等人一样,康茂德也是不得人心的皇帝。对于一部历史巨片来说,还有什么比这更好的表现手法?

事实上,关于康茂德,传统的说法已经说得很清楚了。我们不得不承认(在此,我必须回归大写的历史)这位19岁的皇帝与他的哲人父亲迥然有别。父子间的对比如此之大以至于有传言说他并非亲生,而是……皇后福斯蒂娜所宠爱的一位角斗士的儿子。这解释了一个已经证实的事实：康茂德酷爱角斗，而这与马可·奥勒留全无关系。后者曾因不得不正式到场而在角斗比赛中偷偷处理信件的事让大家感到气愤……

同他的父亲相反，康茂德痴迷于角斗。他可算是严格意义上的内行，并且勤加训练。在布景和表演方面，影片对角斗做了高度的还原。康茂德身为皇帝确实下到竞技场与角斗士和野兽搏斗。而这一切都发生在座无虚席的圆形剧场中，发生在众目睽睽之下。这在今天是难以想象的。然而，应当指出的是，康茂德有他自己的、受到时代精神启发鼓舞的动机和理由。

这在很大程度上要归因于他本人狂妄自大的性格，他渴望获胜，渴望支配，渴望人们在任何时间任何地点都承认他为第一。对他来说，还有什么比竞赛更好的机会呢？几乎每一时代具有良好教养的人——西塞罗、贺拉斯、塞内卡、马尔提阿利斯、尤维纳利斯，等等——都并不热衷于竞赛，且常常嘲笑那些狂热之人。贺拉斯不就写过，要想在竞赛中获得乐趣，最好还是转身去看看观众脸上的表情吗？但是康茂德丝毫不把罗马的上流社会放在心上，经常与元老院的人发生冲突，而元老院的人对这位新皇帝也没有什么好感。平民阶层却紧密留意着下一场角斗的日期，他们绝对不会错过比赛。人们会兴致勃勃地目睹这些名气远超我们今天的"黄色运动衫"（maillots jaunes）①或"金牌得主"的人自相残杀。对于一位年轻而又有些偏执的太子来说，还有什么比这更好的机会同时为自己博取民心与荣耀呢？无论是角斗士、猛兽、殊死的搏斗、叫喊的观众、拇指向下（pollice verso）②，还是现场的气氛，雷德利·斯科特将这一切都表现得如此完美，令人仿佛身临其境。

但正如我所说，除了冲动，康茂德有他自己的考虑，并且，是完全不同的考虑，其实电影本可以将他的这些非常浮夸的想法展现出来。假如你去过罗马，登上卡皮托利山，你就会在保守宫见到一尊康茂德扮作赫拉克勒斯的半身雕像：他身披狮子皮，一手执狼牙棒，一手握金苹果。数百年的传统把宙斯和阿尔克墨涅的儿子视作永恒罗马的守护神之一，人人仰仗求其庇护，通过融入这种传统，康茂

① 特指法国自行车赛领先的选手所穿的黄色运动衫。

② 法国历史画画家让-莱昂·热罗姆（Jean-Léon Gérôme，1824—1904年）有一幅同名油画，在画中，罗马斗兽场的观众向获胜的斗士做出大拇指向下的手势，而被击败的斗士则举起两根手指祈求宽恕。这幅画是雷德利·斯科特的电影《角斗士》的灵感来源。

德被看成是肉身的"罗马的赫拉克勒斯"。康茂德实际上就这样成了英雄的化身,成了圆形剧场和战场,乃至全世界的胜利者。他是新的赫拉克勒斯,如果说他曾经毫不犹豫地以这身打扮出现在公众面前,那是因为他懂得融入罗马人民。而这种联结在今天是很难想象的。在《神圣的凯撒们》(*Les Divins Césars*)一书中,我曾试图说明神话在多神教时代可能具有的政治维度,在当时,经历了数个世纪的一神论后,神、神性等概念在人们心目中的地位并不像今天这样高高在上,也并非同一性质的信仰的对象。更不用说还有心态上的演变了:伊特鲁里亚时期的人们对于神的崇拜同西塞罗或色璞提米乌斯·色威尔乌斯(Septimius Severus,145—211 年)[①]的时代是不同的。自公元初纪念儒略—克劳狄王朝以来,人们就认为皇帝是神圣的,因为正如浅浮雕和绘画向我们展示的那样,数百年的传统都认为王权及后来的"神圣罗马帝国的"权力源自奥林匹斯山。除此之外,人人都从这一神话中觅得了好处:君主受到的来自下层的阻力小了,而臣民们则把权力

---

① 罗马皇帝,193—211 年在位。

看作是一种不可避免的必然性，由此心甘情愿地接受了。

因此，康茂德在他的荣耀中看到了自己的合法性，尽管在罗马贵族眼里这仅仅是虚荣。至于他的政绩，在此我只能说毫无光耀之处，特别是从军事的角度看。但还有更糟的。康茂德并不像有些人认为的那样是一位暴君。但是，他与罗马元老院作对的特殊能力注定了他像不止一位罗马皇帝那样死于上流社会策划的阴谋。在位 12 年后，康茂德死了，不是像斯科特设想的那样死在圆形剧场，而是像平凡的马拉一样在自己的浴缸里被杀。不过，康茂德是被一个角斗士勒死的……这个角斗士是谋反者的心腹。这是事实，而不是虚构的。《角斗士》是一部伟大的电影，和许多其他电影一样擅自篡改了大写的历史，但它是恢弘盛大的。

《亚历山大大帝》[①]

我想你还记得六年级时学到的东西吧？——亚历山

---

① 原书注：《亚历山大大帝》(*Alexandre*, 2005)，由奥利弗·斯通 (Oliver Stone)导演，科林·法瑞尔(Colin Farrell)、安吉丽娜·朱莉(Angelina Jolie)、瓦尔·基尔默和罗莎里奥·道森(Rosario Dawson)主演。

大大帝,生于公元前 356 年,死于公元前 323 年,名门望族之子:其父是马其顿国王腓力二世(Philippe II),其母奥林匹娅丝(Olympias),则是伊庇鲁斯(Épire)国王的女儿,两方都是宙斯的后裔。亚里士多德单独为他授课,良好的教育保证了他前途一片光明。

事实上,他的父亲已称霸希腊,这个城邦(cités-États)的集合作为一个整体听命于他。但亚历山大会比父亲更加出色:他将征服埃及、巴勒斯坦、叙利亚、美索不达米亚、阿富汗直至印度。这是前所未有的壮举。他杀人无数——想做煎蛋卷,就得先打碎几个鸡蛋(On ne fait pas d'omelette sans casser des œufs)[①]——但他懂得宽待落败者,对波斯国王大流士尤其如此,一如神的使者。

其实,亚历山大不正像神本身么? 在当时,这是确保被征服者和他自己的军队服从于他的最好做法。总之,亚历山大成了一个闻名遐迩的帝国的主宰。但在远征归来的途中,他不幸染疾——也许是疟疾,也许是伤寒——亡于巴比伦,年仅 33 岁。这正与传奇英雄相称:你难道

---

① 这是一句谚语,有人译作"有得必有失",也有人译作"舍不得孩子,套不着狼",此处意指畏手畏脚、难图大事。

愿意看亚历山大大帝衰老下去吗？那样的话，神话就破灭了。无论如何，这部2小时50分钟的影片为观众呈现了历史最震撼人心的篇章。

是的，历史。你们能想象出我躲在放映厅的座椅里盯着看有没有穿帮镜头。你们知道的，就比如尤利乌斯·凯撒在斗兽场前踱步这类讨厌的时代错置（anachronisme），或是布景上的小失误，比如忘了处理掉的煤气灯和电视天线什么的。但这部片子却无可挑剔。阿里安①、狄奥多罗斯②、库尔提乌斯③、普鲁塔克，一切[史实]都得到了尊重。就连亚里士多德边漫步边讲课的情形都得到了再现，人们正是根据这一点称其弟子为"逍遥派"（péripatéticiens）的。我可以保证这符合史实，且有考古学的支持。至于亚历山大的装备如何，那也和100年后罗马人一幅庞贝风格的漂亮马赛克上画的一样，我们

_____

① 尼科米底亚的阿里安（Lucius Flavius Arrianus，约86 /89—146 /160 年），罗马时期的希腊历史学家、公务员、军事指挥官和哲学家，著有《亚历山大远征记》（*Anabasis Alexandri*）。

② 西西里的狄奥多罗斯（Diodorus Siculus），公元前1世纪希腊历史学家，著有《希腊史纲》。

③ 昆图斯·库尔提乌斯·鲁弗斯（Quintus Curtius Rufus），罗马历史学家，可能生活于1世纪。

可以在那不勒斯的博物馆看到这幅画。自然环境也[符合史实]：片中可以见到摩洛哥和泰国的风光，沙地、阳光、河流、植被，无不恰如其分。为此我还有点儿失落呢，不禁在影院的黑暗中笑了出来，真是好样的，这可是一部尊重历史的历史电影呵……

话虽如此，我们无法就这样离开 21 世纪，不是吗？现代的纷扰太过令人厌烦，以至于投身一场美丽的冒险是不太可能的，我们只能凭书本来想象这些前尘往事，如此方是实际的做法。亚历山大的父亲腓力（瓦尔·基尔默饰）是一个独眼、酗酒、大男子主义的野蛮人；亚历山大的母亲奥林匹娅丝（安吉丽娜·朱莉饰）则是一个鄙俗不堪的女人，控制欲极强，她把她的儿子亚历山大精心培养成了一个恋母之人……至于亚历山大（科林·法瑞尔饰），偏执的——的确也是非凡的——野心、情感的纠葛和混乱的性向都使他备受煎熬。还有他年轻的妻子罗克珊娜（罗莎里奥·道森饰），她踏上了女权主义的漫漫征程，而这条路至今仍未走到尽头。显而易见的嫉妒，在两场使用了战象的战役、几次迅速被镇压的叛乱、一两次痛不欲生和肃清奸佞之间，穿插着爱情、炽烈的友谊和同样炽烈的仇恨。这就是人生。

这部影片不失细腻，人们在其中能够领略到的是喧嚣、狂暴与血泪。剧组一点儿也没吝惜葡萄酒和血红蛋白，激情、争吵、野蛮的缠斗，无不流露出对失落了的乐园的怀念。还有嘈杂声，众神在上，那嘈杂声[真可怕啊]！相比之下，《漫长的婚约》（*Un long dimanche de fiançailles*）中的一战炮声只能算得上是窃窃低语了。我的扶手椅被震得发抖，回家后，我马上吃了片阿司匹林！真是奇了，我都不知道同时代的人感知的阈值已经降得如此之低了。

你可能会问，亚历山大大帝死后，事情怎么样了？这一点，电影可没告诉我们。事实上，马其顿很早就意识到了正在成型的世界一体化的到来。由于缺乏与之相适应的组织架构，尤其是缺乏一种共同的理想，一切在亚历山大大帝死后都将化为乌有。尽管如此，这一理想后来被罗马人更现实地延续了下来。然而，在希腊人看来，小规模的共和国时代已然终结。对亚里士多德来说，最理想的是放眼望去可以一览无余的寡民小国。在这件事上，他完全可以给自己的学生亚历山大打零分！每一个公民都能在集会上为自己观点辩护的时代已经一去不复返了。从此以后，重大的决策将在别处提出。在地方上，人们只能就路政或是否要安置一个公共小便池作出决定。对失落之城的怀念会一直存在。城邦不再，对城邦的乡愁至今未减。人们将以别种方式把这份乡愁倾注到别处。此前，人们考虑的是"我们"（nous autres），此后，人们则开始思考"我"（moi，je）。一种思想日臻显白，日渐成熟，日益流传。希腊化时代拉开了帷幕。亚历山大到这世上不会白来一趟。由一部电影来提醒这点也并非坏事。

《集会广场》①

这是亚梅涅巴的一部绝不能错过的伟大影片：一部讲述殉道贞女希帕媞阿的历史巨片……"集会广场"（a-gora）是什么意思？罗马人把这个希腊词②译为"集议场"

---

① 原书注：《集会广场》（*Agora*，2010），由亚历杭德罗·亚梅涅巴（Alejandro Amenabar）导演，麦克思·明格拉（Max Minghella）、雷切尔·薇兹（Rachel Weisz）、奥斯卡·艾萨克（Oscar Isaac）和迈克尔·朗斯代尔（Michael Lonsdale）主演。
② 即ἀγορά。

（*forum*）：一个公共广场，在那里，人们彼此会面。在伯里克利时代的希腊，公民们来此集会，讨论，或不如说是辩论政治事务，并对城邦（那时候城邦就是国家）的法律投票。

影片把我们带回 415 年的春天，带回亚历山大大帝在公元前 4 世纪建立的亚历山大里亚的市中心。亚历山大里亚，罗马行省埃及的大都市，在知识界享有盛誉，但也充斥着种族、政治和宗教的骚乱……那时（占了多数的）基督徒、犹太人和异教徒相互排挤。希帕娅阿的命运正是在这种人人自危的气氛中被决定的。这是披着宗教外衣、野蛮而荒诞的一出戏。

希帕娅阿是一位博学多才的年轻女子，这在当时是极其罕见的。她继承了忒欧恩——她那声名远扬的父亲——的事业。她不是在亚历山大图书馆（该馆已烧毁于尤利乌斯·凯撒大帝时期），而是在亚历山大博学园①

---

① 亚历山大博学园（Μουσεῖον τῆς Ἀλεεditανδρείας）据说是由托勒密一世和他的儿子托勒密二世创立的。最初，"mouseion"一词意味着任何专门供奉缪斯女神的地方，通常与音乐或诗歌的研究有关，但后来与柏拉图和亚里士多德的学园等学习场所联系在一起。托勒密王朝建立图书馆和博学园的目的是汇集希腊化世界最优秀的学者，并收集当时已知的所有书籍。它是"博物馆"一词现代用法的最早来源。

授课。这么说吧,她在那里主持一个科学研讨会:数学、几何学、天文学,还有哲学。所有这些都为她在亚历山大里亚知识界赢得了极高的声誉。她的门下不乏要人,帝国权力的代表、负责埃及事务的罗马行政长官(préfet augustal)欧热斯忒斯(Orestes)即在其中,他当然是一名基督徒。然而,正如我们将看到的那样,教学是有风险的。

希帕媞阿个性刚强而不乏魅力,美丽的蕾切尔·薇兹(Rachel Weisz)将其个性很好地展现给了观众。希帕媞阿衣着朴素,正如犬儒学派主张的那样。她讲真话,品德高尚,也很在意贞操。因此,一名学生对她的追求,或莫若说是垂涎,令她颇感不适,于是她试图劝阻。她把一件女人经期使用的内衣凑到他鼻子底下:"就是这让你感到饥渴吗? 这一点都不美!"她的这个举动颇有锡诺普的第欧根尼的风范。你们一定还记得当亚历山大大帝问他需要什么时,他的回答是:"你挡着我晒太阳了!"这也叫人想起《会饮》中第俄提玛向苏格拉底讲述何以从身体之美上升至"自根自体的美",亦即"善"本身,换言之,上升至"太一"。被撵走的求爱者是否能明白这些,我们不得而知……但编剧显然着意刻画了希帕媞阿率先发难的魄力。

　　既然如此，仅仅是因为教授异教徒时代的哲学——柏拉图、亚里士多德、普罗提诺……——都会将希帕媞阿置于险境。更何况，她是人们公认的异教徒。事实上，帝国对希腊思想的接受并没有持续太久。自君士坦丁以来——这已将近一个世纪之久——帝国政治取代了"神的国"，尽管耶稣明确说过神的国不属于这个世界。教会则利用这一新的形势，随着时间的推移，以精神高于世俗的名义，长期持有至高无上的权威。从这个角度来看，如奥古斯丁所言，"真正的哲学就是真正的宗教"。因此，"哲学正确"（philosophiquement correct）必须严格遵守启示录的规定。《圣经》不是一劳永逸地规定了什么应该知道、什么应该思考、什么应该言说吗？信仰因此是第一位的，并且它拥有对一切事物的最终解释权。

　　需指出的是，在希帕媞阿教学的时代，忒欧多西乌斯一世已颁布了禁止异教崇拜、违者处死的法令。长期受迫害的基督徒们如今成了迫害者。不难想象，由一位众所周知的异教徒女人——并且这个女人与那些基督徒精英们相处融洽——主持的小小研究中心是很难让当时的

"原教旨主义者"抱有好感的。宗主教(Patriarcha)基里尔对此就大为不满。这位大人物自恃其宗教职责,认为自己才是拥有最高权力的人。而行政长官欧热斯忒斯的想法恰恰相反,后者尽管是一名基督徒,却仍然认为至高无上的权力属于他所代表的帝国权力。此外,欧热斯忒斯不放过任何挫败基里尔侵犯其权力的机会,必要时,他还会动用武力。这种利益冲突的世俗性质远远大于精神性质。这就引发了这个历来容易发生团体间骚乱与斗争的大都市的动荡。

正是在这种气氛中,继犹太人和基督徒之间一起扑朔迷离的事件后,人们怀疑希帕媞阿支持行政长官脱离宗主教而自立。一些狂热的基督徒随后袭击了欧热斯忒斯,而他勉强逃过一劫。此后不久的一天夜晚,希帕媞阿在回住所的路上被一支僧侣特遣队从轿中拖出直至凯撒热姆教堂(église du Caesareum)①,被剥光衣服,用石头砸死,最后她的尸体被这些"宗教狂热分子"——或者说,精

①　埃及的一座古老寺庙,该建筑由罗马皇帝奥古斯都在埃及击败马克·安东尼后建成,4世纪末成为基督教教堂,是亚历山大里亚宗主教基里尔的总部。

神失常的人——焚毁。福音书中耶稣尚不定犯奸淫妇人的罪，而基督徒们待殉道贞女希帕娅阿却如此。

没有人确切知道，宗主教基里尔——真是抱歉，该称圣基里尔才对——在这起集体犯罪中扮演了什么角色。在缺少进一步的证据的情况下，我同意克里斯蒂安·拉孔布拉德（Christian Lacombrade）的观点，他是这宗案件最权威的专家，他说，就让宗主教"在历史的法庭上被驳回吧"。另一方面，令人欣慰的是，昔兰尼的叙内西欧斯把自己看作希帕娅阿的学生。按照当时的常规做法，叙内西欧斯宣布成为一名祭司，尽管这非他所愿——这让我们想起奥古斯丁——叙内西欧斯承诺，从此以后，"私下里，他做 *philosophos*［热爱智慧的人］，而在公共场合，他做 *philomuthos*［热爱奥秘的人］"。对他来说，信仰基督教的奥秘并不意味着放弃哲学。这清楚地表明，在希帕娅阿主持的研讨会上，人们学会了区分不同层次的真理。事实上，成为托勒密的主教后，叙内西欧斯对这位他视为自己的哲学导师的女子一直保持着令人感动的忠诚，直到生命的尽头。

对于这段阴暗的往事，亚梅涅巴的影片显然无法尽其曲折。精心拍摄的群众镜头不免有些冗长,有时令人联想到爱森斯坦。[①] 电影的布景美轮美奂,比起许多"历史题材"的电影(里头的时代错置让内行人发笑),更忠实于历史。但我敢打赌,亚梅涅巴这位以另一部有关安乐死的电影《深海长眠》(*Mar adentro*)在马德里激起强烈敌对反应的导演无意寻求传统天主教徒(据说现在还有这么一些人)与《集会广场》的和解。

① 谢尔盖·米哈伊洛维奇·爱森斯坦(Eisenstein,1898—1948年),苏联导演、电影理论家,蒙太奇理论奠基人之一。

"轻与重"文丛(已出)

图书在版编目（CIP）数据

认识你自己 / （法）吕西安·热法尼翁著；陈元瑗，
张书华译.--上海：华东师范大学出版社，2023
（"轻与重"文丛）
ISBN 978-7-5760-4516-1

Ⅰ.①认… Ⅱ.①吕…②陈…③张 Ⅲ.①哲学史
－研究－世界 Ⅳ.①B1

中国国家版本馆 CIP 数据核字（2024）第 023913 号

华东师范大学出版社六点分社
企划人 倪为国

"轻与重"文丛
认识你自己

著　　者　吕西安·热法尼翁
译　　者　陈元瑗　张书华
责任编辑　徐海晴
封面设计　姚　荣

出版发行　华东师范大学出版社
社　　址　上海市中山北路 3663 号　邮编　200062
网　　址　www.ecnupress.com.cn
电　　话　021-60821666　行政传真　021-62572105
客服电话　021-62865537
门市（邮购）电话　021-62869887
地　　址　上海市中山北路 3663 号华东师范大学校内先锋路口
网　　店　http://hdsdcbs.tmall.com/

印　刷　者　上海盛隆印务有限公司
开　　本　787×1092　1/32
印　　张　13.25
字　　数　190 千字
版　　次　2024 年 4 月第 1 版
印　　次　2024 年 4 月第 1 次
书　　号　ISBN 978-7-5760-4516-1
定　　价　68.00 元
出 版 人　王　焰

（如发现本版图书有印订质量问题，请寄回本社客服中心调换或电话 021-62865537 联系）